AF492529

CONCEPTOS FUNDAMENTALES PARA EL DEBATE CONSTITUCIONAL

Departamento de Derecho Público
Facultad de Derecho
Pontificia Universidad Católica de Chile

EDICIONES UNIVERSIDAD CATÓLICA DE CHILE
Vicerrectoría de Comunicaciones
Av. Libertador Bernardo O'Higgins 390, Santiago, Chile

editorialedicionesuc@uc.cl
www.ediciones.uc.cl

CONCEPTOS FUNDAMENTALES
PARA EL DEBATE CONSTITUCIONAL
Departamento de Derecho Público
Facultad de Derecho
Pontificia Universidad Católica de Chile

Coordinadores: Sebastián Soto V. y Constanza Hube P.

Secretaría técnica: Magdalena Ortega P.

© Inscripción N° 2021-A-4402
  Derechos reservados
  Mayo 2021
  ISBN 978-956-14-2824-9
  ISBN digital 978-956-14-2810-2

Diseño y diagramación: Salvador Verdejo Vicencio
versión productora gráfica SpA

Impreso por Castro & Macdonald SpA

CIP – Pontificia Universidad Católica de Chile

Alvarado Rojas, Claudio, autor.
Conceptos fundamentales para el debate constitucional : Departamento
de Derecho Público, Facultad de Derecho, Pontificia Universidad
Católica de Chile / coordinadores Sebastián Soto V., Constanza Hube P. ;
secretaria técnica Magdalena Ortega P. ; Claudio Alvarado Rojas [y otros].
Incluye notas bibliográficas.

1. Chile – Constitución – Modificaciones.
2. Derecho constitucional – Chile.
3. Historia constitucional – Chile.
I. t.
II. Soto Velasco, Sebastián, coordinador.
III. Hube Portus, Constanza, coordinador.
IV. Pontificia Universidad Católica de Chile. Departamento de Derecho
     Público.

2021   342.8302 + DDC23   RDA

CONCEPTOS FUNDAMENTALES PARA EL DEBATE CONSTITUCIONAL

Departamento de Derecho Público
Facultad de Derecho
Pontificia Universidad Católica de Chile

COORDINADORES
SEBASTIÁN SOTO V.
CONSTANZA HUBE P.

SECRETARÍA TÉCNICA
MAGDALENA ORTEGA P.

ÍNDICE

ARQUITECTURA DEL ESTADO
Temas generales

Poderes clásicos

Órganos consagrados en la Constitución

TEMAS Y REFLEXIONES
PARA UNA NUEVA CONSTITUCIÓN
Tendencias

Constitución y temas del derecho público

AUTORES

DEPARTAMENTO DE DERECHO PÚBLICO

Profesores de Derecho Constitucional
Claudio Alvarado Rojas
Gonzalo Candia Falcón
José Luis Cea Egaña
Germán Concha Zavala
Rodrigo Díaz de Valdés Balbontín
José Manuel Díaz de Valdés Juliá
Arturo Fermandois Vöhringer
Miguel Ángel Fernández González
José Francisco García García
Constanza Hube Portus
Alejandra Ovalle Valdés
Alejandro Parodi Tabak
Máximo Pavez Cantillano
Marisol Peña Torres
Cecilia Rosales Rigol
Catalina Salem Gessel
Sebastián Soto Velasco
Alberto Vergara Arteaga
Ángela Vivanco Martínez
Patricio Zapata Larraín

Profesores de cursos optativos
José Luis Alliende Leiva
Rodrigo Delaveau Swett
Sebastián Donoso Rodríguez
Francisco Leturia Infante

Profesores de Derecho Administrativo
Eduardo Cordero Quinzacara
Nicolás Enteiche Rosales
Jorge Femenías Salas
Carolina Helfmann Martini
José Luis Lara Arroyo
Domingo Poblete Ortúzar
Sandra Ponce de León Salucci
Jorge Precht Pizarro
Daniela Rivera Bravo
Eduardo Soto Kloss
Alejandro Vergara Blanco

Ayudantes sénior y colaboradores
Mariana Canales Subercaseaux
Joaquín Corvalán Azpiazu
Cristóbal Gil Lizana
Magdalena Ortega Puebla
Joaquín Palma Cruzat
Felipe Sánchez Bravo
Matías Sanhueza González

OTROS DEPARTAMENTOS

Hugo Cifuentes Lillo (Departamento de Derecho del Trabajo y Seguridad Social)

Carmen Domínguez Hidalgo (Departamento de Derecho Privado)

Carmen Elena Domínguez Soto (Departamento de Derecho del Trabajo y Seguridad Social)

Carlos Frontaura Rivera (Departamento de Fundamentos del Derecho)

Marco Antonio González Iturria (Departamento de Derecho Económico, Comercial y Tributario)

Javier Infante Martin (Departamento de Fundamentos del Derecho)

Sebastián López Escarcena (Departamento de Derecho Internacional)

Raúl Madrid Ramírez (Departamento de Fundamentos del Derecho)

Cristóbal Orrego Sánchez (Departamento de Fundamentos del Derecho)

Julio Pereira Gandarillas (Departamento de Derecho Económico, Comercial y Tributario)

María Elena Santibáñez Torres (Departamento de Derecho Procesal)

Francisco Tapia Guerrero (Departamento de Derecho del Trabajo y Seguridad Social)

Cristián Villalonga Torrijo (Departamento de Fundamentos del Derecho)

Felipe Widow Lira (Departamento de Fundamentos del Derecho)

PREFACIO

Los coordinadores del libro han tenido la gentileza de encomendarme una breve presentación de la interesante obra que el lector ahora tiene en sus manos. Este libro es fruto del esfuerzo llevado a cabo por un gran número de profesores de la Facultad de Derecho de la Pontificia Universidad Católica de Chile, coordinados por el profesor Sebastián Soto y por la profesora Constanza Hube, y asistidos por un excelente equipo de trabajo. A cada uno de ellos le expreso, desde ya, a nombre de nuestra Facultad, el reconocimiento más vívido y sincero.

Este trabajo destaca por varios motivos. Ante todo, quisiera subrayar la presencia numerosa de académicos de distintas ramas y miradas que conforman nuestra comunidad Derecho UC. En ello se ha procurado integrar, además de los académicos que propiamente se desempeñan en la disciplina del Derecho Constitucional, a muchos que se dedican a otras disciplinas, lo que contribuye a dar la mirada más amplia y profunda posible a los horizontes que en esta obra se abordan.

De esta forma, el lector podrá hallar análisis formulados desde disciplinas tan variadas como el derecho administrativo, la historia del derecho, el derecho internacional, el derecho económico, la filosofía del derecho, el derecho comercial, el derecho procesal y el derecho del trabajo. En síntesis, esta obra es fruto del compromiso de la Facultad de Derecho UC en su conjunto, en orden a favorecer la reflexión constitucional en momentos cruciales como el que actualmente vivimos.

También corresponde realizar el acercamiento escogido para desarrollar la mirada transversal que se ofrece. Se trata de una obra de difusión, destinada al público general, y por lo tanto procura abordar los distintos temas con textos breves, desarrollados a través de un lenguaje simple y claro, que favorece el acceso a los profundos análisis que los autores ofrecen en temas de su especialidad. Existe, por lo tanto, una importante finalidad pedagógica de la obra, cuya necesidad aparece de suyo, considerando que se trata de un trabajo llamado a servir de referencia en el actual debate constitucional, pero cuya relevancia podrá prolongarse en el futuro, para ser aprovechada por nuevas generaciones.

En tercer lugar, parece importante destacar la oportunidad en la cual este libro ha sido escrito. Chile vivirá un proceso tan singular como relevante, en el que una convención constitucional discutirá los contenidos que debieran formar parte de un nuevo acuerdo político. El libro no solo dedica su contenido al estudio fundamental de los temas que tradicionalmente han sido esenciales en toda Constitución, sino que incluye, con valentía, distintas reflexiones que podrán servir de base para los debates que surgirán en el actual contexto político. Lejos de circunscribirse a un análisis dogmático, contiene y proyecta elementos propositivos que se ofrecen con generosidad para el futuro de Chile.

Por último, quisiera subrayar que en momentos en que se critican y se lamentan las carencias en la formación ciudadana y en la educación cívica, este libro ofrece una oportunidad de acercarse a muchos de los temas fundamentales que se relacionan con dichas materias, con un vivo apoyo en la realidad jurídica y constitucional.

Chile atraviesa una época decisiva de reflexión acerca de los fundamentos de su vida política. El futuro de nuestro país requiere de contribuciones marcadas por la seriedad y la profundidad de sus propósitos. Por ello, esperamos que esta obra pueda dar testimonio del permanente compromiso de Derecho UC con el servicio al bien común; y, asimismo, esperamos que estas líneas puedan llegar a todos los rincones de nuestro país, y que sirvan de enlace con cada persona y con cada familia de nuestro querido Chile.

Que Dios nos ayude, a todos —a los de hoy, y a los de mañana—, a actuar con sabiduría y con bondad, para que nuestro país pueda prosperar en la paz, la verdad, la misericordia y la justicia.

GABRIEL BOCKSANG HOLA
Decano
Marzo de 2021

PRESENTACIÓN

El Departamento de Derecho Público de la Facultad de Derecho de la Pontificia Universidad Católica de Chile pone este libro a disposición de toda persona interesada en el proceso constituyente que vivimos. En él algo más de cincuenta profesores y profesoras de la Facultad, junto a una decena de abogados recién egresados, ayudantes de distintas cátedras del Departamento, examinan la esencia de los conceptos fundamentales del constitucionalismo y de nuestra propia historia constitucional. Con esta aproximación, cada uno de los aportes busca transmitir algunas de las ideas que deben tenerse en consideración para el debate en que nos encontramos.

Esta es una más de las tantas iniciativas que la Facultad de Derecho y el propio Departamento de Derecho Público han llevado adelante en este tiempo de deliberación constitucional. Hace algunos años, bajo la edición del entonces director del Departamento, profesor Arturo Fermandois, Ediciones UC publicó el libro titulado *"Principios, Valores e Instituciones. El Departamento de Derecho Público UC ante el cambio constitucional"*. Corría entonces el año 2016 y el tema, aunque presente, estaba aún lejos de las reflexiones y propuestas específicas. En el libro, ya en esa fecha, una decena de profesores reflexionaba sobre aspectos sustanciales de nuestro debate constitucional y dibujaba líneas para eventuales reformas. Más tarde, con el inicio formal del cronograma constituyente a fines del 2019, la Facultad y el Departamento han puesto en marcha diversas iniciativas que buscan contribuir a un proceso consciente de sus perspectivas. Es así como el Foro Constitucional UC y variados seminarios dan cuenta del interés de nuestra comunidad académica por generar contenidos y reflexiones útiles a este vital proceso.

La obra que hoy editamos es un aporte más en la misma dirección. Y lo hace atenta a lo que recordaba algo más de medio siglo atrás quien es hasta hoy guía y maestro en el derecho constitucional: *Alejandro Silva Bascuñán*. Escribía entonces que "la universidad debe procurar imprimir una huella indeleble en los grandes principios que rigen la formación, establecimiento y cambio de las normas jurídicas en vigor, tanto para orientar eficazmente el permanente proceso de crítica cuanto para asimilar con prontitud y exactitud las alteraciones que se vayan dictando". Y luego agregaba el profesor Silva Bascuñán que es indispensable que "el jurista no solo sirva la aplicación del derecho vigente, sino que oriente adecuadamente sus cambios"[1].

Esta publicación quiere ser un fiel reflejo del llamado que nos hacía entonces don Alejandro. Se trata de una obra que da cuenta de los conceptos fundamentales del constitucionalismo, así como de las bases y principios del derecho constitucional chileno para contribuir a crear esa huella indeleble que debe marcar a quienes reflexionan en torno a la Constitución. También aborda el catálogo de derechos y libertades y las diversas instituciones que están contenidas en la Constitución vigente. En cada caso, junto a una descripción del contenido esencial, también se encuentra una mirada a su evolución y, la mayor de las veces, a las preguntas que vienen. Todo esto contribuye a orientar el proceso de legítima crítica a que serán sometidas nuestras disposiciones constitucionales para dar lugar a un nuevo pacto fundamental que nos acompañe, así lo esperamos todos, por largas décadas.

Pero además de conectar con el llamado del profesor Silva Bascuñán, este libro es también parte de una obra mayor en la que antes ya han participado activamente profesores de nuestra Facultad. Abdón Cifuentes, en el siglo XIX, destacaba el valor de las constituciones señalando que estas eran "la base misma en que descansa el orden y la forma política de un pueblo"; y más tarde, en el siglo XX, Enrique Evans sostenía que reunían además el conjunto de "valores o principios respecto de los cuales la sociedad chilena tiene concordancia y sentimientos comunes". La importancia para el derecho y la vida política de las constituciones que destacan ambos profesores se complementa con las ideas que otros

---

1   Silva Bascuñán, Alejandro. 2010. El abogado, un servidor de la justicia. Selección de discursos pronunciados durante la presidencia del Colegio de Abogados de Chile (1965-1974). Edición Mandrágora, pp. 253 y 255.

desarrollaron a lo largo de su vida universitaria. Carlos Estévez reiteraba que el derecho constitucional "vive en constante evolución"[2] y por lo mismo su examen no debe limitarse al texto escrito. Y décadas después, Jaime Guzmán advertía que la Constitución no puede ser considerada "una especie de vara mágica capaz de asegurar los objetivos que ellas se proponen", pues, agregaba, "ellas requieren de hábitos políticos sanos y de personas que los encarnen con auténtico espíritu de servicio público"[3].

Cada una de estas reflexiones ilumina las páginas que siguen. Todas ellas, en línea con la idea de Constitución de Cifuentes y Evans, muestran la centralidad del texto constitucional. Y también, con Estévez y Guzmán, dan cuenta de la evolución de su contenido y de sus limitaciones. Con esta perspectiva, el libro que hoy presentamos sirve también de puente que conecta las enseñanzas históricas de profesores del Departamento de Derecho Público de nuestra Facultad con las reflexiones actuales que hacemos quienes hoy impartimos docencia en las mismas aulas.

Dos características: una obra colectiva y artículos breves

Este libro presenta algunas particularidades en las que conviene detenernos. Ante todo, cada aporte no supera las tres o cuatro páginas. ¿Por qué artículos tan breves? No hay duda de que sobre cada uno de los conceptos desarrollados se podría escribir mucho más. Inicialmente les pedimos a los autores que el desarrollo del concepto no sobrepasara un máximo de caracteres y que plantearan sus ideas en una explicación similar a la que incorporarían en una cápsula de no más de cinco minutos. Sabemos que ceñirse al espacio fue una de las tareas más difíciles que enfrentamos todos quienes escribimos en esta obra. Y es que, muchas veces, es más desafiante escribir breve que desarrollar cada concepto en largas páginas.

---

2   Todas estas citas tomadas de García, José Francisco. 2017 y 2020. La Tradición Constitucional de la P. Universidad Católica de Chile. Tomos I y II. Ediciones UC, pp. 102 (T. I), 43 (T. II) y 209 (T. I), respectivamente.

3   Guzmán, Jaime. 1978. Aspectos Fundamentales del anteproyecto de Constitución Política. En Fontaine, Arturo. 1992. En El miedo y otros escritos. El pensamiento de Jaime Guzmán E. Estudios Públicos N° 42, p. 343.

Creemos que la decisión que cada uno de los autores tuvo que tomar para escoger qué debía incluirse y qué debía quedar fuera es de aquellas decisiones virtuosas que nos exigen priorizar. El esfuerzo permite mostrar la esencia del concepto, aquello que lo distingue y solo anunciar otros temas para motivar al lector interesado a consultar obras y artículos. Es, en definitiva, una puerta de entrada hacia un camino que podría seguir recorriéndose.

La brevedad también busca conectar con todo público: estudiantes, personas formadas en otras áreas del conocimiento, lectores ocasionales, periodistas y, en general, todos quienes han resentido la falta de herramientas técnicas y conceptuales para seguir el debate constitucional.

Pero hay más. El libro es asimismo una obra para la educación cívica, esto es, para transmitir enseñanzas e inspirar reflexiones que permitan a quien revise este volumen comprender mejor las bases de la comunidad política en la que convivimos. En gran medida esa comprensión es un primer paso, sea para la adhesión o la crítica racional, que permitirá fortalecer nuestros lazos y mejorar nuestra convivencia.

Una segunda característica distintiva es que se trata de una obra colectiva en la que, a diferencia de otras tantas que se han publicado sobre estas materias, participa un gran número de profesores. Como se podrá apreciar, en este libro escriben los profesores que integran el Departamento de Derecho Público y más de una decena de profesores de otros departamentos de la Facultad de Derecho. Además, también hemos invitado a participar a algunos abogados que se desempeñan como ayudantes en los cursos de derecho constitucional y administrativo. En total suman más de cincuenta personas.

El que sea una obra colectiva permite reunir en un mismo volumen una pluralidad de miradas, algunas más abstractas y otras aplicadas; unas más atentas a la evolución histórica y otras más pendientes de los debates del presente; unas propias del académico y otras del abogado del foro; unas escépticas y otras esperanzadas. Esta diversidad es una de las virtudes de un grupo plural que comparte la docencia en la universidad. Aquí, en torno a un lenguaje común y una aproximación rigurosa, cada uno ha escrutado los conceptos que se han elegido desde su propia reflexión. Es lo propio de lo genuinamente universitario que reúne en una obra a quienes intentan día a día buscar la verdad desde miradas diversas.

Estructura

El libro parte con una definición más abstracta de los conceptos fundamentales del constitucionalismo. Es ahí donde un conjunto de profesores teoriza sobre conceptos que serán continuamente usados en estos meses y construye, con perspectiva histórica y académica, las bases conceptuales de la idea que se desarrolla. Ahí está entonces una reflexión sobre lo que es la Constitución, su supremacía y la importancia de la revisión judicial. Igualmente se examinan conceptos vinculados con el ejercicio del poder, como la soberanía, la separación de poderes y el régimen de gobierno.

La siguiente sección vuelve la mirada hacia nuestro país, para analizar la evolución constitucional chilena. Toda Constitución es, al decir de tantos autores, una construcción colectiva en la que interviene no solo la generación a la que le corresponde escribirla, sino también las anteriores que han ido dando forma a los acuerdos fundamentales de esa comunidad política. Por eso la mirada a la historia no puede faltar, para así lograr que la nueva Constitución sea un vínculo que una el pasado con el futuro que intenta proyectar. Cinco profesores emprenden esa tarea dando cuenta de nuestra propia tradición.

Más adelante el libro se enfoca en algunos principios constitucionales que han marcado el derecho público chileno no solo bajo el imperio de la Constitución vigente. Cada uno de estos conceptos serán objeto de discusión en la Convención y es posible que la nueva Constitución profundice algunos y modifique otros. Cualquiera sea el destino de ellos, lo cierto es que comprender cómo estos principios se han desplegado en las últimas décadas permitirá hacer de la nueva Constitución un continuo en el constitucionalismo chileno.

Los dos capítulos que siguen examinan diversas disposiciones de la Constitución vigente. El primero de ellos se centra en los derechos y libertades que hoy están contenidos en el artículo 19 de la Constitución. El que continúa hace lo mismo con la arquitectura del Estado, es decir, la trilogía de poderes clásicos y los otros órganos que hoy están reconocidos en la Constitución. Se trata de algo más de cuarenta conceptos que analizan el derecho a la vida, la privacidad, el derecho a la salud, la propiedad y tantos otros, así como la figura del Presidente de la República, el Congreso Nacional, los órganos constitucionalmente autónomos, etc. Cabe señalar que en general los textos no solo describen las reglas constitucionales que configuran el concepto a desarrollar, sino también dan cuenta de la forma en que estas normas han sido aplicadas. Igualmente, los textos teorizan sobre la mejor aproximación al desafío que plantea cada concepto, aportan perspectivas históricas y muchos enuncian debates futuros.

La última parte desarrolla algunas tendencias en el derecho constitucional que requerirán atención en las futuras deliberaciones. Se trata de temas que han estado presentes en nuestro debate constitucional desde hace años, como el reconocimiento a los pueblos indígenas y la constitucionalización del derecho, y otros más recientes, como la relación de la Constitución con el cambio tecnológico y el desafío que el proceso presenta para la situación de la mujer. Además, se plantean otros temas vinculados más intensamente con el derecho público que, dado que se trata de una Constitución, posiblemente requieran de algún pronunciamiento, como la relación de los derechos sociales con las políticas públicas, las regulaciones expropiatorias o las autoridades administrativas independientes.

Estamos seguros de que este libro será consulta obligatoria no solo para entender nuestro marco constitucional vigente, sino también para comprender los cambios que vienen y participar en la discusión del nuevo texto constitucional.

SEBASTIÁN SOTO VELASCO
Director Departamento de Derecho Público

CONSTANZA HUBE PORTUS
Subdirectora Departamento de Derecho Público

CONCEPTOS
FUNDAMENTALES

¿QUÉ ES LA CONSTITUCIÓN?

José Luis Cea E.

La Constitución es la ley suprema de cada Estado Nación. En ella se proclama la dignidad de la persona humana y se aseguran los valores de la libertad, la igualdad, el orden, la justicia y la paz para todos los habitantes sometidos a su imperio. La Constitución es símbolo y prueba de la independencia del país, de su pueblo y de sus autoridades.

La Constitución es humanista porque se funda en esa cualidad de la persona y se establece con el propósito de garantizar el respeto de los atributos esenciales que fluyen de ella, con el cumplimiento de los deberes correlativos. La Constitución reconoce el poder o soberanía del Estado y habilita a los órganos públicos para que lo ejerzan sirviendo a la persona humana.

La Constitución es política porque se refiere al gobierno de las polis como Estado de Derecho. Este es la sociedad política que impulsa al bien común, con sujeción a los límites, controles y responsabilidades que la Constitución establece. Ella es también Ley Suprema porque no existen, ni pueden ser dictadas, normas jurídicas superiores a cuanto fluye de su texto, contexto y espíritu. Por ende, las leyes y tratados internacionales, los reglamentos, sentencias y dictámenes tienen que respetar la Constitución en su forma y contenido. En esto consiste la supremacía constitucional, cuyo alcance llega a los contratos entre particulares y hasta las más modestas reglas de convivencia cuales son las de índole familiar, vecinal y estudiantil. El Tribunal Constitucional es el órgano facultado para velar por tal supremacía.

La Constitución política es inseparable de la democracia, pudiendo afirmarse que no hay democracia sin Constitución realmente obedecida y que esta marca distintiva de la Ley Suprema es posible solo en democracia verdadera. El horizonte de la democracia constitucional, cabe realzarlo, es el desarrollo de la persona hasta el más alto nivel posible, respetando siempre las exigencias que hemos mencionado. Dicho propósito se logra progresivamente, concretando el bien común espiritual y materialmente concebido. Así, la Constitución va paulatinamente arraigándose en la conciencia de todos y cada uno de los habitantes, convirtiéndose en viva porque es vivida, generación tras generación. Eso explica la solidez de una Carta Política, a la cual el pueblo, titular de la soberanía, le atribuye su creciente bienestar individual y colectivo.

Nadie en la ciudadanía puede ser excluido de participar del proceso de debatir, aprobar y, si es conveniente, reformar o incluso reemplazar la Constitución vigente. El tiempo torna obsoleta a múltiples manifestaciones de la civilización y de ello no queda a salvo la Constitución. Llegar, en la mayor medida posible, a la implantación de una Constitución que sea ampliamente reconocida como legítima es uno de los mayores desafíos que enfrenta un pueblo civilizado.

Defender la Constitución existente porque representa los anhelos de justicia y paz en el orden es una exigencia ineludible de todo ciudadano que la aprecia como propia. De la vigencia práctica de esa Constitución, día a día, depende el desarrollo humano individual y colectivo.

Educar sobre lo que es y representa la Constitución, como asimismo sobre las secuelas de eludirla o quebrantarla, es un sello de civismo, típico de pueblos que han llegado a grados encomiables de respeto, ayuda mutua, solidaridad y sacrificio. Educar acerca de qué es el constitucionalismo, por ende, es una tarea que recae en la familia, la escuela y el barrio; en las instituciones de formación superior, sindicatos, gremios y empresas; en los profesionales de cualquier índole. Asumir esa labor con entusiasmo es aspirar a que nuestra vida sea fraternal, segura y progresiva.

" Educar sobre lo que es y representa la Constitución, como asimismo sobre las secuelas de eludirla o quebrantarla, es un sello de civismo, típico de pueblos que han llegado a grados encomiables de respeto, ayuda mutua, solidaridad y sacrificio".

José Luis Cea E. (P. 24)

SUPREMACÍA CONSTITUCIONAL

Arturo Fermandois V.

La supremacía constitucional es el atributo de la norma constitucional en cuya virtud todas las normas jurídicas de un Estado, así como los demás actos emanados de los poderes públicos, deben someterse en la forma y en el fondo a lo previsto y dispuesto por la Carta Fundamental.

Se trata de un concepto intrínseco a la existencia del constitucionalismo desde su consolidación en el siglo XVIII; no hay Constitución si esta no es suprema; no hay poder constituyente si este no obliga también al legislador, como poder distinto de aquel.

La actual Carta Fundamental recoge este principio en una frase simple, en el inciso primero de su artículo 6°: "*Los órganos del Estado deben someter su acción a la Constitución y a las normas dictadas conforme a ella...*". Y el inciso segundo del mismo artículo proyecta la supremacía incluso hacia la esfera privada: "*Los preceptos de esta Constitución obligan tanto a los titulares e integrantes de dichos órganos, como a toda persona, institución o grupo*". Por no exigir de otra norma para regir de inmediato sobre toda la vida en sociedad, esta cara de la supremacía se denomina *principio de vinculación directa* de la Constitución. Estos tres ejes son elemento central del concepto Estado de Derecho.

Clases de supremacía

La supremacía constitucional se clasifica en de forma y de fondo, variantes que se deducen de su definición. La supremacía formal consiste en el imperativo exigible a todo precepto legal o reglamentario de someterse a los procedimientos previstos por la Constitución para su tramitación y nacimiento como tal. La supremacía material consiste en la sujeción armónica de los contenidos de todo precepto legal y reglamentario a los derechos, principios y valores contenidos en la Constitución.

Rigidez constitucional

La supremacía, como atributo de todo precepto constitucional, es indisoluble de la idea de Constitución. Para que opere en la práctica, la supremacía constitucional solo es posible gracias a otro principio del constitucionalismo: el de rigidez constitucional. Conforme a este principio, se distingue entre poder constituyente y poderes constituidos, y se entiende que el primero, sea originario o derivado, es conceptual y políticamente distinto al poder legislativo, superior a él. El principio de la rigidez impide que este poder o facultad constituyente sea entregado a los poderes constituidos, o sea, a los diferentes órganos del gobierno, dotados de diferente competencia o ámbito de atribuciones. En consecuencia, los poderes constituidos no pueden tener dentro de su ámbito de competencia el de hacer o modificar la Constitución, salvo que sigan los procedimientos y los *quorum* previstos para el ejercicio del poder constituyente.

En efecto, si cualquier órgano pudiera alterar radicalmente la Carta Constitucional, ¿qué objeto tendría que fuera considerada Estatuto Supremo? Pero, por otro lado, la rigidez supone la supremacía porque ¿qué sentido tendría que una norma fuera la superior por puro arbitrio inmodificable del constituyente?

Origen histórico del concepto. Coke y Sieyès

El surgimiento del principio de supremacía constitucional fue políticamente complejo por cuanto el constitucionalismo mismo se formó durante el predominio de la soberanía del Parlamento, esto es, de la ley. Conseguir la real supremacía de la Constitución supone partir del presupuesto de que esta se encuentra, incluso, por sobre la ley. Así, sobre la soberanía de las Cámaras hay una autoridad superior: la propia Carta Fundamental.

Esta dificultad de hace 200 años resurge intermitentemente en el plano político en el mundo entero, cuando el legislador resiente el encontrarse constreñido por una Constitución que lo conduce y limita.

Uno de los primeros en plantear el problema de cómo hacer prevalecer la voluntad de la Constitución por sobre la del Parlamento fue, en plena Revolución Francesa, el abate Emmanuel Sieyès en su obra "El Tercer Estado" y en su exposición ante la Asamblea Nacional de 1789. Allí, el abate planteó la necesidad de crear un jurado que se encargara de velar por el respeto de la Constitución y a la Constitución. Sin embargo, lo incipiente de la idea y los avatares de la Revolución hicieron que la intención visionaria de Sieyès se viera, cuando menos, postergada.

Diversos autores fueron tratando el problema y, a medida que pasaba el tiempo y se imponían los principios del constitucionalismo, se hacía más necesario resolver la disyuntiva planteada por Sieyès. Así lo había hecho —quizá sin entenderlo como tal— muchos años antes el juez Sir Edward Coke, al fallar el famoso caso "Bonham" en 1610. Ahí aceptó la idea de que una ley del Parlamento podría vulnerar el derecho común o *common law* (hoy entendido como Constitución consuetudinaria y suprema) y podría ser anulada. Luego de la revolución, Alexander Hamilton, Alexis de Tocqueville y otros lo hicieron, aunque de modo aislado y poco sistemático. Los primeros ensayos por institucionalizar el principio se dieron al surgir las primeras constituciones rígidas.

Control de la supremacía y control de constitucionalidad. El legado del fallo Marbury v. Madison (1803)

El control de la supremacía constitucional se efectúa mediante los sistemas de control de la constitucionalidad, materia de otra unidad de esta obra. La primera y más famosa prueba a la que se sometió la supremacía constitucional en la historia tuvo lugar con el famoso caso "Marbury v. Madison" en Estados Unidos, 1803. La sentencia es el primer paso formal y consciente de control judicial de la constitucionalidad de la ley, y legó con ello el primer gran triunfo de la supremacía sobre la resistencia legislativa.

Redactada por el famoso juez John Marshall, presidente de la Corte Suprema, recurrió a la supremacía constitucional para resolver un complejo problema político y jurídico que enfrentó a los partidarios de los presidentes Adams y Jefferson.

Marbury era uno de los jueces designados, en los últimos momentos de su administración, por el Presidente John Adams, a cuyo nombramiento

James Madison, Secretario de Estado del nuevo Presidente Jefferson, no quería dar curso. Marbury, en virtud de una ley que lo facultaba, recurrió a la Corte Suprema para que ordenara cursar su designación. La Corte se veía en una difícil posición: por un lado, no quería enemistarse con el nuevo gobierno por el temor de que no obedeciera, pero por otro quería reparar una situación injusta y proteger a Marbury.

Para salvar la situación, la Corte discurrió, bajo la presidencia del juez Marshall, sin pronunciarse sobre el fondo, que la ley en virtud de la cual se le pedía que interviniera iba en contra de la Constitución. La Carta la facultaba para intervenir en segunda instancia o por vía de apelación y la ley le exigía intervenir en primera instancia: ¿qué primaba?

Para justificar su decisión, el juez Marshall redactó uno de los extractos más famosos del constitucionalismo, esencia de la supremacía constitucional: "O la Constitución es una norma superior y suprema y no puede ser alterada por los medios ordinarios o está al mismo nivel que las disposiciones legislativas ordinarias y, como ellas, puede ser modificada cuando al Legislativo le plazca hacerlo. Si lo primero es verdadero, un acto legislativo contrario a la Constitución no es ley. Si lo segundo, entonces las Constituciones escritas son absurdas tentativas de parte del pueblo para limitar un poder que es ilimitado por naturaleza".

REVISIÓN JUDICIAL DE CONSTITUCIONALIDAD DE LAS LEYES

Marisol Peña T.

La obra del legislador no es infalible, a diferencia de lo que se desprende del pensamiento de Juan Jacobo Rousseau, en su obra "El Contrato Social". En ella expresaba que la manifestación de la voluntad soberana del pueblo —identificada con la voluntad de la mayoría— era infalible y el que estaba en minoría debía plegarse a la voluntad de aquella. Este paradigma rousseauniano fue complementado por Montesquieu al señalar que el juez "solo es la boca que pronuncia las palabras de la ley".

La revisión judicial de la constitucionalidad de la ley comprende, entonces, la potestad que se reconoce a los tribunales —ordinarios o constitucionales— para revisar la obra del legislador a fin de determinar su conformidad con la Constitución, tanto desde el punto de vista formal (referido al proceso de formación de la ley) cuanto desde el punto de vista sustantivo (vinculado al contenido mismo de sus normas). Esta revisión se funda, a su vez, en el principio de *supremacía constitucional*, que reconoce a la Carta Fundamental como la norma de mayor jerarquía del ordenamiento jurídico positivo, a la cual deben ordenarse y subordinarse las normas inferiores del mismo. Ello, como condición indispensable de su validez y legitimidad, pues las Constituciones contemporáneas contienen, además, los valores y principios que informan todo el sistema de normas de un Estado.

Desde el punto de vista histórico, la influencia del pensamiento de autores como Rousseau y Montesquieu derivó en que, por mucho tiempo, fuera impensable que un órgano distinto al propio legislador controlara su obra. Así, y en todo el mundo, la sola posibilidad de que los tribunales controlaran las leyes, anulando aquellas contrarias a la Constitución, tardó mucho tiempo en cristalizar. El primer atisbo en este sentido se produce en el año 1610, con la sentencia del caso Bonham, redactada por el juez Edward Coke en Inglaterra, frente al caso de un médico que había sido multado y privado de libertad por ejercer indebidamente su profesión en la ciudad de Londres. El juez Coke afirma que si una ley del Parlamento está contra la razón o el *common law*, o repugna o es imposible su realización, el *common law* lo debe controlar y considerar sin vigencia ("void").

No obstante, el impulso decidido a la revisión judicial de la constitucionalidad de las leyes se produce con el fallo "Marbury vs. Madison", redactado por el juez de la Suprema Corte de los Estados Unidos John Marshall, en 1803. Allí se declara que la Constitución, como norma suprema e inmodificable, debe prevalecer sobre la ley en caso de conflicto entre ambas, debiendo el juez dar prevalencia a la primera. En consecuencia, desde esa fecha, no se ha discutido la potestad del máximo tribunal para declarar la inconstitucionalidad de las leyes que contrarían a la Constitución, dando origen al denominado sistema "difuso" de control de constitucionalidad de la ley. Dicha denominación deriva del hecho de que todos los tribunales pueden prescindir de la aplicación de una ley contraria a la Constitución (inaplicarla) en un caso concreto que estén decidiendo. Sin embargo, su declaración de inconstitucionalidad, esto es, la facultad de expulsar la ley inconstitucional del ordenamiento jurídico solo queda reservada a la Suprema Corte, que la aplica previo un examen ("certiorary") acerca del impacto que pueda tener la eventual declaración de inconstitucionalidad.

En Europa, en cambio, la revisión judicial de la constitucionalidad de la ley solo pudo asentarse después de que Hans Kelsen planteara la necesidad de confiar el control de constitucionalidad de las leyes a un tribunal independiente e imparcial que colaborara con el legislador en depurar el ordenamiento jurídico de normas contrarias a la Constitución. Para Kelsen, este control importaba una verdadera garantía de la regularidad de las normas subordinadas a la Constitución, pero, asimismo, una garantía del ejercicio regular de las funciones estatales, cuyos principales lineamientos están señalados en la propia Constitución. He allí el fundamento en virtud del cual los tribunales pueden anular lo obrado por el legislador declarando la inconstitucionalidad de la ley.

Así, se empezaron a crear las Cortes o Tribunales Constitucionales. Los primeros fueron los de Austria y Checoslovaquia en 1920, que constituyeron una expresión del control "concentrado" de constitucionalidad de la ley que radica en tribunales de alto nivel y especializados, distintos de los tribunales ordinarios, el control de las leyes inconstitucionales. En América Latina existen Tribunales o Cortes Constitucionales en Guatemala, Colombia, Ecuador, Perú, Bolivia y Chile. Los restantes Estados han optado por conferirle esta potestad a la Corte Suprema de Justicia, ya sea directamente (Argentina) o a través de una Sala Especializada (Costa Rica).

El debate sobre una nueva Constitución para Chile deberá considerar, entonces, cómo contemplará el respeto al principio de supremacía constitucional y qué órgano deberá abordarlo: si el Tribunal Constitucional (como hasta ahora) o la Corte Suprema (como ocurrió hasta la reforma del año 2005). En el caso de mantenerse el primero, habrá de decidirse si las leyes se controlan (o anulan) solo cuando ya están rigiendo o, también, en forma preventiva (evitando que ingresen leyes inconstitucionales al ordenamiento). Asimismo, las competencias que habilitan para ejercer la judicatura constitucional, con independencia y objetividad, será otro tema de gran relevancia para contrarrestar las críticas al actual Tribunal Constitucional como una "tercera Cámara". Con todo, la existencia de un legislador incontrolable ya no es opción en un Estado constitucional y democrático de Derecho.

" La existencia de un legislador incontrolable ya no es opción en un Estado constitucional y democrático de Derecho".

BIEN COMÚN

Felipe Widow L.

Desde que el estallido de octubre, en Chile, intensificó la discusión constitucional y aceleró hasta velocidades insospechadas el curso de una eventual reforma o refundación de nuestra vida en comunidad, se hizo frecuente escuchar conceptos tales como un "nuevo pacto social" o una "nueva casa común". La Constitución, al parecer, debía ser el marco normativo de tales propósitos. Una mirada optimista de este escenario podría generar la impresión de que lo que está en el centro de estas conceptualizaciones y propuestas es el bien común. Al fin y al cabo, solo podremos ponernos de acuerdo —en un nuevo pacto social— si lo que perseguimos es el bien de todos. Lamentablemente, la cuestión no es tan sencilla, y desentrañar el lugar de la noción de bien común en la discusión constitucional contemporánea es una tarea difícil.

Un poco de historia

Para explicar esta dificultad es necesario hacer un brevísimo recorrido histórico: la vida política tal como la entendemos en Occidente, esto es, como una empresa colectiva de conciudadanos libres, tiene registro de nacimiento en la *polis* griega, y especialmente en Atenas. La práctica de hombres como Temístocles, Arístides o Pericles, y la teoría de Sócrates, Platón o Aristóteles son, sin duda alguna, las referencias originarias e ineludibles de todo el pensamiento político posterior. Y, para aquellos antiguos, el bien común político gozaba de unas notas claras y distintas: se trata del bien completo del ciudadano, no de una parte de él —como sería el caso del bien propio de cualquier sociedad intermedia o corporación—; ese bien completo se extiende a tres especies de bienes: los bienes exteriores (como el alimento, el vestido y la vivienda), los bienes corporales (como la nutrición y la salud) y los bienes espirituales (como la sabiduría y la justicia); pero no todos esos bienes entran del mismo modo en el bien común político, sino que los exteriores y corporales son accidentales (lo cual no significa que sean poco importantes en la organización de la vida política) y solo los bienes espirituales son esenciales. La razón de esto se encuentra en el significado más inmediato de lo "común": es común aquel bien cuya posesión no es excluyente, es decir, que puede ser de unos y otros sin que la participación de unos —en el bien— reste o limite la participación de otros; al contrario, la "comunicación" de estos bienes perfecciona su posesión individual y colectiva. Lo común, por ello, se opone a lo privado que, como su nombre lo indica, es "privativo", esto es, excluyente. Dos personas no pueden nutrirse del mismo alimento, ni llevar el mismo vestido, ni habitar el mismo espacio; en cambio sí que pueden poseer un mismo saber, participar en una misma tradición cultural y gozar de una sola justicia. Estos últimos bienes, de hecho, son "comunicables": cada ciudadano los recibe de otros y, con ello, se perfecciona la posesión de todos (alcanzará más sabiduría el hombre que esté rodeado de otros sabios; el arraigo cultural es siempre un fenómeno comunitario, nunca individual; y cuanto más intensamente ame cada uno la justicia, más extensa y profunda es la justicia de la ciudad). La *polis* griega no fue una república ideal en la que el amor por lo común hiciera desaparecer toda discordia, pero se le debe reconocer por descubrir el único fundamento posible de una auténtica concordia política: la búsqueda de un bien en la que lo excluyente queda subordinado a lo comunicable, es decir, en la que hay una primacía de lo espiritual.

Esta extraordinaria herencia de los antiguos alcanza un nuevo despliegue —y unas nuevas tensiones— en su encuentro con el cristianismo: cuando comienza a tomar forma la república cristiana, aquella centralidad política de lo espiritual aparece íntimamente vinculada a un bien común sobrenatural, y la unidad política parece depender de la unidad religiosa. Pues bien, la seña genética más clara de la modernidad política radica, precisamente, en el esfuerzo por reconstruir la concordia política cuando se ha perdido la unidad religiosa. Pero la división moderna no fue solo religiosa, sino que implicó un progresivo eclipse —lento pero irrefrenable— de toda unidad espiritual: poco a poco se fue resquebrajando la "comunión" cultural, jurídica, filosófica, artística, moral… La teoría y la práctica políticas siguieron empeñadas en posibilitar la convivencia, pero lo hicieron de un modo en que la disgregación era ya un dato constitutivo de la sociedad, y no un obstáculo cuya superación desafiaba a la política. De este modo, el bien común de los clásicos fue reemplazado por el conjunto de las condiciones para que sea posible el bien privado, *a pesar* de la vida social; y la unidad política se hizo formal y extrínseca, intensificando, con ello, la disgregación social. Este es —si se permite tan extrema simplificación— el factor integrador de los contractualismos liberales, de Locke a Rawls, pasando por Rousseau y Kant. Y a esta privatización liberal de la vida humana no se opusieron más que construcciones teórico-prácticas totalizantes, donde la unidad no se recupera por el rescate de lo común y comunicable, sino por la destrucción de la singularidad de las partes, como duramente nos enseñaron los totalitarismos que emergieron el siglo pasado y perduran hasta hoy.

Abstracción ideológica y crisis política

¿Qué tiene que ver esta historia con la discusión constitucional presente? Mucho, porque somos actores de un drama político —que amenaza tragedia— cuyo núcleo argumental es la más profunda, intensa y beligerante disgregación social que hayamos visto nunca. Nuestra vida social está marcada por fracturas que exceden con mucho las naturales e inevitables diferencias que toda sociedad lleva en su interior: se trata de visiones —ideológicamente distorsionadas— de lo verdadero, lo bello y lo bueno que, lejos de manifestar su esencial comunicabilidad, aparecen como discursos excluyentes, destructivos de la diferencia y el disenso, cerrados a todo diálogo, prestos a adoptar nuevas y sofisticadas formas de violencia comunicacional (y aun física, como tristemente nos ha tocado ver). El diagnóstico es duro, pero realista. Y, ante esta realidad, ¿cómo podríamos integrar la consideración del auténtico bien común —ese que se funda en la comunicabilidad de la perfección espiritual de la persona— en nuestra discusión constitucional? Desde luego, no podemos esperar que un texto legal obre un milagro: una Constitución puede, eventualmente, manifestar la unidad política y colaborar en conservarla y perfeccionarla, pero no la produce.

¿Entonces no tiene sentido —podrá preguntarse alguien— volver, en este contexto, sobre la idea de bien común? Las referencias a este bien, en la discusión constituyente y en el nuevo texto constitucional que resulte de ella, ¿son meras fórmulas retóricas vacías de todo contenido real? Lo serán, desgraciadamente, si es que permanecen en el ámbito de las ideologías abstractas, pues allí es donde los sistemas son irreductibles, las fracturas incurables y los abismos insalvables. Pero el bien común no es un principio ideológico, sino el único fin que causa una auténtica unidad social. Por ello, es posible que tenga un sentido para nuestro momento presente. Pero, para ello, hay una condición indispensable: es necesario sacar a la discusión política de las burbujas de la abstracción ideológica y devolverla al ámbito de las relaciones concretas, pues ellas son las que constituyen la verdadera vida política. Pero las relaciones concretas solo existen en comunidades a escala humana, porque solo en ellas emerge un bien real que diluye la inexpugnabilidad de las posiciones ideológicas: los vecinos se unen —y dialogan políticamente— cuando lo que está en juego es la seguridad de sus hijos en las calles y plazas del barrio, o cuando la paz cotidiana se ve amenazada por la arbitrariedad de un poder extrínseco (el mismo Estado, el crimen organizado, una gran industria, etc.).

Bien común y nueva Constitución

¿Y cómo se vincula esto con la Constitución? ¿Se trata, acaso, de un cosismo legalista exacerbado que pretende constitucionalizar hasta la vida del barrio? Nada más lejos de ello: se trata de mostrar, simplemente, que la abstracción ideológica se revela impotente cuando la discusión política —y el ejercicio del poder— se refieren a un bien común real. De lo que se trata es de que, para que el bien común vuelva a operar como un principio realmente orientador de la política, es necesario que esta recupere su cauce natural, que es el de la comunidad real. Y para esto hace falta que el Estado mengüe —especialmente el poder estatal centralizado—, ¡no para que crezca, en su lugar, el mercado! (esta es una dialéctica reductiva, mentirosa y paralizante), sino para que reaparezca la comunidad política auténtica: la de los vecinos, el pequeño municipio, las múltiples asociaciones que cruzan su vida cotidiana… Lo que en primer lugar deberíamos esperar de este reordenamiento político a que nos fuerza el proceso constituyente es una descentralización real del poder, profunda, no solo administrativa, sino verdaderamente política.

Pero tal descentralización será solo el punto de partida, porque la supresión estatal de la comunidad real ha generado una monstruosidad: un individuo que se desentiende de su propio bien —al menos en lo que tiene de común y comunicable con el bien del vecino— y se encierra egoístamente en su mundo privado, del que sale solo para exigir al Estado que se haga cargo de aquellas de sus necesidades que exceden sus fuerzas. Precisamente a causa de esta patología —que hemos sufrido ya por demasiado tiempo—, el retorno del flujo sanguíneo de la política a las comunidades reales será la condición que posibilite una lenta y difícil regeneración del tejido social. Solo desde allí podrá recuperarse una visión común de lo verdadero, lo bello y lo bueno, y solo entonces será posible una concordia política profunda, firme y duradera. ¿Puede un texto constitucional colaborar en esta regeneración? Sí, pero solo si se abandonan los utopismos que aspiran a una sociedad y un hombre nuevos, y se usa esa ley para el limitado propósito de proteger las semillas de la concordia.

En Chile, hoy, esas semillas no son otras que el reconocimiento de la dignidad personal (¿cómo podrá haber comunicación y comunidad si el otro es reducido a un objeto que puede ser usado y descartado?); el carácter insustituible de la familia fundada en el matrimonio (no se trata de cerrar los ojos a la crisis contemporánea de la familia tradicional, ni de desentenderse de las realidades que han emergido como consecuencia de esta crisis, ¿pero es que cabe esperar la reconstitución de un sano tejido social sin la recuperación de ese núcleo esencial en el que se forja la personalidad de todo ciudadano?); el deber y derecho educativo de los padres (que sea, quizá, el más clamoroso ejemplo de un Estado que incrementa su poder más allá de toda medida razonable); la propiedad como medio —y solo medio— al servicio de lo anterior (la demonización de la propiedad y de su uso productivo no es la respuesta al abuso de la misma y a la transformación del mercado en regla definitiva y superior de justicia. La respuesta a la ideología capitalista es el retorno a las exigencias de la justicia legal, conmutativa y distributiva).

Todo esto debería ser protegido por una nueva Constitución. Si lo hace, y lo corona con un régimen político que limite radicalmente el poder del Leviatán, para que emerjan las comunidades reales —de escala humana— que hoy se encuentran diluidas o aplastadas, entonces, quizá, podamos decir que el bien común vuelve a ser el principio orientador de nuestra vida política.

DERECHOS FUNDAMENTALES

Claudio Alvarado R.

En un sentido amplio o general, la noción "derechos fundamentales" se identifica con las expresiones derechos humanos, naturales, morales, o —siguiendo los términos que emplea el artículo 5° inciso 2° de la Constitución vigente— "derechos esenciales que emanan de la naturaleza humana". Todas ellas se refieren a aquellas exigencias básicas de justicia cuyo titular es el ser humano y que se le reconocen por el solo hecho de ser tal. Con todo, la voz "derechos humanos" surge en el ámbito internacional, mientras que la expresión "derechos fundamentales" suele reservarse para aquellos derechos básicos que han sido consagrados en el ordenamiento jurídico interno de un país.

Un consenso reciente

Hoy los derechos humanos o fundamentales pueden ser considerados la principal referencia jurídica, política y moral de la civilización occidental. Este acuerdo, sin embargo, es relativamente reciente si se atiende a los procesos de larga duración. Desde luego, con anterioridad existieron célebres instrumentos como la "Declaración de derechos del buen pueblo de Virginia", de 1776, o la "Declaración de los derechos del hombre y del ciudadano", de 1789, redactada en medio del fragor de la Revolución Francesa. Pero este tipo de catálogos, cuyo foco consistía en un elenco de derechos individuales formulados de modo abstracto, fueron duramente criticados por diversas corrientes políticas e intelectuales, desde el joven Marx hasta Edmund Burke. Cabe añadir, además, que la versión original de la célebre Constitución de los Estados Unidos (1787) no contemplaba este tipo de categorías: su "Bill of Rights" se incluyó solo un par de años más tarde. En este contexto, es recién a mediados del siglo XX que comienza a producirse un consenso universal en torno a los derechos humanos o fundamentales.

El hito clave reside en la Declaración Universal de Derechos Humanos, de 1948. Su antecedente inmediato fue el horror que produjeron los brutales crímenes cometidos por los regímenes totalitarios. Ante la imperiosa necesidad de buscar conceptos e instrumentos que ayudaran a evitar la repetición de torturas, desapariciones, campos de concentración y otras vejaciones que conoció el mundo durante la primera mitad del siglo pasado, el recurso a esta noción permitió perfilar un acuerdo práctico entre diversas tradiciones de pensamiento para proteger la dignidad humana. A partir de este momento no solo comenzó a implementarse un sistema internacional de protección —tratados, tribunales y órganos de control—, sino que además se incrementó la tendencia a incluir en las constituciones catálogos de derechos fundamentales directamente exigibles ante los tribunales de justicia (con acción como el denominado recurso de protección en nuestro país). El actual estado de cosas en materia de derechos es fruto de esta evolución.

Derechos y democracia

Considerando la trayectoria anterior, resulta comprensible asumir que los derechos humanos o fundamentales representan un límite al poder político: ellos nos indican ciertas barreras que ni el legislador ni la administración del Estado pueden legítimamente traspasar. Por supuesto, esta percepción tiene fundamento: cuando los catálogos de derechos prohíben la tortura o la posibilidad de ser condenado sin un juicio previo efectivamente trazan un límite infranqueable. Ahora bien, debemos advertir que los casos en que se consagran prohibiciones de esta índole son muy pocos. La gran mayoría de los derechos comprendidos en los instrumentos constitucionales e internacionales pertenecen a una clase que admite diversas lecturas plausibles. Por mencionar apenas un ejemplo, es difícil imaginar que alguien hoy niegue la importancia de la libertad de expresión, pero es habitual encontrar diferentes maneras de entender cuál debiera ser su contenido específico. Así, habrá quienes crean que dicha libertad autoriza la quema de un emblema patrio en el espacio público; para otros —tal como la legislación chilena que proscribe esa práctica—, no.

La consecuencia del escenario descrito puede resumirse así: la relación entre la política democrática y los derechos humanos o fundamentales es bidireccional. Por un lado, estos derechos sin lugar a duda constituyen un límite y una orientación para el poder del Estado: le señalan, citando al filósofo del derecho John Finnis, los contornos del bien común. Por otro lado, sin embargo, los mismos derechos necesitan de la actividad política. Tanto para definir el detalle de su contenido —quién está obligado a satisfacer el derecho, quién es su beneficiario, etc.— como para garantizar la efectiva vigencia de las prohibiciones más significativas. Es decir, aquellas en las que se juega el núcleo de los derechos humanos: la erradicación de la esclavitud, de las desapariciones forzadas y de otros crímenes semejantes.

En el contexto de un régimen democrático resulta indispensable recordar esa doble relación entre derechos y política. Ella es la que permite conjugar la protección de los aspectos básicos de la dignidad humana, de una parte, con la idea de que los principales llamados a concluir y determinar las directrices de la vida social son los representantes políticos de los ciudadanos (el Ejecutivo y el Congreso), de otra. Todo esto, además, implica que, si bien los tribunales han de jugar un papel relevante en el resguardo de los derechos fundamentales, es el sistema político en su conjunto el que ha de velar por su vigencia y protección.

SOBERANÍA

Germán Concha Z.

La noción de soberanía alude a una cualidad del poder del Estado. En su virtud, dicho poder ha de entenderse superior a cualquier otro en el orden temporal. Es la idea que usualmente se busca transmitir al emplear la expresión "soberano": la no sujeción o sometimiento a otro.

La doctrina ha afirmado que, dentro de las características de la soberanía, cabe mencionar que ella es única, indivisible, indelegable y absoluta.

Tradicionalmente se ha afirmado que la incorporación de este término a la discusión política se debe a Jean Bodin, y data del siglo XVI (1576). Jean Bodin (o, en español, Juan Bodino) fue un destacado político e intelectual francés que vivió entre 1529 y 1596. Enseñó Derecho Romano en la Universidad de Toulouse y fue miembro del Tribunal Superior de Justicia de París. Escribió en el contexto de las guerras de religión entre calvinistas y católicos en Francia. Sostuvo que, si bien la autoridad se basa en un pacto que determina quién ejerce el gobierno, una vez concretado, quien lo hace debe tener todo el poder y ser obedecido por todos. Es decir, se trata de un poder soberano (sin otro a quien deba someterse), y quien lo tiene (sea el pueblo, un grupo, o una persona) es el soberano.

Se ha destacado que la idea de soberanía fue usada inicialmente como una justificación para el proceso de concentración del poder en el monarca que se produjo después de la Edad Media (y en el contexto de la crisis del sistema feudal). Así, se empleó para sostener que si al rey le correspondía la soberanía (era el soberano), entonces los demás poderes del reino debían someterse a él.

El absolutismo monárquico asoció el carácter soberano del poder real al origen divino del mismo. Es decir, si el rey recibía su poder directamente de Dios, entonces era lógico que él fuera el soberano y que, por lo mismo, solo rindiera cuentas a Dios mismo.

Se ha afirmado que si bien la Revolución francesa cambió al titular de la soberanía (ya no será el rey, sino el pueblo), no afectó su carácter ilimitado. En este sentido, se entendió que si el poder se originaba en el denominado pacto social que, siguiendo las teorías de Rousseau y de Hobbes, suponía que las personas entregan todos sus derechos al Estado, entonces el poder que correspondía al soberano (ahora el pueblo) no quedaba sujeto a otro.

No obstante, durante el proceso revolucionario surgieron consideraciones doctrinarias acerca de la necesidad de establecer algún tipo de límite a la actuación de quien era titular del poder soberano. John Locke, por ejemplo, sostuvo que en virtud del pacto social solo se entregaba el derecho a la autodefensa, pero se mantenían los derechos naturales de las personas, esto es, la vida, la libertad y la propiedad. Y el abate Sieyès[1] planteó la necesidad de asociar dicha titularidad no al pueblo, sino a la nación, de manera de vincular el ejercicio del poder soberano no solo con la generación presente, sino también con la consideración de las generaciones pasadas y futuras.

En el siglo XX, Hans Kelsen sostuvo que la noción de soberanía estaba estrechamente unida a la idea de Estado. En este sentido, afirmó: "la moderna teoría política explica la soberanía como una propiedad del poder del Estado y, por tanto, indirectamente, como propiedad del Estado mismo, desde el momento que lo identifica con su poder. Dicha Teoría considera, con razón, como uno de sus grandes progresos, el haber determinado la soberanía como una de las propiedades del Estado y no de uno cualquiera de sus órganos —el príncipe, el pueblo—, como en las doctrinas anteriores"[2].

---

1   Emanuel José Sieyès. Fue un abad católico que vivió entre 1748 y 1836. Fue un escritor político muy influyente en el proceso de la Revolución Francesa. Su obra "¿Qué es el Tercer Estado?", se suele considerar como el manifiesto *de facto* de la Revolución. En 1799 fue uno de los instigadores del Golpe de Estado que llevó a Napoleón Bonaparte al poder.

2   Kelsen, Hans. 2005. Teoría General del Estado. Ediciones Coyoacán, p. 133.

A su turno, y entre nosotros, Alejandro Silva Bascuñán insistió en el riesgo de abuso de poder que suponía entender la soberanía como ilimitada, más allá de quién se entendiera que era su titular. Al efecto, afirmó: "el concepto de soberanía política llevó una deformación congénita: discurrido para apoyar el absolutismo real, se convirtió en instrumento apto para hacer eficaz cualquier forma de opresión que le sucediera. Y así se llamarían monarquías los gobiernos de soberanía residente en el rey; aristocracia, si es atribuido a pocos selectos; y democracia si se deposita en el común del pueblo. Pero siempre el yugo insoportable se descargaría sobre la persona determinada que ha de sufrirlo, entregada inerme a la voluntad irrefrenable del déspota unipersonal o colectivo"[3].

Se suele afirmar que tras la Segunda Guerra Mundial se hizo patente la importancia de entender que el ejercicio de la soberanía debía estar sujeto a límites, y que ese fue, precisamente, el rol que se entendió les correspondía a los llamados Derechos Humanos.

La Constitución chilena buscó conciliar esa lógica con la tradición del derecho natural, al consagrar, en el inciso 2° del artículo 5° de la Constitución, que: *"El ejercicio de la soberanía reconoce como limitación el respeto a los derechos esenciales que emanan de la naturaleza humana. Es deber de los órganos del Estado respetar y promover tales derechos, garantizados por esta Constitución, así como por los tratados internacionales ratificados por Chile y que se encuentren vigentes"*.

---

3   Silva Bascuñán, Alejandro. 1997. Tratado de Derecho Constitucional. T. I. Editorial Jurídica, p. 216.

" Tras la Segunda Guerra
Mundial se hizo patente la
importancia de entender
que el ejercicio de la
soberanía debía estar
sujeto a límites, y que
ese fue, precisamente,
el rol que se entendió
les correspondía
a los llamados
Derechos Humanos".

GERMÁN CONCHA Z. (P. 45)

ESTADO DE DERECHO: JURIDICIDAD, CONTROL Y RESPONSABILIDAD

Domingo Poblete O.

La idea de Estado de Derecho consiste básicamente en que tanto gobernantes como gobernados se rigen por el Derecho. Ello sirve de garantía para las personas, pues el poder solo podrá ejercerse si ha sido atribuido previamente por la Constitución o la ley y deberá someterse estrictamente al marco, procedimiento y finalidad fijados por dichas normas jurídicas. La vigencia efectiva de un Estado de Derecho requiere de tres pilares básicos: la juridicidad, el control y la responsabilidad.

El principio de juridicidad exige el sometimiento pleno de los diversos órganos del Estado al Derecho, a la Constitución y a las normas dictadas conforme a ella. Una consecuencia directa de la juridicidad, quizás la más relevante, consiste en la protección de los derechos de las personas y en su consideración como un límite a la acción del Estado en la promoción del bien común.

Sin embargo, la sola consagración de la juridicidad en un texto constitucional no basta para que sea efectiva, para que rija en la realidad. En efecto, si no existen mecanismos para verificar constantemente su respeto por parte de los órganos estatales y sin una consecuencia que se derive de su infracción, tal consagración no deja de ser una mera declaración, a lo más una aspiración programática. Precisamente, los principios de control y de responsabilidad hacen efectiva la juridicidad, permitiendo que se manifieste en la realidad la idea del Estado de Derecho y se respeten los derechos fundamentales de los ciudadanos.

El control consiste, en términos simples, en verificar el cumplimiento de reglas, estándares o principios. Así, el control permite contrastar la forma en que una autoridad estatal actuó con la forma en que debió hacerlo, pudiendo identificarse una eventual infracción y corregirla, expulsando el acto del ordenamiento. Ahora bien, el objeto del control —lo que se controla— puede ser variado: desde la legalidad de la actuación (el cumplimiento de las normas que la rigen) hasta el mérito, la oportunidad o la conveniencia de una decisión, incluyendo también la eficiencia o eficacia de esta. Lo relevante es que tal control pueda desplegarse de manera efectiva e integral, a través de todos los órganos estatales y respecto de todo acto de ejercicio de poder público. Para ello, es necesario que existan múltiples órganos de control, por una parte, y variados mecanismos para activar dichos controles, por otra, incluyendo vías de acción para los ciudadanos. Esta multiplicidad de entidades y vías de control busca responder a una clásica inquietud de la filosofía política, consistente en evitar órganos inmunes al control, sea cual fuere la función que cumplan o su relevancia.

Actualmente, las sociedades democráticas consideran el control como una función esencial del Estado, mostrando una creciente preocupación por diseñar sistemas institucionales en que los diversos órganos puedan controlarse unos a otros (por ejemplo, bajo la idea de los pesos y contrapesos). Sin perjuicio de ello, debe destacarse el rol fundamental que corresponde cumplir al Poder Judicial en el control del ejercicio del poder público. En efecto, los tribunales de justicia representan la máxima garantía de control, ante un tercero imparcial y con un debido proceso, a fin de detectar actuaciones ilícitas o abusos de poder, anular actos y amparar a las personas en el ejercicio legítimo de sus derechos.

Decíamos que para hacer efectiva la juridicidad —el sometimiento del poder al Derecho—, no basta declararla, sino que resulta necesaria la existencia de un sistema de control, capaz de detectar infracciones. Pues bien, el control por sí solo tampoco será suficiente si no va acompañado de la obligación de hacerse cargo de los efectos de la infracción, ya sea por parte del agente estatal respectivo o, incluso, por parte del Estado mismo. Esta es precisamente la función de la responsabilidad en el derecho: forzar a los sujetos a asumir las consecuencias de sus acciones u omisiones.

Existen diversas manifestaciones de la responsabilidad jurídica. La penal apunta a castigar a quien ha cometido un delito, manifestándose a través de una condena que puede incluso privar al sujeto de su libertad.

La administrativa, por su parte, se detona por la infracción de los deberes de los funcionarios públicos, y consiste en soportar desde multas hasta la pérdida del cargo, según la gravedad de la falta. La responsabilidad política recae en las altas autoridades del Estado y consiste en la expulsión de sus funciones, generalmente por incumplimiento de deberes o atentar contra el interés general. La responsabilidad civil, finalmente, consiste en hacerse cargo de los daños que una acción pudo provocar en una persona y se traduce en el deber de compensarlo, a través del pago de una suma de dinero. Esta es la forma en que se verifica la responsabilidad del Estado, ante actuaciones u omisiones que puedan lesionar a una persona, surgiendo el deber de indemnizarla íntegramente.

La idea de un Estado responsable ante los ciudadanos es una conquista relativamente reciente de la civilización. Históricamente primó la idea del poder público ilimitado frente a la esfera patrimonial privada, expresada en los regímenes monárquicos bajo un principio explícito, inspirado en el derecho romano: "el rey no puede cometer daños". Incluso superada la monarquía se mantuvo este privilegio en los Estados modernos, ahora sobre la base de la idea de "soberanía". En este escenario, los daños causados por la actividad estatal recaían en el funcionario, asumiendo que pudiese ser identificado como tal, resultando generalmente insuficiente su patrimonio para asegurar una indemnización efectiva de la víctima.

Actualmente, como resultado de una transformación cultural en la apreciación de los derechos fundamentales y el rol del Estado, se entiende su responsabilidad como una garantía patrimonial de las personas, consistente en que no deberán soportar daños antijurídicos causados por las actuaciones del poder público. Respecto de la procedencia de la responsabilidad estatal, las constituciones suelen distinguir según la naturaleza del órgano que actúa. La responsabilidad del Estado-Administración (Poder Ejecutivo) es la más amplia, disponiendo las personas de acciones para reclamar la indemnización de cualquier daño antijurídico causado por alguna acción u omisión. La responsabilidad por actos del Poder Judicial suele restringirse a casos en que pueda verse afectada la libertad de una persona de modo injustificado. Respecto del Legislador y de la posibilidad de reclamar indemnizaciones por sus actos, se trata de una materia controvertida en doctrina.

Ciertamente, de cara a una discusión constitucional, debiese analizarse la forma de hacer efectiva esta responsabilidad respecto de toda actuación estatal, aportando claridad acerca de las vías de reclamación, el título necesario para exigir la indemnización y su aplicación a cada esfera del poder estatal.

DEMOCRACIA

José Francisco García G.

El Presidente Abraham Lincoln, en su famoso Discurso de Gettysburg en noviembre de 1863, nos legó la que quizás sea una de las definiciones más famosas y simples de democracia: "el gobierno del pueblo, para el pueblo, por el pueblo". La Real Academia Española la define como el "predominio del pueblo en el gobierno político de un Estado".

Desde una perspectiva histórica, se remonta a la antigüedad, y más precisamente a la Atenas de Pericles del siglo V a. C., en el período en que son los propios ciudadanos los que deliberan y deciden acerca de los asuntos públicos de la *polis* reunidos en asamblea. De aquí su origen etimológico: *demos* (pueblo) y *krátos* (gobierno). No tendrá buena fama entre los estudiosos de las ideas políticas en el largo período comprendido entre Aristóteles y *El Federalista* (Hamilton, Madison y Jay). La democracia deberá esperar hasta el siglo XIX, en medio del surgimiento de los partidos políticos contemporáneos, para gozar del prestigio y la universalidad que tiene hoy. Quizás sea en *La Democracia en América*, de Alexis de Tocqueville, en dos tomos (1835 y 1840), donde mejor se plasme la descripción de lo que posteriormente será nuestra idea contemporánea de democracia como fundamento de legitimidad del poder político, y sobre la base de los valores de la libertad, la igualdad y la participación. Tocqueville destacará además el conjunto de prácticas e instituciones que la suponen y las tensiones que genera.

Hoy, cuando pensamos en democracia, usualmente la asociamos a una concepción mayoritarista, esto es, el uso de la regla de mayoría para la toma de decisiones colectivas. Esta concepción se basa en diferentes justificaciones: otorga estabilidad a las decisiones colectivas, pues al agregar las preferencias de una mayoría aumentan las probabilidades de acertar en la decisión (teoría del jurado de Condorcet); logra el bienestar de la mayoría (idea consecuencialista o utilitarista), o, el argumento tradicionalmente más fuerte, logra de mejor manera realizar el ideal de igualdad al interior de una comunidad política (todas las cabezas cuentan igual).

Diversos autores contemporáneos, como Robert Dahl, han sofisticado el ideal regulativo de la democracia mayoritaria, incorporando elementos tales como el que si bien al interior de una comunidad política debe primar la regla de mayoría como regla general de las decisiones colectivas, ello no obsta al respeto de los derechos fundamentales de la minoría afectados por las mismas; el reconocimiento y garantía de derechos políticos (libertad de expresión, reunión, asociación, etc.); la existencia de pluralismo político, esto es, la expresión efectiva de distintas opciones sobre la conducción del gobierno y la posibilidad real de alternancia en el poder; la elección periódica de representantes en un proceso institucional, transparente, con voto secreto, informado, etc.; entre otros.

A partir de esta concepción más robusta de democracia, han surgido diversas concepciones asociadas a los ideales del pluralismo (Berlin), comunidad (Dworkin) o deliberación (Habermas o Nino). Asimismo, esta evolución ha ido de la mano con la evolución del constitucionalismo en general y de la Constitución instrumento, especialmente en su fase de reconocimiento y protección de los derechos fundamentales de las personas. De ahí la idea del Estado Constitucional de Derecho o el que vivimos en la era de la democracia constitucional. En este contexto, las constituciones entran en tensión con un modelo fuerte de democracia mayoritaria, en el que ya no solo importa el gobierno de la mayoría (principio democrático), sino el respeto a los derechos y libertades de las personas (el principio de derechos humanos). Por ello las constituciones deben buscar un equilibrio virtuoso entre ambos principios.

Hoy, en todo el planeta, la democracia constitucional, liberal, representativa que conocemos y que se ha instalado como el modelo de gobierno dominante, se encuentra tensionada (y amenazada) por diversos factores. Entre ellos, seguir contestando de manera adecuada la pregunta básica: ¿quiénes participan?, lo que lleva a pensar en la regulación de la ciudadanía o derecho al sufragio; los déficits de participación ciudadana inherentes a la democracia representativa, que invitan a pensar en incorporar mecanismos de democracia directa en la toma de un creciente número de decisiones; déficits de eficacia, transparencia y rendición de cuentas de los representantes, mandatarios del pueblo; los desafíos que enfrenta la igualdad política frente a las asimetrías de influencia y presión de los grupos de interés; la posibilidad de usar más intensamente la tecnología para hacer frente a estos déficits; entre otros. Pero también vivimos una época en que los nuevos autoritarismos son capaces de hacer golpes de Estado, ya no mediante las armas y la violencia, sino haciendo un uso estratégico del instrumental constitucional y democrático, de forma gradual, para avanzar en sus ideales no democráticos.

Muchas de estas preguntas y desafíos serán parte del debate constitucional en nuestro país. La definición de que "Chile es una república democrática" debiera mantenerse, no así el conjunto de instituciones y reglas que la materializan. Varias de las reformas constitucionales entre 1989 y 2005 tuvieron como propósito reconectar (redimir) nuestras instituciones y reglas fundamentales con la tradición democrática chilena, a partir de la definición inicial de la Constitución de 1980 de promover una "nueva democracia", autoritaria, protegida, tecnificada, entre otros calificativos, y bajo una concepción de pluralismo político limitado. Así, el debate constitucional en este ámbito debiera girar en torno a la búsqueda de equilibrios virtuosos entre la democracia representativa basal con mecanismos de participación ciudadana más intensos, el uso —en dosis más bajas que las actuales— de mecanismos contramayoritarios, el ámbito de decisiones que se entregará a órganos técnicos, el conjunto de decisiones que serán tomadas a nivel subnacional, los derechos que serán indisponibles para la mayoría, entre otros.

SEPARACIÓN DE PODERES

José Francisco García G.

El principio de separación de poderes o, más estrictamente, el de separación de funciones estatales asignadas a diferentes órganos públicos es una técnica constitucional que busca evitar la concentración del poder estatal, típicamente las funciones ejecutivas, legislativas y judiciales, en las mismas manos, dado que, siguiendo la máxima de Lord Acton, y como lo demostraron los más diversos proyectos autocráticos a lo largo de la historia, "el poder tiende a corromper y el poder absoluto tiende a corromper absolutamente". Y ello a costa de los derechos y libertades de las personas. Con todo, si bien la Real Academia Española lo define como el "principio organizativo de los Estados modernos según el cual las funciones legislativa, ejecutiva y judicial se ejercen a través de órganos distintos e independientes entre sí", gracias a la contribución del constitucionalismo norteamericano, este principio es inescindible del principio de pesos y contrapesos (*checks and balances*).

Desde una perspectiva histórica, se ha buscado su origen en reflexiones de teóricos como Aristóteles y Cicerón. Con todo, solo cobra relevancia ante el absolutismo. Y si bien encontramos como antecedente inmediato la distinción de John Locke en su Segundo Tratado del Gobierno Civil (1690), entre los poderes ejecutivo, legislativo y federativo, debemos a Montesquieu, en su *De l'esprit des lois* (1748), su formulación más conocida, esto es, la distinción entre poderes ejecutivo, legislativo y judicial, independientes entre sí. En efecto, medio siglo más tarde, la Declaración de Derechos del Hombre (1789), en su artículo 16°, dispondrá que: "Toda sociedad en la cual la garantía de los derechos no esté asegurada, y la separación de poderes determinada, carece de Constitución".

Ahora bien, El Federalista (Hamilton, Madison y Jay, escribiendo bajo el seudónimo de Publius), en medio de la discusión de la ratificación de los estados de la Constitución norteamericana de 1787, sofisticó este principio, sobre la base de la fórmula de separación de poderes con pesos y contrapesos (*checks and balances*). En el ensayo N° 47, Publius sostiene: "La acumulación de todos los poderes, legislativos, ejecutivos y judiciales, en las mismas manos, sean estas de uno, de pocos o de muchos, hereditarias, auto-nombradas o electivas, puede decirse con exactitud que constituye la definición misma de tiranía". Para ello, sostendrá en el N° 51, "la gran seguridad contra una concentración gradual de los diversos poderes en el mismo departamento de gobierno consiste en dar a quienes administran cada rama los medios constitucionales necesarios y los motivos personales para resistir la intromisión de los otros". Así, "la ambición debe contrarrestar la ambición".

En consecuencia, el principio de separación de funciones estatales en diferentes órganos es un mecanismo constitucional que tiene por objeto evitar la concentración del poder político; no busca separar o dividir la soberanía o el poder (que es una e indivisible), sino distintas funciones en diferentes órganos, con el objeto de que se contrapesen y fiscalicen mutuamente; y el objetivo final, para el constitucionalismo liberal, es que no se afecten de manera indebida los derechos y libertades individuales.

Nuevos desarrollos complementarán el esquema pensado por el constitucionalismo liberal de Locke, Montesquieu y El Federalista. Por ejemplo, Constant, en su Curso de Política Constitucional (1820) sumará un cuarto poder: el poder neutro. No es un poder en sentido estricto, sino que tiene por objeto velar por el cumplimiento de la separación de poderes, como árbitro. Del aporte de Constant se desprenderán una serie de mecanismos y arreglos institucionales en el futuro.

Diversos factores tensionan la lógica interna del principio de separación de funciones sobre la base de pesos y contrapesos. Pensemos, por ejemplo, en los regímenes de gobierno —presidencialismo, parlamentarismo o semipresidencialismo—, que descansan en aplicaciones diversas del mismo, desde la pretensión de separación estricta de funciones de los poderes políticos, hasta la colaboración entre los mismos. Presidencialismos en los que el Poder Legislativo termina concentrado en el Presidente generan una tensión evidente, al igual que el fenómeno de la ejecutivización de los sistemas parlamentarios, en que, crecientemente, se impone la lógica del régimen presidencial.

El surgimiento, a partir de fines del s. XIX, de las agencias regulatorias independientes, esto es, órganos administrativos, técnicos, con grados altos de autonomía frente a los poderes políticos, habilitados a ejercer funciones regulatorias, sancionatorias, adjudicativas y cuasi-jurisdiccionales, rompe la lógica interna del principio.

Asimismo, la lógica del principio se busca extender a los más diversos ámbitos. Parece pacífico como técnica de distribución de poder territorial o competencial, sea en esquemas federales, distinguiendo entre la dimensión horizontal (entre estados) o vertical (en sentido clásico) del mismo; o en órganos supraestatales, donde ha sido utilizado el principio de subsidiariedad competencial para materializarlo. Menos pacífico es su uso para distinguir entre ámbitos de actuación del Estado y la sociedad civil (y el mercado), o su uso como técnica para evitar la concentración del poder económico, que, según consideran algunos, es una amenaza más relevante hoy que la de los poderes públicos en la sociedad.

En el debate constitucional, el principio de separación de funciones en diversos órganos, complementado por un esquema de pesos y contrapesos, no estará en disputa en términos generales, pero sí, obviamente, su materialización en reglas y arreglos institucionales específicos. Ejemplos encontramos muchos, y suelen estar asociados a la distribución de poderes y a los contrapesos entre los poderes políticos gobierno-Congreso (por ejemplo, el aumento de las potestades de fiscalización de los actos de gobierno a la Cámara de Diputados); la naturaleza y extensión del control de la Judicatura y el Tribunal Constitucional a los anteriores (y en donde el esquema de nombramiento y remoción de los jueces de los altos tribunales resultará fundamental, especialmente la intervención de los poderes políticos); el traspaso de competencias desde el poder administrativo central a los gobiernos subnacionales (y el grado de autonomía respecto del primero que tendrán estos últimos), entre otros.

RÉGIMEN DE GOBIERNO

Sebastián Soto V.

Hablar de régimen de gobierno exige referirse a la estructura que organiza el poder en un determinado Estado y, más específicamente, a las relaciones entre el Poder Ejecutivo y el Legislativo. En la tríada tradicional de poderes, son el Ejecutivo y el Legislativo los que mayor participación tienen en las labores de gobierno, esto es, en la definición y ejecución de políticas. Escribir entonces sobre el régimen de gobierno hoy en un determinado país exige examinar la forma en que ambos poderes se vinculan y ejercen el gobierno.

Antes de eso, vale la pena recordar que los debates en torno a la forma de ejercer el gobierno no son una cuestión de estos tiempos. Por el contrario, ha sido una preocupación permanente de la filosofía política. Aristóteles nos ha legado una clasificación clásica de formas de gobierno que distingue entre dos variables: quién ejerce el poder (uno, pocos y muchos) y cómo lo ejerce (bien o mal). Si es uno, la forma de gobierno puede ser una monarquía o una tiranía según cómo lo ejerza. Si son pocos, la forma virtuosa será una aristocracia, y la defectuosa, una oligarquía. Y si son muchos, la forma correcta de ejercer el poder nos llevará a una república o una democracia y la incorrecta a un populismo. Esta clasificación ha calado profundamente en la filosofía política marcando los posteriores debates sobre la materia.

Régimen presidencial, semipresidencial y parlamentario

Con la consolidación de la democracia, la masificación de los tres poderes que propuso Montesquieu y el surgimiento de las primeras constituciones escritas, la discusión de los regímenes de gobierno se ha enfocado en examinar la estructura que caracteriza la división de poderes. Y más específicamente, las relaciones entre los poderes Ejecutivo y Legislativo. En este contexto es que surgen los dos regímenes de gobierno tradicionales: el presidencial y el parlamentario.

Giovanni Sartori, un cientista político italiano de gran prestigio, ha escrito que los regímenes presidenciales se caracterizan porque i) el Jefe de Estado es elegido por votación popular directa o casi directa por un período determinado; ii) porque el Ejecutivo no es designado ni desbancado por el voto parlamentario; y iii) porque el Presidente dirige de alguna forma el gobierno, normalmente en la calidad de Jefe de Estado y Gobierno. Por su parte, los regímenes parlamentarios exigen que el gobierno sea designado, apoyado y destituido por la decisión parlamentaria.

El origen de los presidencialismos lo encontramos en Estados Unidos. Luego se expandió a Latinoamérica, donde las naciones que ganaron su independencia adoptaron tempranamente la figura del Presidente casi como un sucesor del virrey o gobernador de la época indiana. Simón Bolívar advertía que "si no se ponen al alcance del Ejecutivo todos los medios que una justa atribución le señala, cae inevitablemente en la nulidad o en su propio abuso". Más tarde, tras la Segunda Guerra Mundial, se propaga por África y Asia, para finalmente instalarse, en diversas versiones, por los países de la Europa del Este tras la caída de la Unión Soviética.

Por su parte, el origen de los parlamentarismos se hunde en el sistema británico. A mediados del siglo XIX y a principios del XX encontramos algunas expresiones de parlamentarismo en Europa continental (ej., la tercera República francesa y la Alemania de la Constitución de Weimar). Luego, tras la posguerra, se instala como la forma de gobierno característica en países tales como Italia (1948), Alemania (1949) y España (1978). Finalmente, los procesos de descolonización y la caída de la Unión Soviética siguieron expandiendo el parlamentarismo en algunos países.

Una fórmula intermedia a las descritas es el régimen semipresidencial, que combina elementos de los presidencialismos y de los parlamentarismos. El modelo actual suele ser el régimen francés de la Constitución de 1958, que consagra dos autoridades en el Ejecutivo: el Jefe de Estado, electo popularmente, y el Jefe de Gobierno, que responde a la confianza del Parlamento. En este esquema pueden convivir al interior del Poder

Ejecutivo dos figuras que responden a distintos electores y que pueden incluso ser de coaliciones políticas distintas.

Todo lo anotado no puede hacernos olvidar que, en las últimas décadas, los regímenes de gobierno han tendido a confluir. Mientras en Europa se habla de una "presidencialización de los parlamentarismos", en Latinoamérica se plantea una "parlamentarización de los presidencialismos". En esta línea, típicas instituciones parlamentarias han sido incorporadas a nuestros sistemas presidenciales y viceversa.

Chile

El régimen de gobierno chileno ha sido tradicionalmente el presidencial. Pese a algunas dudas iniciales, la Constitución de 1833 estableció un régimen presidencial que se consolidó durante el siglo XIX, desapareció a partir de 1891, bajo una especie de parlamentarismo *de facto*, y volvió a surgir con fuerza con la Constitución de 1925. Pese a ello, a medida que avanzaba la vigencia de esa Constitución, el Presidente de la República fue perdiendo nuevamente fuerza ante la irrupción de partidos políticos que desde el Congreso dificultaban la cooperación. Finalmente, la polarización ideológica y otra serie de factores condujeron a una nueva ruptura en 1973, de la cual surge la Constitución de 1980 y un presidencialismo aún más fuerte.

El Presidente goza hoy de diversas prerrogativas, todas ellas de antigua data en nuestras constituciones. Así, designa y remueve a su gabinete sin intervención formal del Parlamento, interviene en el proceso legislativo y tiene una cierta preponderancia en él, maneja la billetera fiscal, designa a un buen número de autoridades y funcionarios públicos en la burocracia estatal, conduce las relaciones internacionales, participa en la designación de integrantes del Poder Judicial, ejerce la llamada "potestad reglamentaria", esto es, la atribución de dictar reglamentos para ejecutar leyes, entre otras tantas. La suma de estas ha llevado a estudios comparados a calificar el presidencialismo chileno como uno de los más poderosos del mundo. Sin embargo, un juicio como este es incompleto si no se complementa con una mirada aplicada del ejercicio del poder presidencial. Como ha estudiado la ciencia política con mucho más rigor, el presidencialismo chileno está cargado de instituciones informales que balancean el poder y han transformado al Congreso chileno en una legislatura experimentada e influyente que logra contrapesar las decisiones del Ejecutivo.

Con todo, un debate recurrente es nuestro régimen de gobierno. Chile pareciera no haber estado nunca cómodo con su presidencialismo. En el siglo XIX y XX diversas prácticas políticas fueron parlamentarizando el régimen de gobierno; en los debates de la Constitución del 25 la cuestión más álgida fue precisamente el presidencialismo que de ella nacía; y desde 1990 ha habido distintos esfuerzos, que con más ilusión que realismo, han intentado promover la opción parlamentaria o semipresidencial.

Hoy el debate vuelve a surgir. La relación entre los presidentes y su coalición se ha trabado y los presidentes tienden a perder adhesión popular relativamente pronto. Si a ello sumamos un Congreso atomizado debido a un sistema electoral que dificulta la gobernabilidad y un Estado con escasa capacidad de satisfacer demandas ciudadanas, tenemos un conjunto de elementos que tensionan el régimen de gobierno. Por eso es que ha crecido con especial fuerza la opción semipresidencial, en la que el Presidente de la República, electo popularmente, entrega el gobierno (y el poder) a una persona elegida por las cámaras que asumiría como Jefe de Gobierno o Primer Ministro. De esta forma, se argumenta, los conflictos entre Ejecutivo y Legislativo debieran tender a reducirse, pues ambos poderes estarían bajo el signo de las mismas coaliciones. Si hay una cosa segura es que el debate en torno al régimen de gobierno seguirá presente. Históricamente, en Chile los congresos han buscado aumentar su poder a costa del poder presidencial; e históricamente también, tras las crisis vuelve a surgir la figura presidencial como símbolo de unidad y de conductor de la República.

Finalmente, no puede olvidarse que la distribución del poder y el régimen de gobierno también involucra otros debates que son asimismo muy relevantes: un buen sistema electoral que promueva gobernabilidad, un sistema de contrapesos y controles eficaces, la existencia de mecanismos institucionales que faciliten la cooperación y, en definitiva, una cultura política democrática y fundada en el respeto mutuo son también elementos esenciales al momento de estudiar nuestro régimen de gobierno.

PODER CONSTITUYENTE

José Luis Cea E.

Poder constituyente es, en el Estado de Derecho, el capaz de hacer, modificar o reemplazar una Constitución. Es el máximo poder en las sociedades políticas, identificable con el soberano o potestad suprema en cada Estado Nación.

El titular del poder constituyente es el pueblo. Necesario es precisar, sin embargo, que no siempre la doctrina ni las constituciones fijan en el pueblo tal titularidad. Efectivamente, es necesario distinguir el poder constituyente originario o primigenio, de un lado, y el poder constituyente derivado, constituido o instituido, de otro.

El primero es el poder constituyente que actúa con carácter fundacional de un nuevo orden jurídico y político del pueblo, sin respetar el procedimiento que la Constitución vigente ha trazado para modificarla o sustituirla. Es, por consiguiente, un poder absoluto, sin límites, actor de procesos revolucionarios cuya marca distintiva es la rebelión contra el orden vigente, casi siempre empleando la violencia, instalando un gobierno *de facto*. Curiosa y esencial es la observación de G. Burdeau al enseñar que todo lo que hace y deshace esa especie de poder constituyente es, sin embargo, para entronizar un orden jurídico, es decir, consolidar la revolución mediante una Constitución. A través de la asamblea constituyente se discute, redacta y aprueba la nueva Carta Fundamental, castigándose, desde que entra a regir, toda desobediencia a lo dispuesto en ella.

El poder constituyente derivado o instituido representa igualmente al soberano, pero lo hace con sujeción al procedimiento previsto en la Constitución vigente para reformarla o reemplazarla. Tal modalidad de poder constituyente se encuentra limitada por los trámites, los *quorum*, plazos y otros requisitos previstos en aquel procedimiento. No es, por lo tanto, omnímodo o sin límites en su actuación, lo cual no impide que, cumplidas las exigencias aludidas, pueda llegar incluso a elaborar una Constitución en gran parte distinta de la precedente, pero nunca como quien escribe un libro en blanco. ¿Por qué? Pues porque este poder constituyente obra dentro del marco del Estado de Derecho, con frenos y contrapesos en el ejercicio de sus atribuciones, de lo cual se sigue que sus decisiones son susceptibles de ser anuladas según el procedimiento y por el órgano judicial competente para hacerlo.

El poder constituyente originario es de ejercicio impredecible, discontinuo y deconstituyente, esto último hasta que la asamblea constituyente culmina su labor dictando la nueva Carta Fundamental. A partir de entonces, se convierte en poder reconstituyente, es decir, expresivo del anhelo humano de organizarse para convivir en libertad, igualdad, orden, justicia y paz. Distinta es la obra del poder constituyente derivado, llamado también poder de reforma, precisamente porque, sujetándose a los límites que contempla la Ley Suprema en vigor, la modifica en uno o muchos preceptos, siendo concebible que siga en esa labor hasta el extremo de reemplazarla.

Es posible que tal labor sea amplísima, pero jamás se extenderá al extremo de hacerlo completamente de nuevo, habida consideración del carácter acumulativo que tienen los sucesivos procesos constitucionales y la valoración del éxito que ha tenido la vivencia de determinados valores, principios y normas de la Carta Magna que será derogada.

¿Puede el poder constituyente instituido saltarse los límites que le fija el procedimiento de reforma de la Constitución? Hipotéticamente, es imaginable la respuesta afirmativa, pero cumpliendo tantos supuestos que, en realidad, la vuelve casi por completo imposible o irrealizable. La transformación de una especie de poder constituyente en otra de las especies mencionadas implicaría, desde luego, la victoria de una revolución con los rasgos ya comentados. De poder deconstituyente devenir en poder reconstituyente, sucesor de una tradición republicana, no es imaginable sin reacciones violentas que impidan traicionar al régimen *de jure* para pasar a ser otro *de facto*.

Invariablemente, el poder constituyente de las dos modalidades explicadas tiene que respetar el núcleo esencial configurativo del constitucionalismo. Esto significa comenzar proclamando el valor de la dignidad humana, de los derechos inherentes a ella, de los deberes correlativos y las garantías o recursos que infundan concreción práctica a tal presupuesto de la convivencia civilizada. De allí en adelante aparecerán la división de funciones con frenos y contrapesos recíprocos, el respeto de los tratados internacionales sobre derechos humanos, la independencia de los órganos constitucionales en el servicio de sus funciones y una cierta rigidez para la reforma de la Carta Fundamental, sin llegar a que sea pétrea o difícilmente modificable.

Salvado lo anterior, aparece la duda acuciante que nunca falta al tratar de este asunto. Ella es la siguiente: ¿Quién es el pueblo soberano? ¿Lo es acaso la Nación? La primera alternativa la defendió Rousseau, radicando en cada individuo del pueblo una cuota de la soberanía, la manifestación de la cual, sin límites o con potestad omnímoda e infalible, correspondía a la voluntad general, o sea, a la de la mayoría de los ciudadanos. Por supuesto, esta síntesis de la soberanía popular permite captar que el pueblo de que se trata no existe ni ha existido en ninguna parte, puesto que corresponde a una abstracción simplificadora de la coexistencia de múltiples agrupaciones populares de muy distintos orígenes, medios y aspiraciones. Enfrentados a tal dificultad, los revolucionarios franceses de 1795 aplaudieron la teoría del abate Sieyès, según la cual la soberanía radica en la Nación, es decir, en la unidad histórica y espiritual de los pueblos con rasgo permanente y superior, cuya voluntad se manifiesta a través de representantes elegidos, periódica y libremente, por los ciudadanos.

Cierro estas líneas preguntando ¿cuál de las teorías reseñadas es la acogida en nuestro constitucionalismo? Respondo, limitándome a los siglos XX y XXI, que invariable y expresamente adhieren a la teoría de la soberanía nacional, al tenor de lo dispuesto en el artículo 5° inciso 1° de la Constitución vigente. Ella es la titular del poder constituyente.

INTERPRETACIÓN CONSTITUCIONAL

Francisco J. Leturia I.

La relevancia de las constituciones más allá del ámbito de lo estatal es un fenómeno nuevo. Hoy no existe ningún problema jurídico que no pueda expresarse en clave constitucional, como claramente nos muestra nuestro Recurso de Protección.

Más aún, la propia Constitución obliga a todos los órganos del Estado a respetar y promover los derechos que señala, siguiendo una tendencia presente en casi todas las constituciones modernas. Este mandato de actuar "bajo el influjo de la Constitución" sucederá, por ejemplo, al interpretar una ley o resolver un asunto civil o comercial derivado de un contrato.

El problema es que los textos constitucionales están llenos de contenidos sustantivos, donde es difícil distinguir el derecho de la filosofía o la moral (algo de lo cual Kelsen nos advertía que debíamos evitar a toda costa). Cualquiera que haya leído un texto constitucional podrá darse cuenta de que los derechos, principios y valores en él expresados no dejan necesariamente bien delimitados el contenido y los límites de aquello que en la práctica puede o no hacerse (salvo casos muy puntuales, como aquellas normas que prohíben la pena de muerte o la esclavitud), permitiendo muchos escenarios interpretativos y de posibles conflictos entre situaciones incompatibles.

En ese escenario, donde a la cima del ordenamiento jurídico encontramos esos elementos ambiguos, porosos y altamente maleables, pareciera inevitable aceptar que "el derecho no es el texto, sino lo que resuelven 3 en una sala de 5". Y al mismo tiempo, debemos satisfacer los permanentes fines del derecho de certeza y predictibilidad.

La interpretación de una norma constitucionalizada dependerá, en buena medida, de:

1.- La persona del intérprete y su propia subjetividad (set de valores, cultura, sensibilidad, ideología, etc.).

2.- La técnica interpretativa que se utilice (ponderación, jerarquía rígida, delimitación, etc.).

3.- Fundamentos y propósitos que atribuyamos a los derechos y principios interpretados (concebir a la libertad de expresión como un requisito de la democracia o como el fundamento de un "libre mercado de las ideas" nos llevará a límites y prohibiciones muy diferentes).

4.- El debido respeto del intérprete constitucional por la autonomía de la voluntad, por un lado, y el proceso deliberativo llevado a cabo en sede legislativa por los representantes electos del soberano, por otro. En una palabra, del respeto de los jueces por los contratos y las leyes, que debemos presumir que, por regla general, respetan la Constitución.

En su concreción práctica, tenemos otros problemas: aunque no siempre se diga, las técnicas clásicas de interpretación de la ley no siempre sirven para abordar problemas constitucionales. Por ejemplo, las reglas de solución de antinomias, que *prima facie* parecerían tan útiles para resolver conflictos entre derechos fundamentales, no son aplicables. No podemos distinguir dentro de la Constitución "derechos de mayor jerarquía", y los criterios de "norma especial" o "norma posterior" resultan notoriamente absurdos.

Incluso el recurso de consultar "la historia" del texto o la "voluntad del constituyente" resultan mañosos y de discutible legitimidad. Primeramente, porque a diferencia de lo que ocurre en el ámbito legal, no hay ninguna norma que nos indique que debemos proceder de esa manera. Pero yendo más al fondo, la "voluntad" constitucional es sumamente difusa, múltiple y reiteradamente contradictoria, y en cuanto ella es aprobada, comienza a tener una vida independiente de sus autores, que muchas veces supera largamente la de quienes participaron en el proceso de su negociación y redacción. Si a ello sumamos los constantes cambios culturales propios de cualquier sociedad, no parece prudente dejar anclada la ley fundamental a comprensiones y cosmovisiones del pasado, menos aún en un texto llamado a perdurar. Nunca ha sido más adecuada que en materia constitucional aquella máxima jeffersoniana que sostiene que "los muertos no pueden tener derechos".

Habiendo dicho todo lo anterior, la evidencia empírica nos muestra que, muchas veces, la historia y la intención constituyente son utilizadas y ayudan a esclarecer el sentido del texto constitucional, mostrando una vez más la complejidad de un proceso donde, en buena medida, cualquier argumento razonable y persuasivo puede ser utilizado.

Cuando nos enfrentamos a conflictos entre pretensiones incompatibles, o llamados también conflictos entre derechos fundamentales, en la práctica, la técnica de la ponderación o balanceo resulta dominante. Ella supone un derecho que primará en un caso concreto, haciendo ceder a otro, haciendo referencia a un mecanismo externo, objetivo, que nos permite medir o pesar los derechos en juego. Pero nada de eso existe. La balanza es la misma persona que el observador, quien asigna valor a una situación sobre otra, en un ejercicio sin espacio para la objetividad, y donde muchas veces la toma de posición precede a la justificación.

Los constitucionalistas saben y aceptan, de mejor o peor cara, esta amplitud o indeterminación del texto constitucional, gracias al cual tenemos muchos mundos "constitucionalmente posibles". Ellos dependerán, en definitiva, antes de los intérpretes que del texto constitucional en sí mismo. Del mismo modo como la situación de un país dependerá antes de la sabiduría de sus políticos y legisladores que de las palabras del texto que los organiza.

No obstante lo recién dicho, debemos reconocer un asunto central: las constituciones modernas, al incorporar principios y derechos al ordenamiento jurídico general por medio de la Constitución y su irradiación jerárquica, sacrifican, a sabiendas, la exactitud severa de la norma (ley pareja no es dura), en pos de una mayor posibilidad de justicia aplicada al caso concreto, lo que pasa necesariamente por ofrecer mayores espacios para la argumentación y justificación realizada en sede judicial. En el fondo, el constitucionalismo moderno empodera al juez, en perjuicio del legislador, permitiendo aplicaciones más creativas, autónomas, adaptables a las circunstancias, que si se extreman o son realizadas en forma imprudente y sin considerar los aportes que al derecho han legado tantas décadas de respeto a la ley y su "positividad", pueden generar situaciones de activismo judicial e incertidumbre jurídica.

❝ En las últimas décadas, los regímenes de gobierno han tendido a confluir. Mientras en Europa se habla de una «presidencialización de los parlamentarismos», en Latinoamérica se plantea una «parlamentarización de los presidencialismos»".

Sebastián Soto V. (P. 60)

SEGURIDAD JURÍDICA

José Luis Cea E.

La seguridad jurídica, llamada también *certeza legítima*, es el resultado de cumplir, gobernantes y gobernados, lo dispuesto en la Constitución y las leyes. Trátase de un valor característico del Estado de Derecho, en el cual ninguna arbitrariedad queda o puede quedar impune, porque operan los controles, preventivos y *ex post* que vigilan el acatamiento del ordenamiento jurídico vigente. Con tal seguridad es posible proyectar nuestra existencia porque contamos con que lo dispuesto por el Derecho se cumpla. He aquí el sentido de la normalidad en la vida colectiva.

Indudablemente, la certeza legítima nunca llega a ser cabal o perfecta. Si lo fuera, estaríamos ante una utopía. Lo dicho implica conocer que dicho valor es necesariamente asunto de grados, pues siempre es relativo. Claro lo anterior agregamos que sin un nivel razonable de seguridad jurídica nadie queda en situación de sentirse protegido en su convivencia e individualidad, sea la persona, su familia, los bienes o las relaciones de trabajo, comerciales, de penalidad, sean jóvenes o adultos los involucrados, más todavía la infancia y la ancianidad, sea el gobierno de las polis y sus autoridades.

Reconocemos, con Ulrich Beck, que la vida está marcada por el riesgo y, para abordarlo, la seguridad jurídica ha ido desplegándose, como mínimo anticipando situaciones que sean importantes, v.gr., a través de los seguros sociales y cubriendo sus perjudiciales consecuencias.

Es difícil llegar a un nivel razonable de certeza legítima que haga de la convivencia si no feliz, al menos grata y en ambiente de confianza mutua. Nunca dejan de sufrirse las conductas de individuos, grupos y organizaciones que buscan quebrantar el Derecho para aprovecharse en perjuicio del prójimo, incumplir sus obligaciones, aventurarse en maniobras desestabilizadoras del gobierno, mentir o, por fin, escaparse del justo castigo. Sea el Estado, como garante del bien común, o particulares codiciosos, todos somos testigos de comportamientos ilícitos, en ocasiones impunes y en otras con sanción demorada pero debida. La ilicitud hoy en nuestro país es abundantísima, siendo vana presunción trazar siquiera un listado aproximativo. Me limito entonces a señalar el narcotráfico, los precios abusivos, la desidia en la atención de usuarios de servicios esenciales, el incumplimiento de obligaciones laborales y tributarias, la delincuencia común y terrorista, la violencia intrafamiliar y la lesión de las pequeñas normas de convivencia.

Todos los aludidos son fenómenos demostrativos de insuficiencia de seguridad jurídica. Pero aún es más doloroso comprobar que, habiéndose alcanzado un cierto grado de cumplimiento, retrocedemos a otro inferior y que lo anula. Claramente, queda así establecido que la seguridad jurídica ya forjada no es un bien irreversible, conquistado ayer para siempre. Lejos de eso, es un valor cuya preservación exige el esfuerzo de todos unidos por un objetivo tan noble e indispensable. Obviamente, existen instituciones encargadas de asumir roles decisivos tras ese objetivo, como son las policías y fiscales, los jueces y los entes fiscalizadores entre ellos, pero repito que es deber de todos enfrentar el flagelo de la incertidumbre ilegítima. Al gobierno le corresponde la primera y mayor responsabilidad en conquistar y mantener ese objetivo.

Los enemigos de la seguridad jurídica son múltiples, hábiles y poderosos. Más aún, en los tiempos de grandes cambios que vivimos, nada ni nadie está a salvo de asonadas callejeras, asaltos, estafas, golpizas, excesos a través de las redes sociales, omisión de trámites por favores indebidos y otras actitudes ilícitas. Especialmente vulnerables son la infancia y la juventud, la tercera y cuarta edad, víctimas de malhechores que lucran y prosperan ocasionando daño, dolor y muerte. Perseguir tales patologías y sancionarlas es parte del sentido de la seguridad jurídica en el Estado de Derecho. La crisis de las instituciones, a menudo y con razón criticada, es un agudo ejemplo de incertidumbre en nuestra vida.

La anarquía y el terrorismo, las bandas de sicarios y contrabandistas, los profesionales inescrupulosos, los expertos en fraudes y engaños son, en una multitud, otras ilustraciones que permiten comprender el mérito de la certeza legítima en la democracia constitucional y cuán difícil es elevar, e incluso conservar, el nivel de ella en comunidades abiertas y pluralistas como la chilena. El impacto de la información ecuánime difundida y una ciudadanía alerta contribuyen, sin duda, a la realización de esa meta.

EVOLUCIÓN
CONSTITUCIONAL CHILENA

HISTORIA CONSTITUCIONAL CHILENA
HASTA 1833

JAVIER INFANTE M.

No es el objetivo de este capítulo intentar explicar qué es una Constitución. Plumas más ágiles y entendidas en la materia se harán cargo de ese problema. Sin embargo, y para mayor claridad de estas líneas, acordaremos momentáneamente que una Constitución es la forma en que un país decide organizarse políticamente. En ese sentido, es difícil imaginar una comunidad política cualquiera que no tenga Constitución. Lo que varía entre países y comunidades es el contenido de la misma (el fondo del asunto, como por ejemplo los Derechos que se reconocen, la forma de gobierno, u otros), o bien la manera en que esa Constitución se expresa (la forma, ora escrita, ora bajo la forma de tradición política). Por lo mismo, para que hablemos de una Constitución propiamente chilena, debemos hacer referencia al momento en que Chile comenzó a identificarse a sí mismo como una entidad política independiente, autónoma, libre y republicana.

Esta vida política —independiente y republicana, habría que agregar— comenzó en aquel momento en que, valga la redundancia, los chilenos tomaron conciencia de ser una entidad política independiente del Imperio Español. Por lo mismo, no hay una fecha clara que marque el inicio de ese nuevo estado de cosas: las fechas varían en un rango que va desde el 18 de septiembre de 1810, con el establecimiento de la Primera Junta de Gobierno, hasta 1818, tras la Batalla de Maipú y la expulsión de las tropas españolas de la zona central de Chile.

Como fuere, y al igual que en otras latitudes de América, la pregunta que se presentó inmediatamente a los primeros pasos de vida política independiente fue cómo organizar políticamente esta nueva realidad. No se trataba de una pregunta sencilla. Si bien los nacientes países americanos contaban con una rica tradición política desarrollada a partir de los clásicos y su traslado desde Europa de la mano de las leyes españolas, firmemente asentada en la cultura local (como el Código de las Partidas del Rey Alfonso el Sabio), no es menos cierto que todo el proceso de Independencia se construyó sobre la base de un relato novedoso, fundamentado en la Ilustración, ajeno en cierta medida a la tradición antes dicha. En consecuencia, para los más radicales, no bastaba solamente con obtener la Independencia política, sino que también era necesario romper, en mayor o menor medida, con la tradición política española, y adoptar en consecuencia (también en mayor o menor medida) nuevas instituciones políticas de corte ilustrado.

Así las cosas, el vehículo más apropiado para llevar a buen puerto la reestructuración política (cuando no social) del país era una Constitución. Instalada la Primera Junta de Gobierno, una de las primeras medidas que se adoptaron fue la Convocatoria a un Congreso Nacional, que tuviese como objetivo precisamente el redactar una Constitución para el país. Así lo veía Camilo Henríquez, uno de los hombres más ilustrados de su tiempo, quien en su célebre *Proclama* decía: "Estaba, pues, escrito, ¡Oh Pueblos!, en los libros de los eternos destinos, que fueseis libres y venturosos, por la influencia de una Constitución vigorosa…". El voluntarismo político de los ilustrados se repetía en ese mismo sentido en uno y otro escrito: La Constitución es el instrumento por el cual el Pueblo será feliz, y libre.

Más allá del contenido de esta última afirmación, lo cierto es que todos los tribunos de nuestra Independencia y posterior formación política se hicieron eco de ella, y participaron de alguna manera en la redacción de textos constitucionales. Algunos de dichos textos tuvieron vigencia, mientras que otros simplemente quedaron como meros proyectos políticos. En el período de la Patria Vieja (1810-1814), hubo cuatro: tres Constituciones o Reglamentos Constitucionales, y un proyecto constitucional relevante. Instalado el Gobierno de Bernardo O'Higgins en 1817, y hasta 1833, el país tuvo cuatro Constituciones (1818, 1822, 1823 y 1828), un ensayo federal basado en leyes de rango constitucional, y un par de ensayos constitucionales que no fueron aprobados.

Ninguna de ellas superó los cinco años de vida, lo que es atendible si consideramos que, hasta la Constitución de 1822, ninguna tenía una real vocación de permanencia. No por nada llevaban siempre el calificativo de Constitución "Provisoria". El motivo de ello era bastante lógico: en primer lugar, no existía la calma suficiente (en razón de la Guerra de Independencia, primero, y de la inestabilidad política interna, después) para poder redactar un texto constitucional que satisficiera las necesidades del país. La segunda explicación radica en la falta de acuerdos en torno a temas de primer orden que debían quedar resueltos en una Constitución: la forma de Gobierno (la Monarquía era el régimen político tradicional y conocido hasta entonces), la organización política interna (unitaria o federal), la calidad de ciudadano, los límites al poder público, la organización judicial, la permanencia o abolición de la esclavitud, etc.

Todos esos motivos explican la situación de "ensayo y error" que se vivió en torno al tema constitucional hasta 1833: la Constitución Ilustrada de Juan Egaña aprobada hacia fines de 1823 resultó rápidamente derogada, acusada de utópica; el fanatismo federalista de José Miguel Infante también fue descartado tras el desorden político que causó su gradual implantación; y el liberalismo político de 1828 no soportó las turbulencias a las que fue sometido tras una guerra civil en la cual esta corriente, al menos en su faz ilustrada, fue derrotada. El país tuvo que esperar hasta 1833 para zanjar definitivamente su régimen político a través de una Constitución respetada y obedecida.

Como señaló Mario Góngora en su *Ensayo Histórico* (1986), la Constitución de 1833 tuvo la virtud de restaurar la tradición política a la cual los chilenos estaban acostumbrados: el principio de autoridad. Si bien existen diferencias manifiestas entre una Monarquía y una República, no por ello se debe confundir la falta de respeto al orden político y a las leyes. Y es allí donde se encuentra el mérito del modelo político que entonces se implantó: la Constitución de 1833 otorgó estabilidad política al país hasta 1925 porque tuvo la virtud de atender a la realidad, sin pretender la consagración de sueños o utopías en sus líneas: fue una Constitución técnica y avanzada para su época, pero su mayor logro no fueron sus disposiciones particulares, sino el haberse logrado instalar como una Constitución que en su conjunto era respetada. Fue también una Constitución flexible, ya que permitió gradualmente su reforma en tiempos de paz, transformándose así de una Constitución marcadamente presidencialista en otra con gran participación del Congreso. Sus redactores fueron visionarios al respecto, al saber conjugar la necesidad de orden en el momento apropiado con la necesidad por espacios de libertad que fuesen surgiendo en el tiempo. En ese sentido, la Constitución de 1833 —de la cual algunas normas de primer orden han pasado a las Constituciones posteriores— supo interpretar adecuadamente la composición política, jurídica, social y económica del país, y construir, a partir de esas realidades, la forma política adecuada, sin sueños, sin utopías.

LA CONSTITUCIÓN DE 1833

MIGUEL ÁNGEL FERNÁNDEZ G.

Esta Carta Fundamental constaba de un preámbulo, doce capítulos, con 168 artículos, y siete disposiciones transitorias. Fue obra, principalmente, de Manuel José Gandarillas, a partir del *Voto Particular* de Mariano Egaña, aunque, en realidad, representó la visión política de Diego Portales, quien pensaba que el sistema que había que adoptar debía basarse en un gobierno fuerte, centralizador, cuyos hombres fueran verdaderos modelos de virtud y patriotismo.

Contenido

En materia de derechos, la Constitución de 1833 consagraba la igualdad ante la ley, la admisión a todos los empleos públicos, la igual repartición de los impuestos, la inviolabilidad de las propiedades, el derecho de petición, la libertad de publicar las opiniones sin censura previa, la inviolabilidad de la casa y de la correspondencia epistolar, la libertad de trabajo e industria, el derecho de autor, el derecho de propiedad y el debido proceso.

En relación con la organización del poder, estableció un gobierno popular representativo, la República como una e indivisible y el principio de soberanía nacional. Un Congreso bicameral, donde los miembros de la Cámara de Diputados eran elegidos en votación directa, durando tres años en sus cargos; y los senadores nueve años, resultante de sufragio indirecto, con reelección indefinida.

El Poder Ejecutivo, a su turno, residía en el Presidente de la República, elegido en votación indirecta, por un período de cinco años, reelegible por una sola vez, dotado de amplísimas atribuciones.

Finalmente, la denominada Administración de Justicia, consagrando su independencia, legalidad, inamovilidad y responsabilidad.

Evolución

La Constitución de 1833 estuvo vigente en nuestro país por noventa y dos años, de manera que no es difícil suponer que ella fue objeto de reformas, pero también de mutaciones y adaptaciones a la cambiante realidad social, económica y política de Chile durante los dos tercios finales del siglo XIX y el primer cuarto del siglo XX.

En esta perspectiva, siguiendo al profesor Sergio Carrasco Delgado, cabe distinguir tres etapas. La primera, entre 1833 y 1871, de plena vigencia de la Carta Fundamental conforme a sus prescripciones originales, situando al Presidente de la República en la cúspide del sistema institucional, de lo cual da cuenta que, en ese período, gobernaron cuatro Jefes de Estado en los denominados decenios: José Joaquín Prieto Vial, Manuel Bulnes Prieto, Manuel Montt Torres y José Joaquín Pérez Mascayano.

En este primer período conviene destacar dos acontecimientos normativos. Por una parte, la única reforma constitucional, en 1871, que prohibió la reelección presidencial; y, en 1865, la ley interpretativa del artículo 5° de la Constitución que contemplaba, como religión oficial del Estado, la católica, apostólica y romana, con exclusión del ejercicio público de cualquier otro credo, para señalar que ello no prohibía el culto en recintos de propiedad particular y que se permitía a los disidentes fundar y sostener escuelas privadas para la enseñanza de sus propios hijos en su doctrina religiosa.

La segunda etapa, entre 1871 y 1891, donde comienza a mutar el régimen inicialmente concebido, sobre la base de las reformas orientadas a su liberalización. Así, por ejemplo, el Congreso comenzó a recurrir al expediente de postergar el despacho de las denominadas leyes periódicas, como ocurrió —por primera vez— el 3 de noviembre de 1841, cuando se acordó dilatar el despacho de las leyes de presupuesto y contribuciones, mientras el gobierno no incluyera dos proyectos de ley en la convocatoria a sesiones extraordinarias del Congreso.

En 1846 se incorporó, en el Reglamento de la Cámara de Diputados, el derecho de formular interpelaciones a los ministros. Incluso, aunque sin resultado, el 10 de julio de 1848, el diputado Miguel Gallo anunció un voto de censura en contra del ministro de Hacienda.

Finalmente, a lo largo del último decenio de José Joaquín Pérez, comienzan a predominar los partidos políticos; se acusa constitucionalmente a la Corte Suprema, aunque en realidad lo que se pretendía era acusar a su presidente, Manuel Montt Torres, expresidente de la República, por sus actuaciones como Jefe de Estado, en el decenio anterior; y la elección, en definitiva, de un liberal como Presidente de la República en 1871, don Federico Errázuriz Zañartu.

Esta segunda etapa concluye con la gravísima crisis que deriva en la Guerra Civil de 1891, en un proceso siempre complejo y de causas y consecuencias variadas, la que se prolonga por casi nueve meses, con un saldo de diez mil muertos, cien millones de pesos en pérdidas y el régimen presidencial derrotado.

La tercera etapa, entre 1891 y 1925, suele considerarse un régimen híbrido o pseudoparlamentario, donde sigue rigiendo la Constitución de 1833, pero con una interpretación y aplicación que sustituye el régimen de gobierno que ella contemplaba, al punto que los gabinetes no duraron más de cuatro meses en promedio:

En 1920, fue elegido Presidente de la República don Arturo Alessandri Palma, quien planteó la revitalización del poder presidencial y abordar la denominada cuestión social, que darían origen a la Constitución de 1925.

" La Constitución de 1833 estuvo vigente en nuestro país por noventa y dos años, de manera que no es difícil suponer que ella fue objeto de reformas, pero también de mutaciones y adaptaciones".

LA CONSTITUCIÓN DE 1925

CRISTIÁN VILLALONGA T.

La Constitución de 1925 representa —junto a la de México (1917)— una de las cartas precursoras de un nuevo tipo de régimen político que prevalecerá en Latinoamérica a partir de 1930. Ella significó el fin del predominio parlamentario vigente en Chile desde 1891, el que fue reemplazado por un diseño institucional que privilegió la autoridad presidencial. Asimismo, sentó las bases de un Estado interventor en materias económicas y árbitro de los conflictos sociales propios de la modernización de mediados del siglo XX. Pese a contar con un alto grado de legitimidad durante los años del Estado de compromiso (1938-1952), la adhesión a ella decaerá como parte de la agudización de la Guerra Fría.

Los orígenes de este texto constitucional están estrechamente vinculados a la profunda crisis política ocasionada por la falta de respuesta del régimen parlamentario a la cuestión social, caracterizada por las deficientes condiciones de vida de la población durante las décadas anteriores. Frente a las crecientes exigencias de las Fuerzas Armadas por acelerar las reformas sociales y clausurar el Congreso, el Presidente Arturo Alessandri intentó renunciar. Una junta militar asumió el poder, pero no aceptó su renuncia, concediéndole únicamente un permiso de 6 meses para viajar a Europa. Unos meses más tarde, sectores jóvenes del Ejército, encabezados por Carlos Ibáñez, derrocaron a aquella junta militar solicitando el regreso de Alessandri para concluir su mandato, quien exigió la elaboración de una nueva Constitución como condición para su retorno. Inicialmente, Alessandri nombró una comisión consultiva de 122 personas para redactar el nuevo texto. Sin embargo, esta fue dividida en dos subcomisiones, una destinada a discutir su método de aprobación, y otra más selecta a cargo de Alessandri y su ministro José

Maza Fernández, la que redactó el proyecto. El texto fue sometido a un plebiscito que registró un alto grado de abstención debido a los llamados a no participar realizados por la mayor parte de los partidos políticos. El proyecto fue aprobado por un 95% de los votos emitidos, equivalentes al 43% del total del padrón electoral.

Aunque es un texto que en gran medida recoge la tradición republicana previa, la Constitución de 1925 efectuó una serie de innovaciones institucionales con el objeto de enfrentar los grandes debates políticos que le antecedieron: a) la tensión entre el Poder Ejecutivo y el Congreso: b) la cuestión social, y c) las relaciones entre Iglesia y Estado. En primer lugar, fortaleció la autoridad del Poder Ejecutivo, poniendo fin a distintas prerrogativas que anteriormente poseía el Congreso. Los ministros de Estado pasaron a ser funcionarios de la exclusiva confianza del Presidente de la República, terminando con las continuas censuras a los miembros del gabinete por parte del Parlamento. El Presidente se consolidó como jefe de Estado y jefe de gobierno, y asumió el control de la agenda legislativa a través de distintos medios, como las urgencias en la tramitación y un período de legislatura extraordinaria. Asimismo, se eliminaron distintas leyes que periódicamente debía aprobar el Congreso, a excepción de la ley de presupuestos, disponiéndose que en caso de que esta última no fuera aprobada dentro de plazo regiría el proyecto enviado por el Presidente. Dichas facultades se reforzaron mediante una reforma constitucional en 1943, la que entregó al Presidente la iniciativa exclusiva respecto de todos los proyectos de ley que involucraran gasto fiscal.

En segundo lugar, la Constitución incorporó algunos derechos sociales, los que fueron consagrados a través de un nuevo rol del Estado en materias socioeconómicas. Por ejemplo, el artículo 10 N° 14 dispuso la "protección al trabajo, a la industria y a las obras de previsión social, especialmente en cuanto se refieren a la habitación sana y a las condiciones económicas de la vida, en forma de proporcionar a cada habitante un mínimo de bienestar, adecuado a la satisfacción de sus necesidades personales y a las de su familia". Como complemento de esta garantía, la Constitución estableció el deber del Estado de propender a la conveniente división de la propiedad, la constitución de la propiedad familiar, y velar por la salud pública. En una dirección similar, el texto garantizó el acceso a la educación pública (art. 10 N° 7), y reguló el derecho de propiedad considerando su función social, la que permitiría al Estado imponerle limitaciones necesarias para el mantenimiento del orden y progreso material (art. 10 N° 10).

Finalmente, la Constitución consagró la separación definitiva entre la Iglesia y el Estado, plasmando un acuerdo sobre esta materia que el Presidente Alessandri había alcanzado previamente con el papado. Ello implicó que la religión católica dejó de ser la religión oficial del Estado, y que este último renunció a tener prerrogativas sobre la administración eclesiástica. A fin de compensar esta separación, se reconoció a la Iglesia Católica como una persona jurídica de derecho público —por la cual su existencia no dependía de la mera autorización administrativa— y se le eximió del pago de algunos tributos.

Ciertamente, el texto original o sus reformas posteriores de las décadas de 1940 y 1950 incorporaron otras innovaciones, como el recurso de inaplicabilidad por inconstitucionalidad en manos de la Corte Suprema, el establecimiento de tribunales electorales, y el reconocimiento constitucional de la Contraloría General de la Republica. No obstante, estas correspondieron a aspectos más bien secundarios dentro del proceso político.

Luego del retorno a la democracia en 1932, la Constitución sirvió de andamiaje para un nuevo ciclo político. Ella permitió la intervención estatal en la economía mediante la creación de empresas públicas, el control de precios y el fomento a la industrialización. También orientó la intervención social en materias como el acceso a la salud pública y la regulación del trabajo. Pese a contar con un importante apoyo ciudadano durante las décadas de 1940 y 1950, el nuevo régimen constitucional también adoleció de dificultades. Por ejemplo, el rol del Estado erigido como árbitro de los asuntos socioeconómicos incentivó el surgimiento de relaciones corporativas que politizaron los cuerpos intermedios (sindicatos y asociaciones gremiales), así como la desprotección de sectores que no constituían grupos de presión influyentes (desempleados y trabajadores agrícolas). Del mismo modo, tanto los tribunales como la Contraloría mantuvieron una conducta deferente frente a las actuaciones del Poder Ejecutivo.

Debido a la agudización de la Guerra Fría en la década de 1960, todos los sectores políticos empezaron a discutir seriamente la posibilidad de un cambio constitucional profundo. Distintas reformas al derecho de propiedad en los años 1963, 1967 y 1971 permitieron la reforma agraria y la nacionalización del cobre. Mientras tanto, una reforma a su parte orgánica fortaleció el poder del Presidente, reordenó el proceso legislativo y estableció el Tribunal Constitucional en 1970. Aquel mismo año, una nueva enmienda buscó resguardar el régimen democrático frente al eventual gobierno de la Unidad Popular, reforzando la libertad de enseñanza y diversos derechos políticos. Tras el 11 de septiembre de 1973, la junta militar encabezada por el general Augusto Pinochet gradualmente suspendió su vigencia, reemplazó distintas secciones de ella a través de actas constitucionales y, finalmente, promulgó una nueva Carta Fundamental en 1980.

LA CONSTITUCIÓN DE 1980

CARLOS FRONTAURA R.

La Constitución de 1980, aprobada durante el Gobierno Militar, intenta dar respuesta al derrumbamiento de las instituciones en el Chile de los años '70 del siglo pasado y hacerse cargo de las transformaciones operadas en el mundo durante ese convulsionado siglo XX. Mucho antes de 1973, los presidentes Alessandri Rodríguez, Frei Montalva y Allende Gossens, cada uno a su manera, habían expresado la necesidad de una profunda modificación constitucional. Ello les parecía indispensable, tanto para hacerse cargo de las anomalías y deficiencias del anacrónico sistema establecido en 1925, como para enfrentar una realidad diferente. Jorge Alessandri, incluso, llegó a señalar que, de no llevarse a cabo estos cambios, se corría el riesgo de una "delicada crisis" y se ponía "en grave peligro la permanencia del sistema institucional" (1962), o se podía llegar a "una catástrofe definitiva" (1964). Si el Acuerdo de la Cámara de Diputados del 22 de agosto de 1973 —que denunciaba "un grave quebrantamiento del orden constitucional y legal de la República"— parecía confirmar las aprensiones del Presidente Alessandri, la intervención militar del 11 de septiembre —que puso fin abrupto al gobierno de la Unidad Popular— las ratificó en los hechos. A partir de ese momento, pocas dudas podían caber sobre la necesidad de una nueva Constitución, aunque hubiera discrepancias sobre su contenido.

De este modo, el texto de 1980, como ha ocurrido invariablemente con toda Carta Fundamental desde la revolución de la independencia, está estrechamente vinculado a un severo trastorno político y social previo que surge de un diseño institucional sobrepasado por la lucha ideológica implacable y por promesas de bienestar material insatisfechas. Por otra parte, esta norma fundamental se gestó también bajo la idea de consolidar experiencias gubernamentales de la Junta Militar, fijarle límites y establecer un cronograma que permitiera el traspaso del poder a los civiles. Así, en septiembre de 1973 comenzó a sesionar un grupo de expertos designados por el Gobierno —denominado Comisión Ortúzar por quien la presidía (Enrique Ortúzar)—, destinado a proponer un anteproyecto de nueva Constitución. Antes de que finalizara su misión, la Junta Militar recogió parte de su trabajo (lo referido a bases y valores de la institucionalidad, derechos y deberes constitucionales, y regímenes de excepción) en las llamadas Actas Constitucionales Nos. 2, 3 y 4. El objeto de ellas era generar una "institucionalidad provisoria" que permitiera someter a prueba lo que se elaboraba, antes de aprobarlo definitivamente, aunque posteriormente no se siguió este procedimiento. La Comisión Ortúzar culminó su tarea en octubre de 1978 y el anteproyecto se remitió, para su revisión, a un organismo asesor del Presidente de la República, denominado Consejo de Estado. Este hizo un llamado público para la presentación de indicaciones (recibió cerca de 150) y, en julio de 1980, emitió su informe. La última etapa de elaboración estuvo en manos de la propia Junta que, con un grupo de colaboradores, realizó los ajustes definitivos del proyecto y redactó las normas transitorias. Estas resultaban esenciales, pues regulaban los plazos y modalidades del gobierno de transición, así como la entrega del poder a las autoridades electas por la ciudadanía posteriormente. En agosto de 1980 se convocó a un plebiscito que se realizaría en septiembre para aprobar o rechazar el texto constitucional.

A mediados de 1978, en paralelo al trabajo de elaboración reseñado, algunos expertos, opositores al Gobierno Militar y al camino que se estaba siguiendo, conformaron el denominado Grupo de Estudios Constitucionales, conocido como "Grupo de los 24". Su objeto era aunar esfuerzos y consensos en torno a una salida institucional y una nueva Carta Fundamental, aunque diferentes de las que proponía la Junta. Este Grupo, así como algunos reconocidos líderes, como Eduardo Frei Montalva, expresaron su rechazo al proyecto de Constitución, pero, sobre todo, enfatizaron la invalidez del acto plebiscitario que se realizaría, por la ausencia de garantías para su legitimidad. La Conferencia Episcopal también indicó que había condiciones que debían cumplirse y que existían circunstancias incompatibles con aquellas que, de no enmendarse, generarían una interpretación "ambigua" del resultado del plebiscito, no siendo posible extraer "conclusiones claras, ni construir sobre él un orden institucional estable". A pesar de estas críticas, el acto tuvo lugar en las condiciones previstas originalmente, siendo su resultado ampliamente favorable al proyecto (la opción "Sí" obtuvo el 65,71%), aunque la autenticidad de ese resultado ha sido cuestionada precisamente por la ausencia de esas garantías.

Junto con estas críticas al proceso de aprobación, se le objetaban al texto algunas de sus normas permanentes y transitorias. Entre las primeras, destacaba el rechazo a su artículo octavo, ya que se sostenía que, más que proscribir actos, prohibía ideas. También se reprochaba su excesivo presidencialismo y lo que se calificaba de indebidos límites a la soberanía popular: en particular, el sistema mayoritario binominal; el rol y composición del Consejo de Seguridad Nacional; y la existencia de los senadores institucionales o designados (idea que ha rondado toda nuestra historia, pues la contempló Egaña en su proyecto de 1833, Arturo Alessandri la planteó en 1925 y Jorge Alessandri en su propuesta de reforma de 1964). En el ámbito de las normas transitorias, se discutía tanto el plazo para retornar a la democracia como la modalidad del gobierno de transición y, especialmente, las atribuciones que tenía el Presidente en situaciones de excepcionalidad constitucional (art. 24 transitorio). Pese a estas críticas, las etapas y formas contempladas originalmente se mantuvieron y fueron cumplidas cabalmente por la Junta Militar, que reconoció la derrota de su candidato en el plebiscito de 1988, accedió a negociar e incorporar reformas al articulado permanente en 1989 y entregó el poder a las autoridades elegidas, tal como estaba previsto inicialmente, el 11 de marzo de 1990.

Por otra parte, cabe destacar que la Constitución de 1980, en varios aspectos, continuó con lo establecido por los textos de 1833 y 1925 y, al mismo tiempo, incorporó conceptos del constitucionalismo post Segunda Guerra Mundial, como la necesidad de defenderse no solo de la arbitrariedad del Ejecutivo, sino también de la del Legislativo. En esta línea, haciéndose cargo de los defectos de la institucionalidad anterior —especialmente en materia de protección eficaz de los derechos individuales, creciente estatismo y demagogia en la gestión pública—, esta Constitución presentó importantes novedades que buscaban: (a) fortalecer los derechos fundamentales y los límites al poder; (b) favorecer la conducción del Estado por el Presidente de la República, y (c) fomentar una administración pública técnica y eficiente. En primer término, se reforzó la centralidad de la persona humana, la protección de sus derechos y el deber de *servicialidad* del Estado. Así, se estipuló expresamente que los derechos esenciales que emanan de la naturaleza humana constituyen un límite al poder (soberanía) y que el fin del Estado es el bien común, debiendo estar al servicio de la persona y no al revés. En el mismo sentido, estableció principios y valores para favorecer y proteger las iniciativas de los individuos y de sus asociaciones, en todos los ámbitos. Consagró, por primera vez en nuestra historia independiente, una acción constitucional rápida y directa ante los tribunales para exigir el respeto de los derechos fundamentales —el denominado recurso de protección—. Asimismo, contempló mayores exigencias para modificar y regular esos derechos, proscribiendo el que ellos pudieran ser afectados en su esencia. En segundo término, se reforzaron las atribuciones del Presidente de la República en materia económico-social, ya que es él quien posee la información completa y el único responsable por la conducción del Estado. Así, se buscó restringir los mecanismos que favorecen la irresponsabilidad y el populismo parlamentario, muchas veces vinculado a grupos de presión. En tercer término, se quiso promover la existencia de un Estado eficaz, para lo cual se disminuyeron los espacios de interferencia partidista y de intervención parlamentaria, tanto en la Administración como en los conflictos sociales y gremiales. Para ello, entre otras cosas, se crearon órganos técnicos autónomos, como el Banco Central; o se confirieron nuevas atribuciones a poderes ya existentes, como la facultad que se dio a los Tribunales para directamente hacer cumplir las sentencias. Durante la vigencia de este texto y sus perfeccionamientos, se produjo uno de los ciclos continuos de mayor paz y prosperidad en Chile.

REFORMAS A LA CONSTITUCIÓN VIGENTE

Claudio Alvarado R.

El texto constitucional que hoy rige en nuestro país no es el mismo que otorgó la Junta Militar en 1980. Si bien en marzo de 1981 entraron en vigencia sus disposiciones transitorias, su articulado central nunca rigió en el Chile posdictadura. Todos sus capítulos han sido modificados, y de sus preceptos originales apenas una veintena no ha sufrido alteraciones. Esta evolución ha originado un debate público e intelectual acerca del significado político de la Constitución vigente.

El otro plebiscito: 1989

Después del triunfo del "No" en el plebiscito de 1988, la oposición democrática y el régimen de Augusto Pinochet comenzaron a dialogar con el propósito de modificar la Carta Magna. Luego de arduas negociaciones, ellos presentaron al país un conjunto de 54 reformas constitucionales, que posteriormente serían ratificadas en un plebiscito —un referéndum, en rigor— celebrado el 30 de julio de 1989. En aquel día concurrieron a las urnas más de siete millones de personas (de siete millones y medio de ciudadanos con derecho a sufragio), y los cambios a la Constitución fueron aprobados con el 91,25% de los votos emitidos.

Entre las modificaciones aprobadas en ese momento destacan las siguientes: la supresión del requisito de dos parlamentos sucesivos para reformar el texto constitucional; el reconocimiento de los tratados internacionos sobre derechos humanos ratificados y vigentes en Chile; las reformas relativas al Consejo de Seguridad Nacional; el término del exilio; la eliminación del polémico Art. 8°, relativo a la propagación de doctrinas totalitarias o vinculadas a la "lucha de clases"; el aumento del número de senadores elegidos; y la reducción de ciertas facultades del Presidente de la República, como la de disolver la Cámara de Diputados.

La firma de Lagos: 2005

La evolución constitucional iniciada *ad portas* del retorno a la democracia continuó desarrollándose durante los años posteriores. De este modo, hasta 2004, la Constitución experimentó alrededor de cien cambios en su articulado. Pero, sin lugar a dudas, fue en 2005, bajo el gobierno de Ricardo Lagos, que se aprobó el conjunto de reformas (Ley N° 20.050) más relevante desde el proceso pactado y plebiscitado en 1989.

El acuerdo del año 2005 entre el gobierno y la oposición de la época se tradujo en alteraciones muy relevantes a la arquitectura constitucional, incluyendo un nuevo texto refundido firmado por el expresidente Lagos. El elemento más destacado de esta reforma fue la eliminación de los llamados "enclaves autoritarios". En los términos del exministro de Justicia de Patricio Aylwin, Francisco Cumplido, este proceso terminó con "la existencia de senadores designados y vitalicios; el poder de seguridad de las fuerzas armadas; la integración, las atribuciones y el sistema de nombramiento de los ministros del Tribunal Constitucional y, parcialmente, la integración del Senado y el sistema electoral binominal. Asimismo, ha perfeccionado materias muy importantes para el régimen político chileno"[1]. Como puede verse, la configuración actual de diversas instituciones cruciales para el orden institucional chileno solo puede comprenderse a partir de estas modificaciones a la Constitución.

La reforma a la reforma: 2019

La evolución constitucional chilena ha seguido desplegándose luego del año 2005. Al escribir estas líneas, el hito más importante del último tiempo ha sido el cambio al capítulo XV de la Constitución, que trata precisamente sobre su reforma, y que derivó del acuerdo político firmado el pasado 15

---

[1] Cumplido, Francisco. 2006. Reforma constitucional en Chile, en VV. AA., Anuario de Derecho Constitucional Latinoamericano. Konrad-Adenauer, p. 106.

de noviembre por prácticamente la unanimidad de las fuerzas políticas con representación parlamentaria. El proceso constituyente en curso y la posibilidad de redactar una nueva Carta Fundamental son consecuencia inmediata de esa modificación.

Significado de la evolución constitucional: debate abierto

Sin perjuicio de las discusiones políticas y académicas de los últimos años, es pertinente recordar que el año 2005 —producto de las reformas ya referidas—, Ricardo Lagos dio por finalizada la democratización plena de nuestra Constitución. En ese minuto el expresidente habló de un "piso institucional compartido" que ya no nos dividiría más. Ciertamente, las reformas de ese momento respondían a planteamientos demandados hacía décadas por las élites políticas y constitucionales del país (basta revisar, por ejemplo, los documentos del Grupo de Estudios Constitucionales, más conocido como "Grupo de los 24"). El debate constitucional ha seguido su curso desde entonces.

Con todo, ya desde los cambios aprobados en 1989 surgieron distintas voces, provenientes de la intelectualidad pública crítica del origen de la Constitución que, no obstante, plantearon su temprana legitimación, derivada del ejercicio democrático de nuestras instituciones. Por ejemplo, el destacado constitucionalista Alejandro Silva Bascuñán subrayó tres "indiscutidas intervenciones del pueblo chileno", aludiendo con esto al plebiscito del 5 octubre de 1988, a las reformas ratificadas en 1989 y a la posterior elección presidencial y parlamentaria. Todo esto habría transformado "la imposición de un texto en una nueva estructura constitucional firmemente ratificada por la ciudadanía"[2]. Silva Bascuñán, a su vez, cita en estas reflexiones al filósofo Renato Cristi, quien ya a inicios de los 90 sugirió la legitimación democrática de la Carta Magna, bien con las reformas constitucionales de 1989, bien en 1990, una vez que entró en funciones el Congreso Nacional. En un sentido similar se pronunciaron

---

2   Silva Bascuñán, Alejandro. 1997. Tratado de Derecho Constitucional. Tomo III. Editorial Andrés Bello, p. 242.

Edgardo Boeninger, Pablo Ruiz Tagle y varios otros políticos, juristas e intelectuales.

Naturalmente, el debate respecto del significado e interpretación política de esta evolución constitucional continuará abierto, pero a la hora del análisis conviene tener presente estas reflexiones. A fin de cuentas, ellas ayudan a comprender por qué se ha sostenido que —si hemos de adjudicarle un calificativo, y con independencia de la opinión que nos merezca este hecho— todavía rige en Chile la Constitución de la transición.

" La Constitución
de 1980, en varios
aspectos, continuó con
lo establecido por los
textos de 1833 y 1925
y, al mismo tiempo,
incorporó conceptos del
constitucionalismo post
Segunda Guerra Mundial".

CARLOS FRONTAURA R. (P. 89)

PRINCIPIOS Y BASES DEL CONSTITUCIONALISMO CHILENO

LA DIGNIDAD DE LA PERSONA

Cecilia Rosales R.

La dignidad de la persona, o dignidad humana, se asemeja a una piedra angular o cimiento sólido sobre el cual se construye un edificio. Casi todas las Constituciones del mundo recogen este valor/principio. Siendo un concepto fundamental, existen varias nociones que dan cuenta de la riqueza de su contenido:

1° Es un principio base del sistema institucional imperante, sobre el que se asienta y legitima la existencia del Estado;

2° Es la raíz o fuente de los derechos humanos, desde donde nacen y se sustentan. En consecuencia, es un límite para que los derechos no se conviertan en privilegios antojadizos y arbitrarios;

3° Es una cualidad del ser humano, sin distinción, que lo hace merecedor a un trato respetuoso (véase la sentencia del Tribunal Constitucional Rol N°389-2003).

El concepto de dignidad ha tenido un devenir histórico que se remonta desde la antigüedad clásica hasta nuestros días, partiendo por las doctrinas helénicas y romanas acerca de la cuestión y siguiendo por las medievales y modernas. No obstante, alcanzará valor jurídico, con carácter generalizado, solo recién en el siglo XX con motivo de su reconocimiento en los tratados internacionales dictados con posterioridad a las dos guerras mundiales. "Considerando que el desconocimiento y el menosprecio de los derechos humanos han originado actos de barbarie ultrajantes para la conciencia de la humanidad; y que se ha proclamado, como la aspiración más elevada del hombre, el advenimiento de un mundo en que los seres humanos, liberados del temor y de la miseria, disfruten de la libertad de palabra y de la libertad de creencias (...) que la libertad, la justicia y la paz en el mundo tienen por base el reconocimiento de la dignidad intrínseca y de los derechos iguales e inalienables de todos los miembros de la familia humana (…) los Estados Miembros se han comprometido a asegurar, en cooperación (…) el respeto universal y efectivo a los derechos y libertades fundamentales del hombre" (véase Preámbulo, Declaración Universal de Derechos de Naciones Unidas, 1948).

La Constitución Alemana de 1949 (vigente), constituye una de las primeras constituciones del mundo en recoger expresamente el valor de la dignidad. A partir de su reconocimiento constitucional, la jurisprudencia alemana desarrollará la idea de Constitución como un orden objetivo de valores que fundado en la protección de la dignidad personal, vincula directamente a todos los órganos del Estado y se irradia sobre el resto del ordenamiento jurídico.

Respecto de su fundamento, puede anotarse que es una cualidad o atributo que hunde su raíz en la igual naturaleza de todos los seres humanos. Supone la consideración de la persona como un fin y no como un medio, así como nadie tiene derecho a hacer de otro su esclavo. La tradición cristiana aportó en su configuración con la afirmación del valor de cada ser humano, por muy humilde que sea, en tanto creado a imagen y semejanza de Dios.

Este valor/principio es usado por los tribunales como razonamiento o argumento para resolver conflictos normativos o de derechos, particularmente para preferir una interpretación a favor de la persona humana, por ejemplo: cuando se opta por el derecho a vivir en un medio ambiente libre de contaminación frente a la libertad de realizar una actividad productiva; en la reafirmación de derechos económico-sociales tales como el derecho a la salud, a fin de ordenar un tratamiento médico por parte del Estado; y como fuente de derechos no reconocidos expresamente en la Constitución, como el derecho a la propia imagen frente a publicaciones no consentidas.

La dignidad humana debe incluirse en un texto constitucional, en un capítulo inicial sobre bases o fundamentos de la institucionalidad. No requiere mayor desarrollo conceptual, pues como valor/principio su concreción práctica se realiza mediante su aplicación concreta por los tribunales.

LA FAMILIA COMO NÚCLEO FUNDAMENTAL DE LA SOCIEDAD

CARMEN DOMÍNGUEZ H.

La familia es una realidad anterior al Derecho y, con ello, al Estado, en cuanto constituye el entorno natural de nacimiento y desarrollo de las personas. Tal es así que existe desde que ha habido vida humana en la tierra, en todas las culturas y tiempos, lo que se explica por la absoluta e íntima conexión entre la formación del ser personal con la vida familiar: es en la familia donde por definición se aprende a vivir la experiencia de darse a otros que caracteriza el ser persona.

En la familia, además, se adquieren los valores y virtudes necesarios para avanzar hacia el desarrollo integral a que toda persona está llamada, y se aprende a ser un buen ciudadano. De este modo, la protección de la familia surge como una tarea del Estado en cuanto el debilitamiento de la vida familiar es un hecho socialmente grave, pues ello dificulta la formación de la persona y, con ello, su pleno aporte social.

La regulación de la familia: exacto contexto

Todo lo anterior explica el que el Derecho no pueda permanecer indiferente a las relaciones familiares, pues ellas configuran uno de los ámbitos esenciales de la persona. Si el rol del Derecho es proteger a la persona, que es también una realidad anterior a él, debe hacerlo en todo lo que ser persona supone, y uno de los ámbitos cardinales de ello es el espacio familiar.

Por ello, muchas constituciones (ej., Chile, Ecuador, Costa Rica, Nicaragua, Colombia, El Salvador, Haití, Paraguay, Uruguay, Brasil, Perú, entre otras) reconocen expresamente que *"la familia es núcleo fundamental de la sociedad*" de manera que ello revela una declarada conciencia acerca de su relevancia. En la mayor parte de las constituciones vigentes se contemplan además normas relativas a reconocer la relevancia de la familia, del matrimonio a partir del cual ella se construye y de la filiación (ej., Alemania, España, Portugal e Italia). Así pues, resultaría inexplicable que la Carta Fundamental de un ordenamiento jurídico guardara silencio frente a aquel ámbito de la vida personal que es generalmente el más importante, como lo declaran los chilenos permanentemente en las encuestas.

Debido a ello, en todos los ordenamientos jurídicos del mundo existe, además, una regulación centrada en la relación entre los miembros de la familia y entre ellos y terceros que es conocida como el Derecho de Familia.

No obstante, conviene clarificar la exacta relevancia que el reconocimiento constitucional y, más en general jurídico, tiene. Por un lado, dado que la familia es una realidad prejurídica no le corresponde al Estado definir ni determinar cómo ha de vivirse la experiencia familiar. La soberanía de la familia exige respeto.

Asimismo, la solución estatal no será nunca la respuesta a todos los problemas o desafíos que experimenta la familia, porque ella desborda el campo jurídico en cuanto compromete todas las aristas posibles de una realidad: aspectos culturales, religiosos, afectivos, económicos, entre otros. Por ello, el respeto y compromiso con el vínculo familiar excede al Derecho, pues la norma jurídica no podrá nunca garantizarlos desde que dependen más bien de la ética que gobierna a cada uno en sus actos.

Por otro lado, aunque la solución jurídica no es determinante de la opción por la familia ni de cómo sus miembros la viven, es, sin embargo, herramienta útil en esa tarea en cuanto ha de fijar los derechos y obligaciones básicos para que todo ciudadano pueda tener una experiencia familiar estable.

Los contornos de un reconocimiento constitucional

En la configuración de ese marco jurídico, debe distinguirse lo que atañe a la Constitución y a la ley. A la primera, en cuanto norma fundamental, concierne el reconocimiento de la trascendencia de la familia en la configuración de la persona y de la sociedad por las razones que ya se han resaltado. A fin de que ello no se limite a una mera declaración programática, debe además imponerle al Estado el deber de desarrollar políticas públicas de fortalecimiento y apoyo que apunten, por un lado, a promover los principios de corresponsabilidad familiar y del mejor interés del niño que permitan a todo niño contar con su padre y madre durante toda su etapa formativa.

Al legislador compete, por otro lado, la regulación directa de la familia, esto es, el Derecho de Familia al que se ha aludido. También le corresponde la regulación indirecta, que es aquella que, aunque centrada en el ciudadano, incide en la configuración final de la protección que el Estado otorga a la familia. En ella se comprende toda la consideración a la red familiar en materia de salud, educación, impuestos y seguridad social.

El Estado en Chile tiene el deber de desarrollar ambos espacios normativos, pues, hasta el presente, ha venido descansando en la red familiar de cada chileno, que es la que lo asiste ante cualquier necesidad sin variación ni por condición socioeconómica o geográfica: es lo que sucede por doquier. Como puede gráficamente resumirse, no es el Estado el que subsidia a la familia, sino la familia la que subsidia al Estado de un modo hasta ahora escasamente reconocido, casi invisible.

Finalmente, a todos los ciudadanos nos corresponde la tarea de fiscalizar el cumplimiento de este deber estatal, de forma que todas las declaraciones se traduzcan en políticas concretas.

ESTADO AL SERVICIO DE LA PERSONA
La servicialidad del Estado

Eduardo Soto Kloss

Quien no vive para servir no sirve para vivir.

No obstante lo antiguo de este brocardo, de cerca de dos mil años y más de antigüedad, esta verdad inconmovible suele ser bien poco practicada en la realidad de cada día y menos aún a nivel de la comunidad política.

Principio fundamental de la organización política de una comunidad es la servicialidad del Estado y, sin embargo, tan olvidado especialmente cuando este se constituye sobre la base de un estatismo que alza el poder como primacía y el Derecho como dominación que no como justicia, y a pesar de que dicha "servicialidad" es la tonalidad básica de la convivencia social, al punto que debe sonar como una disonancia para quienes adoran al Estado y ejercen el poder para bien propio o de sus oligarquías partidistas.

La Constitución de 1980, sin embargo, y en un rasgo originalísimo para la época, y aun para hoy, eleva la idea de "Estado al servicio de la persona humana" (artículo 1° inciso 4°) a principio rector de la organización política de Chile, como una lógica consecuencia de afirmar de modo rotundo la "centralidad" de la persona humana, la cual es anterior y superior al Estado y que es el principio, sujeto y fin de toda sociedad, de todo Estado y de todo Derecho.

Es la gran diferencia entre un régimen totalitario, aunque se disfrace de "democrático" por contemplar elecciones periódicas y alternancia, en lo posible, entre quienes gobiernan, y un régimen de libertad en que prime el Derecho como medio de justicia y el bien común como finalidad, única manera de asegurar la paz social y no que el conflicto sea la forma de convivencia.

Cuando se habla de "servicialidad del Estado", que en los hechos no es sino el que las autoridades del Estado y sus funcionarios tengan una función de servicio, se está configurando un régimen político que atiende a la mayor perfección de las personas, tanto en lo material como en lo espiritual, ya que el ser humano, el hombre y la mujer "de carne y hueso", no es solo materia, sino primordialmente espíritu, que es lo que lo especifica del resto de la creación.

Y cuando hablamos de "perfección" se trata de aquello que permita su mayor plenitud, desde que su carácter de ser trascendente, que posee un alma inmortal, hace que no pueda contentarse con un simple bienestar de cosas, al modo del "comamos y bebamos" de los epicúreos.

Esta "servicialidad del Estado" que la Constitución de 1980 la configura como un "medio" para obtener el bien común de la comunidad política en el orden temporal, al concretarse en la realidad, ha de efectuarse "con pleno respeto de los derechos de las personas", incluidos aquellos que emanan de la propia naturaleza humana, los llamados "derechos naturales", cuyo respeto se impone hasta al propio poder estatal (artículo 5° inciso 2°), pues de lo contrario no habrá bien común, sino simplemente un mal común, que es lo propio de los regímenes totalitarios, en donde no impera el Derecho, sino la voluntad o el capricho del jerarca de turno, ante lo cual desaparecen hasta los derechos y libertades más esenciales del ser humano.

Este principio rector lleva como efecto, además, que la actividad misma del gobernante se transforma de raíz, puesto que ella se configura como una "función", esto es, "un actuar en bien de un tercero", que son los miembros de la comunidad, para su edificación y no para su destrucción. Es "un servir para otros" y no "servirse de otros", como ocurre con tantos en el ámbito político que parecieran no advertir que "vivir de otros" es lo propio de los parásitos, que son incapaces de ver más allá de sí mismos… en un egoísmo estéril y odioso.

La "servicialidad del Estado" implica y exige al gobernante —pero también a legisladores y jueces en sus respectivas funciones— un conjunto de virtudes, de hábitos buenos, que le permitan ejercer su actividad con "desprendimiento" de sí mismo, de sus propios intereses y de los de su grupo o partido, y de una "abnegación" que lleva a poner primero que todo el bien común de la comunidad política y de sus miembros como integrantes de la comunidad; es un sacrificar el "yo" para hacer primar el bien de las personas que conforman la comunidad nacional; es un no erigirse en supremo árbitro de todo, ni pretender imponer un pensamiento único que destruye la natural diversidad de lo humano. Y es que la misión de "servicio" no es una mera "opción" entre varias, igualmente legítimas, en el ejercicio de su función, sino es parte intrínseca, esencial, de su autoridad, al punto que, si no lo entiende así, corrompe su actividad y perturba el bien común y la paz social.

Su misión ha de ser un "servir" a la comunidad que dirige. Y es que "servir" no es otra cosa que perseguir el bien de la comunidad y de sus miembros y ser útil a estos, estando siempre "disponible" para acudir en su ayuda y trabajar sin descanso para su bienestar. Es amar a su pueblo, identificarse con sus problemas y poner lo mejor de sí para su progreso como personas; es hacerlas crecer como tales, desde que no hay mayor muestra de afecto que el gastar la vida en bien de los demás, puesto que hay siempre mayor alegría en dar que en recibir. Por ello el gobernar —como lo dice el término— es dirigir a los gobernados a su fin, como seres humanos que son, cuerpo y alma, en tranquilidad, seguridad y paz. Ni superioridad ni dominio, ni tarea de reingeniería social ni imponer ideologías, siempre utópicas, contrarias a las tradiciones de su pueblo, sino servicio, cercanía, amor a la Patria y a sus miembros, que son de su misma sangre, lengua, raza y costumbres, que son el mejor patrimonio que debe conservar.

PRINCIPIO DE SUBSIDIARIEDAD

Alejandra Ovalle V.

El principio de subsidiariedad es un principio que orienta el rol del Estado, proporcionando criterios destinados a determinar los ámbitos de competencia estatal y aquellos en los que se debe abrir espacio a la actividad de las personas y de las asociaciones de naturaleza privada.

El reconocimiento de la dignidad humana y de la consecuente primacía de la persona respecto del Estado sirve de fundamento para sostener que la actuación estatal debe dirigirse a la consecución del bien común sin absorber o anular la iniciativa privada en la vida social. En efecto, el Estado está llamado a adoptar las medidas necesarias para proteger y garantizar los derechos que emanan de tal dignidad, pero al mismo tiempo debe promover que las personas puedan desarrollar actividades que son expresión del ejercicio de su libertad, de la naturaleza social del ser humano y de la responsabilidad que le cabe a cada individuo en el devenir de la comunidad.

De este planteamiento se desprenden las dos dimensiones del principio de subsidiariedad: la negativa y la positiva. La dimensión negativa se traduce en una abstención o repliegue de la acción estatal de aquellas tareas de bien común que los privados son capaces de afrontar adecuadamente. Por su parte, ante la ausencia de iniciativa privada o si esta se desarrolla de manera parcial o imperfecta, la dimensión positiva del principio habilita y prescribe la intervención del Estado a fin de asegurar las condiciones sociales exigidas por el bien común. Como se observa, en ciertos casos se impone al Estado un deber de abstención y en otros un deber de actuación. Lo fundamental, y por cierto lo más complejo, es discernir en una situación concreta si está o no justificada la injerencia del Estado.

El principio de subsidiariedad entraña una concepción de sociedad que valora la riqueza de un tejido social robusto, por cuanto los privados son también partícipes y responsables del bien común y de la provisión de necesidades colectivas. En este sentido, el principio de subsidiariedad no solo es compatible con el principio de solidaridad, sino que un Estado subsidiario no se comprende cabalmente si se prescinde de la solidaridad como fundamento de la intervención del Estado, por aplicación de su dimensión positiva, y de la contribución de los privados al bien común que permite su dimensión negativa.

Recepción y aplicación del principio de subsidiariedad en Chile

El principio de subsidiariedad no se encuentra expresamente consagrado en la Constitución vigente. Si bien la doctrina y jurisprudencia mayoritaria reconoce que se trata de un principio constitucional, su significado y alcance han sido objeto de gran controversia en nuestro país.

Es posible identificar una posición liberal que enfatiza la dimensión negativa del principio de subsidiariedad, limitando considerablemente las hipótesis que habilitan la intervención del Estado. Esta comprensión parcial de la subsidiariedad fue por mucho tiempo predominante en la doctrina y en la jurisprudencia de nuestros tribunales, lo que tuvo como consecuencia una reducción de la presencia estatal en el ámbito social y económico, así como de los límites y deberes que corresponde imponer a los privados en razón del bien común.

Este enfoque ha tendido a cambiar en la jurisprudencia del Tribunal Constitucional, la que ha reconocido expresamente la dimensión positiva del principio de subsidiariedad y su necesaria articulación con los principios de solidaridad y equidad. De esta forma, el tribunal ha validado estatutos especiales para empresas del Estado[1], una regulación más intensa que limita la autonomía privada[2] y la imposición de cargas y deberes a los

---

[1] STC Rol 2541-13: sobre la posibilidad de otorgar a Televisión Nacional de Chile —bajo ciertas condiciones— una segunda concesión, en circunstancias de que los demás concesionarios no pueden acceder a ello.

[2] STC Rol 506-06: sobre régimen tarifario de la transmisión troncal de electricidad que restringe la autonomía de la voluntad en la fijación de estos precios; STC

particulares, en especial a aquellos que cumplen un rol en la satisfacción de los derechos de las personas[3].

Temas a considerar en un contexto de cambio constitucional

Un primer aspecto que posiblemente sea objeto de discusión es el relativo a la conveniencia de incluir en el texto constitucional criterios que orienten el rol del Estado. Algunos consideran que esta materia debe quedar entregada al legislador, de manera que la intensidad y modalidad de la intervención estatal sea decidida a través del debate político democrático. Al respecto, cabe señalar que en la definición del rol del Estado subyace una determinada concepción de persona y sociedad, por lo que estimo relevante consagrar sus elementos esenciales en la Constitución. Es importante tener presente que esto no supone fijar con rango constitucional una u otra opción política, sino que consensuar los límites a los que quedará sujeto el legislador, es decir, el marco dentro del cual deberá desarrollarse el debate político democrático.

En caso de que se decida incorporar en la Constitución las definiciones esenciales del rol del Estado, corresponderá acordar si se mantiene la subsidiariedad como criterio rector del orden social, así como el contenido y alcance de este principio que ha carecido de un significado unívoco en nuestro medio.

Rol 2487-13: sobre la franja electoral que deben transmitir los canales de televisión para las elecciones primarias presidenciales que limita su autonomía en la definición de los contenidos que emiten; STC Rol 2731-14: sobre la creación de un Administrador Provisional que limita la autonomía universitaria en orden a evitar la revocación del reconocimiento oficial.

3   STC Rol 976-07: sobre la obligación de las Isapres de contribuir a materializar el goce del derecho a la protección de la salud, limitando su facultad de incrementar el precio de los contratos de salud ante la concurrencia de ciertos factores de riesgo; STC Rol 1295-08: sobre la obligación de las compañías de seguros que cubren el riesgo de incendio de contribuir al financiamiento de los Cuerpos de Bomberos.

" La «servicialidad del
Estado» implica y exige
al gobernante –pero
también a legisladores y
jueces en sus respectivas
funciones– un conjunto
de virtudes, de hábitos
buenos, que le permitan
ejercer su actividad con
«desprendimiento» de
sí mismo".

ESTADO UNITARIO Y DESAFÍOS
DE LA DESCENTRALIZACIÓN

Joaquín Palma C.

Se suele señalar que el Estado unitario es la forma más tradicional de un Estado simple. Su estructura está diseñada en torno a un solo centro o nivel central desde donde se manifiesta tanto el Poder como el Derecho. En este sentido, el esquema del Estado Unitario se traduce en la lógica de que existe una sola idea de derecho, un solo poder y un solo Estado.

Se ha destacado que el esquema del Estado Unitario puede ser entendido como el que mejor representa la idea original que estuvo tras el surgimiento y el desarrollo de las nociones de Estado y soberanía. Así, en la medida en que este esquema viene en reforzar el poder central dentro del Estado, dotando a este de una estructura que les sea común a todos sus integrantes tanto en lo político como en lo jurídico.

En este contexto, el Estado Unitario supone la existencia de un solo orden de derecho para todo el país, es decir, las mismas leyes y la misma Constitución rigen para todo el territorio nacional; así como de un solo orden o estructura del poder, por ejemplo, existe una única autoridad presidencial para todo el país, un solo Congreso, etc.

Una de las principales críticas que se realizan al Estado Unitario es que este tiende a centralizar excesivamente el sistema, lo que finalmente lleva a la burocratización en su funcionamiento y a efectos negativos en los incentivos a realizar una mejor gestión, así como a una percepción negativa por parte de las personas. En este sentido, alejar la decisión final respecto del lugar específico donde se producen los problemas no solo genera decisiones de peor calidad (dado que tienden a desconocer las características específicas de las situaciones), sino que se favorece una cierta desafección de las personas respecto de sus autoridades locales, desconfiando de su capacidad real para resolver y superar de manera eficiente los problemas que los aquejan.

Atendidas las críticas anteriores, es que se ha avanzado en configurar esquemas como la desconcentración y descentralización, buscando mejorar el funcionamiento del sistema estatal para así acercarlo a las personas.

Por su parte, el esquema del Estado Unitario es el que ha empleado Chile a lo largo de su historia. Según se suele afirmar, los intentos de instalar un Estado Federal que se introdujeron en nuestro país a principios del siglo XIX no produjeron los efectos deseados —sea porque estos fueron insuficientes desde una perspectiva institucional, o bien, porque no contaron con el tiempo y la decisión necesarios para producir efecto— confirmando, en consecuencia, la preferencia por el esquema de un Estado Unitario. No obstante lo anterior, la experiencia nacional, especialmente las lecciones recogidas del siglo XIX, llevó a que la Constitución de 1980 se enmarcara en una lógica asociada al proceso de regionalización que, si bien no consagra un Estado Regional, buscaba avanzar fuertemente en la descentralización del país, pero siempre circunscrita dentro de la figura de un Estado Unitario.

Desafíos de la descentralización

La descentralización, por su parte, es un proceso en el que se traspasa el poder, funciones y responsabilidades desde el gobierno central a otros niveles. Existen diferentes tipos de descentralización, como la administrativa, la política y la fiscal, cada una de ellas con distintos avances en nuestro país. Como señala la doctrina y la experiencia, el proceso de descentralización trae tanto beneficios como riesgos. Por un lado, la descentralización permite una mejor asignación de recursos y bienes públicos locales atendida la mayor cercanía de las autoridades con la población y la realidad de cada territorio, lo que lleva, asimismo, a que las autoridades deban rendir, de mayor manera, cuentas a la ciudadanía. No obstante, el mismo proceso de descentralización puede llevar efectos negativos en la redistribución de los recursos a nivel nacional, así como la existencia de un mayor riesgo a la captura política y al clientelismo local.

Con la promulgación de la Ley N° 21.074, sobre Fortalecimiento de la Regionalización en el año 2018, se introdujeron cambios significativos en la gestión de los Gobiernos Regionales, creando nuevas figuras, como la del delegado presidencial regional (reemplazando a la figura del Intendente Regional) y la del delegado presidencial provincial (que reemplazará, a su vez, a los Gobernadores Provinciales); asimismo, se establecieron nuevas funciones y atribuciones para el gobierno de las regiones; y, sobre todo, se introdujo la nueva figura del Gobernador Regional elegida en votación directa por la ciudadanía de cada región, lo que corresponde a un cambio de alta importancia que tiene un valor en la posibilidad de desempeñar ciertas tareas o funciones por un mandato popular directo.

En este orden de ideas, las reformas en materia de descentralización, así como la actual discusión constitucional, constituyen una oportunidad fundamental para incluir diversos cambios en favor de los gobiernos regionales, lo que debe darse dentro de un marco que propicie siempre alcanzar las ventajas propias de la descentralización, a la vez que minimice los riesgos que ella lleva asociada.

EL ESTADO DE DERECHO EN CHILE

Germán Concha Z.

Una de las maneras en que se suele explicar la idea de Estado de Derecho es aludir a un Estado regido por el Derecho. De esta manera, cuando se habla de Estado de Derecho, se está apuntando a la necesidad de instituciones en el ámbito político, de manera que la sociedad (y todos quienes la constituyen) sea regida por leyes (reglas objetivas), y no por decisiones subjetivas. Es por ello que se afirma que una condición del Estado de Derecho es que todos (es decir, gobernantes y gobernados) estén sujetos a las leyes.

La doctrina asocia la expresión Estado de Derecho al término alemán *Rechtsstaat* (desarrollado entre los siglos XVIII y XIX), y la vincula también a la expresión anglosajona *Rule of law*.

Tradicionalmente se ha destacado que la existencia de un Estado de Derecho es una garantía de seguridad jurídica para las personas, desde el momento que permite saber cuál es el marco que regula la actuación de todos. Esto cobra una especial importancia si se considera que el Estado tiene el monopolio del uso de la fuerza, pues se traduce en que ese uso de la fuerza está sujeto al Derecho.

La doctrina ha señalado que un Estado de Derecho requiere de los siguientes elementos:

a) Que exista un ordenamiento jurídico estructurado a partir de normas objetivas y generales.

b) Que gobernantes y gobernados estén sujetos al ordenamiento jurídico.

c) Que los poderes públicos estén institucionalizados y separados entre sí (tengan, por ende, competencias expresas, específicas y exclusivas).

d) Que se respeten los Derechos Humanos (la consideración de este requisito fue incorporada después de la Segunda Guerra Mundial, y dio lugar a lo que en la actualidad se denomina Estado Social y Democrático de Derecho).

La Constitución Política de 1980 trata lo relativo al Estado de Derecho en sus artículos 6° y 7°, que forman parte del Capítulo I "Bases de la Institucionalidad", y cuyo texto es el siguiente:

"Artículo 6°. Los órganos del Estado deben someter su acción a la Constitución y a las normas dictadas conforme a ella, y garantizar el orden institucional de la República.
Los preceptos de esta Constitución obligan tanto a los titulares o integrantes de dichos órganos como a toda persona, institución o grupo.
La infracción de esta norma generará las responsabilidades y sanciones que determine la ley".

"Artículo 7°. Los órganos del Estado actúan válidamente previa investidura regular de sus integrantes, dentro de su competencia y en la forma que prescriba la ley.
Ninguna magistratura, ninguna persona ni grupo de personas pueden atribuirse, ni aun a pretexto de circunstancias extraordinarias, otra autoridad o derechos que los que expresamente se les hayan conferido en virtud de la Constitución o las leyes.
Todo acto en contravención a este artículo es nulo y originará las responsabilidades y sanciones que la ley señale".

La doctrina ha señalado que los principales temas que se abordan en los preceptos constitucionales recién transcritos son: i) la supremacía constitucional, ii) el imperio de la ley, iii) la actuación de los órganos del Estado, iv) la responsabilidad, y v) la nulidad de derecho público.

Por supremacía constitucional se entiende que todos (gobernantes y gobernados) están sujetos a la Constitución Política, y que las demás normas jurídicas deben ajustarse a la Constitución Política para tener validez. Ella se consagra en los incisos 1° y 2° del artículo 6°.

Por imperio de la ley se entiende que todos (gobernantes y gobernados) están sujetos a la ley, y que nadie (instituciones, autoridades o personas) puede atribuirse derechos o facultades más allá de la ley. Él se consagra en el inciso 2° del artículo 7°.

Respecto de la actuación de los órganos del Estado, se establece que ella debe realizarse: i) previa investidura regular (es decir, después que se ha tomado posesión o asumido el cargo de la manera establecida en la ley), ii) dentro de la respectiva competencia (es decir, dentro de las materias que le corresponden y sin exceder las atribuciones que tiene, todo de conformidad a la ley), y iii) en la forma (es decir, según el procedimiento) establecida por la ley. Ella se regula en el inciso 1° del artículo 7°.

En cuanto a la responsabilidad, se establece tanto la sanción para quienes excedan el marco establecido por el Estado de Derecho (según de quien se trate puede ser responsabilidad política, administrativa, civil o penal, según lo establezca la ley) como para los actos que se realicen sin sujetarse a él (los que carecen de valor frente al Derecho). Está regulada en el inciso final del artículo 6°, y en el inciso final del artículo 7°.

La nulidad de derecho público supone el establecimiento expreso de la sanción (falta de validez) para aquellos actos que se realicen sin ajustarse a los requisitos establecidos por la Constitución. Se genera, por ende, el derecho a recurrir a los Tribunales de Justicia a este respecto. Está regulada en el inciso final del artículo 7°.

TRATADOS INTERNACIONALES DE DERECHOS HUMANOS Y CONSTITUCIONALISMO CHILENO

Gonzalo Candia F.

Los tratados internacionales de derechos humanos son una realidad más o menos reciente en la historia jurídica. Ellos van de la mano con los cambios fundamentales que experimentó el Derecho Internacional Público tras el término de la Segunda Guerra Mundial. En efecto, el Derecho Internacional Público que surgió tras 1945 reconoció que no solo los Estados, sino también las personas, eran sujetos de Derecho Internacional. Por tanto, los Estados y la comunidad internacional en su conjunto tenían obligaciones respecto de esos derechos. Un primer antecedente de ese cambio de paradigma fue la aprobación de la Declaración Universal de los Derechos Humanos por la Asamblea General de las Naciones Unidas el 10 de diciembre de 1948.

Tratados internacionales y regionales de derechos humanos vigentes y ratificados por Chile: contenido y características

La Declaración Universal abrió pasó a un proceso de elaboración de Convenciones sobre derechos humanos, las cuales, en su calidad de tratados, obligaban jurídicamente a todos los Estados que las ratificaban. La primera de ellas fue la Convención para la Prevención y la Sanción del Delito de Genocidio (1948). En pleno contexto de Guerra Fría fueron aprobados los textos de los siguientes instrumentos: la Convención Internacional sobre la Eliminación de Todas las Formas de Discriminación Racial (1965), el Pacto Internacional de Derechos Civiles y Políticos (1966), el Pacto Internacional de Derechos Económicos, Sociales y Culturales (1966), la Convención sobre la Eliminación de Todas las Formas de

Discriminación contra la Mujer (1979), Convención contra la Tortura y Otros Tratos o Penas Crueles, Inhumanos o Degradantes (1984) y la Convención sobre los Derechos del Niño (1989). Luego, aparecieron la Convención Internacional sobre la Protección de los Trabajadores Migrantes y sus Familias (1990), la Convención Internacional para la Protección de Todas las Personas contra la Desaparición Forzada (2006) y, finalmente, la Convención sobre los Derechos de las Personas con Discapacidad (2016). Todas estas Convenciones han sido ratificadas por Chile.

A nivel latinoamericano apareció la Declaración Americana de los Derechos y Deberes del Hombre en 1948, anticipándose unos meses a la aprobación de la Declaración Universal de Derechos Humanos. Luego, los Estados de la región aprobaron el texto de la Convención Americana sobre Derechos Humanos (1969). Tanto la Declaración como la Convención han sido suscritas y ratificadas por el Estado chileno.

La supervisión del cumplimiento de los tratados internacionales de derechos humanos está a cargo de las instituciones que las propias Convenciones establecen. Ellos son órganos cuasi jurisdiccionales (la Comisión Interamericana de Derechos Humanos y los comités de los órganos de tratados de Naciones Unidas), o bien judiciales (la Corte Interamericana de Derechos Humanos). Una de las principales discusiones asociadas a los tratados internacionales de derechos humanos tiene que ver, precisamente, con la naturaleza de la interacción que existe entre dichos órganos de supervisión y los representantes de los poderes del Estado supervisado.

Los tratados internacionales de derechos humanos en el constitucionalismo chileno

Tradicionalmente, los tratados internacionales habían sido reconocidos por el constitucionalismo chileno como normas obligatorias con rango de ley. Si bien ni la Constitución de 1833 ni la de 1925 lo señalaban expresamente, la jurisprudencia de la Corte Suprema fue clara en este sentido. La Constitución original de 1980 mantuvo esta tradición. El gran cambio en esta materia vino con la reforma constitucional de 1989. En efecto, esta reforma, que abrió pasó a la transición política, modificó el artículo 5° inciso segundo de la Constitución, el que en su parte final pasó a señalar que: "*Es deber de los órganos del Estado respetar y promover* [los derechos esenciales que emanan de la naturaleza humana], *garantizados por esta Constitución, así como por los tratados internacionales ratificados por Chile y que se encuentren vigentes*". Esta reforma constitucional fue contemporánea con la ratificación, por parte del Estado de Chile, de numerosas Convenciones. Entre ellas, la Convención contra la Tortura (1988) y la Convención Americana sobre Derechos Humanos (1991).

La aprobación del nuevo artículo 5° inciso segundo de la Constitución inició una larga disputa doctrinal respecto del rango normativo de los tratados internacionales de derechos humanos en el derecho chileno. Un grupo planteó que el artículo 5° inciso segundo de la Constitución había abierto el ordenamiento jurídico chileno a las disposiciones de los tratados de derechos humanos y, por tanto, los mismos adquirían rango constitucional. Por el contrario, otro grupo planteó que, en la medida que los tratados internacionales eran susceptibles de revisión por parte del Tribunal Constitucional, los mismos tenían un rango que si bien era supralegal, era infraconstitucional. La disputa quedó más o menos zanjada por el Tribunal Constitucional tras declarar inconstitucional la ley que reconoció competencia a la Corte Penal Internacional en 2002. En efecto, en dicha sentencia, el Tribunal Constitucional claramente se pronunció en favor de la segunda tesis y manifestó que una cesión de competencias como la que exigía la ratificación del Estatuto de Roma requería, necesariamente, reforma constitucional. Posteriormente, la reforma constitucional de 2005, al confirmar y expandir las atribuciones del Tribunal Constitucional en materia de control de tratados internacionales, vino en confirmar la doctrina desarrollada por aquella magistratura en 2002.

Sin embargo, y en paralelo, los tribunales nacionales comenzaron a hacer un uso cada vez más progresivo de los tratados en sus decisiones, particularmente en el ámbito penal. En efecto, sirviéndose de las disposiciones de las convenciones de Ginebra, los tribunales, a partir de la segunda mitad de la década de 1990, comenzaron a declarar que los delitos de lesa humanidad cometidos en el período 1973-1990 eran imprescriptibles y, por tanto, no resultaban amnistiables. De igual forma, los tribunales superiores de justicia comenzaron a hacer uso de las decisiones de la Corte Interamericana de Derechos Humanos en la materia, tales *Almonacid Arellano y otros vs. Chile* (2006).

De manera más reciente, la discusión doctrinal en torno a los tratados internacionales de derechos humanos en el constitucionalismo chileno se ha movido desde cuestiones relativas al rango de los mismos a cuestiones vinculadas a su aplicabilidad directa por parte de los tribunales de justicia. Estos nuevos desarrollos pueden explicarse a la luz de la creación, por parte de la Corte Interamericana de Derechos Humanos, de la noción de *control de convencionalidad*. De acuerdo con la doctrina de la Corte, los tribunales nacionales se encontrarían obligados a aplicar directamente las disposiciones de la Convención Americana, de acuerdo con la interpretación que de la misma hace la Corte Interamericana. Respecto de esta doctrina existe aún una fuerte disputa doctrinal no zanjada.

Conclusión

Es posible concluir que el constitucionalismo chileno de los últimos 30 años ha ido reconociendo, progresivamente, los tratados internacionales de derechos humanos como una fuente del mismo.

Sin embargo, el compromiso del Estado de Chile con los derechos humanos no va a resolver por sí solo las tensiones que naturalmente surgen al momento de analizar, por ejemplo, el margen de apreciación que el Estado chileno dispone para implementar los estándares, muchas veces vagos y generales, de la Convención Americana sobre Derechos Humanos. Tampoco aquel compromiso resuelve por sí solo el alcance que el legislador debe otorgar a los informes de los órganos de tratados de derechos humanos de Naciones Unidas. Por el contrario, la resolución de estas complejas cuestiones exige la ponderación de otros factores que también resultan esenciales para un régimen republicano-democrático como el chileno: la soberanía nacional, el autogobierno, la legitimidad democrática y la separación de poderes. Finalmente, las exigencias propias del Estado de Derecho también representan factores que toda ponderación en este ámbito deberá, forzosamente, considerar en cualquier proceso constituyente.

" El principio de
subsidiariedad entraña una
concepción de sociedad
que valora la riqueza de
un tejido social robusto,
por cuanto los privados
son también partícipes
y responsables del bien
común y de la provisión
de necesidades colectivas".

ALEJANDRA OVALLE V. (P. 108)

PRINCIPIO DE JURIDICIDAD

Nicolás Enteiche R.

El principio de juridicidad es la obligación que poseen los integrantes de los poderes del Estado (Legislativo, Judicial y la Administración del Estado), consistente en actuar de acuerdo al derecho. En otras palabras, la juridicidad implica la obediencia total del Estado a la Constitución, las leyes, los reglamentos, y al resto de las normas jurídicas. Este principio es la base del Estado de Derecho.

En Derecho Público (la disciplina que estudia las relaciones jurídicas entre el Estado y las personas), la juridicidad tiene por desafío ser un real límite a los poderes del Estado.

A diferencia de lo anterior, los privados no están vinculados por el mismo principio, ya que ellos pueden elaborar sus propias normas, siempre y cuando no contradigan las prohibiciones legales. Así, una municipalidad solo puede satisfacer las necesidades de los habitantes de la comuna, y un alcalde puede únicamente hacer lo que las leyes le permiten. Al contrario, los privados pueden ponerse de acuerdo para hacer cualquier cosa, como comprar y vender, pero no podrían ponerse de acuerdo en realizar un delito, puesto que ello está prohibido.

Entonces, puede entenderse a la juridicidad como la obligación de los órganos del Estado consistente en que han de someterse a lo que las normas jurídicas les ordenan hacer. Esto se denomina vinculación positiva, norma que ha estado contenida en las más importantes y permanentes Constituciones chilenas (artículo 160 Constitución de 1833; artículo 4° Constitución de 1925; y artículo 7° Constitución de 1980).

Pero la juridicidad no solo se reduce a esto. Existen tres limitaciones que afectan a quienes toman decisiones en los órganos del Estado. El primer requisito es que la actuación debe ser efectuada por un órgano nombrado o elegido de acuerdo con la forma que dispone el ordenamiento jurídico; el segundo consiste en que deben actuar dentro del marco que establezca la ley; mientras que el último trata acerca de la necesidad de que el órgano estatal ejerza su atribución siguiendo los trámites del procedimiento que al efecto le fije la ley.

Dos de estos puntos son especialmente importantes. El primero tiene que ver con el requisito de que la actuación de los órganos del Estado se encuadre en la competencia que les entrega la ley, el segundo se vincula con la trascendencia de que exista un procedimiento.

Que sea la ley —y solo la ley— la que fije el marco de actuación del Estado es trascendental en un Estado de Derecho. De no existir esta limitación, y si se admitiese que una norma inferior a la ley sea la que establezca la posibilidad de actuar, podrían ser las propias municipalidades, superintendencias, o jueces, quienes se atribuyan el poder de administrar o de resolver un conflicto, aun cuando ello les sea completamente ajeno. Si lo anterior ocurriese, se rompería definitivamente con la separación de funciones.

De igual modo, la existencia de competencias impide al Estado actuar por su mera voluntad, por más justificada que esta sea. El Derecho Público no se construye sobre propósitos ni finalidades, sino que sobre la base de potestades expresamente atribuidas.

Que las autoridades y funcionarios actúen dentro de las competencias legalmente establecidas también otorga certeza a la sociedad. Si un juez pudiese crear un delito y juzgarlo, o bien si una municipalidad tuviera la aptitud de crear un bono y entregarlo, estaríamos sometidos al régimen de la voluntad de quienes poseen cargos públicos, y no a normas objetivas anteriores al actuar estatal.

Por su parte, es relevante que exista un procedimiento, pues ello fomenta la existencia de actos razonados. Toda decisión del Estado debe estar antecedida por algún *iter* previo, ya sea una sentencia, una ley o un acto de la Administración del Estado. Esta exigencia permite asegurar que se escuchó a todos los interesados en la decisión y que el Estado sopesó la evidencia presentada, a fin de decidir de la mejor forma posible.

Del mismo modo, el procedimiento es un incentivo a la transparencia en la adopción de las decisiones públicas, cuestión que debe conectarse con la protección y resguardo de los derechos de los sujetos afectados por ellas. El procedimiento faculta a reclamar a los destinatarios del actuar público, en caso de que no estén de acuerdo con las opciones tomadas.

A modo de prospección, es esencial la mantención de la juridicidad. Del mismo modo, sería recomendable la adición de nuevos puntos nucleares dentro de ella, tal como la obligación de que toda autoridad pública exprese los fundamentos de su actuar; o bien la precisión de que la actuación de esta especie requiere, en todo caso, de un debido proceso.

LA NULIDAD EN EL DERECHO PÚBLICO CHILENO

SANDRA PONCE DE LEÓN S.

Desde la Constitución de 1833 en Chile se hace alusión a la nulidad como sanción que procede frente a aquello contrario al derecho (artículos 159 y 160). En la Constitución Política vigente su artículo 7° establece:

> *"Los órganos del Estado actúan válidamente previa investidura regular de sus integrantes, dentro de su competencia y en la forma que prescriba la ley.*
>
> *Ninguna magistratura, ninguna persona ni grupo de personas pueden atribuirse, ni aun a pretexto de circunstancias extraordinarias, otra autoridad o derechos que los que expresamente se les hayan conferido en virtud de la Constitución o las leyes.*
>
> ***Todo acto en contravención a este artículo es nulo y originará las responsabilidades y sanciones que la ley señale"*** (lo destacado es nuestro).

En lo que respecta a las actuaciones de los individuos o particulares existe legislación que se refiere a la nulidad que afecta a aquellas que se ejecutan violentando las normas vigentes. Sin embargo, no sucede lo mismo tratándose de los actos ejecutados por los órganos del Estado, ya que en este ámbito la ley no se ha hecho cargo de desarrollar el contenido y alcance de la nulidad que en estos casos toma el apelativo de Nulidad de Derecho Público. Es por tal razón que esa tarea ha sido abordada en nuestro país solo a nivel de la doctrina y de la jurisprudencia, observándose la existencia de varias tesis, todas los cuales parten afirmando que no existe igual desarrollo respecto de la nulidad que puede afectar a los actos que pueden emitir los distintos órganos estatales y se reconoce un mayor análisis respecto de la que opera en contra de los actos dictados por la administración del Estado (decretos y resoluciones dictadas por el Presidente de la República y sus ministros, por las municipalidades u otros órganos o servicios públicos referidos en el art. 1° de la Ley Orgánica Constitucional de Bases Generales de la Administración del Estado).

Entre las posturas más relevantes podemos mencionar la que sigue a los profesores Mario Bernaschina y Eduardo Soto Kloss, quienes sostienen que la Nulidad de Derecho Público se caracteriza por operar de pleno derecho —*ipso iure*; esto es, que no necesita ser declarada—. Además, no procedería su convalidación y sería imprescriptible. Así, en cuanto a sus efectos, esta nulidad especial se asemejaría a lo que en derecho común se denomina "inexistencia del acto". Tratando de explicar esta tesis en términos simples, sus seguidores plantean que el acto nulo nunca ingresó al ordenamiento jurídico, ya que es contrario al mismo. De esta forma, la Nulidad de Derecho Público sería una sanción que operaría de manera automática por expreso y directo mandato de la Constitución Política. Conforme a esta idea, el juez, en caso de ser requerido por un afectado por el acto de la administración para pronunciarse sobre su validez, debiera limitarse a acoger o a rechazar la acción constitucional de nulidad que se le ha formulado y solo con el objeto de resguardar el principio de certeza jurídica, aquel —el tribunal— podrá constatar la existencia del vicio de nulidad y describir en qué consistió en su fallo o sentencia.

Otra parte de la doctrina, que sigue a los profesores Enrique Silva Cimma y Jorge Reyes Riveros, sostiene que es necesario que la nulidad de derecho público sea declarada judicialmente y discute el carácter de insanable e imprescriptible que se le ha asignado por parte de la tesis contraria. Asimismo, afirma que dicha nulidad es una sanción que debe reservarse para las graves contravenciones al ordenamiento jurídico y, por ende, no resulta aplicable a aquellas de menor entidad. Insta al legislador para que complemente lo dispuesto en el artículo 7° de la Constitución regulando, entre otros aspectos relevantes, la determinación de situaciones en las cuales no sería procedente la nulidad frente al principio de buena fe. Como será evidente, esta postura niega el carácter *ipso iure* de la nulidad de derecho público fundada en que es la propia Ley Fundamental la que establece casos en los que se permite convalidar el acto contrario a derecho o anulable, por ejemplo, cuando en el artículo 35 señala que los decretos supremos que no lleven la firma del o de los ministros respectivos establece que el acto "no será obedecido", esto es, podría tratarse en este caso de una inexistencia del acto (se citan también los artículos 12, 21, 80 y 83). Observan que excepcionalmente se permitiría la operatividad *ipso iure* de la sanción de nulidad en el derecho público. Realizando un análisis literal de las disposiciones de la Constitución vigente esta tesis concluye que si el constituyente estableció hipótesis específicas en que la nulidad opera sin necesidad de ser declarada (*ipso iure*), nada hace suponer que la sanción establecida en el artículo 7° deba operar de la misma manera. Afirma, asimismo, que la aplicación indiscriminada de la teoría en cuya virtud la nulidad de derecho público opera *ipso iure* sería contraria o afectaría al principio de certeza jurídica, ya que nadie, nunca, tendría un derecho sólido y consolidado como efecto de un decreto o resolución de autoridad administrativa, pudiendo aquel ser anulado sin límite de tiempo y aunque sea fundada en una mínima o insignificante causa. Añade que solo corresponde al tribunal que la ley determine, declarar la nulidad del acto contrario a derecho y que, en el caso de los actos administrativos, tal declaración expresa resulta insoslayable, ya que tales actos se presumen legítimos, conforme a lo dispuesto en la Ley N° 19.880, de bases de los procedimientos administrativos, y como toda presunción legal, esta se destruye aportando prueba en contrario en un juicio seguido ante un tribunal. Por otra parte, afirma que no se puede desconocer la prescriptibilidad de la acción de nulidad de derecho público, aplicando las normas comunes, supletorias y generales del Código Civil.

La Contraloría General de la República, por su parte (informando al Senado una síntesis de su jurisprudencia el año 1993), ha indicado que: "(…) el art. 38 constitucional otorga sólo a las personas lesionadas por la administración, la posibilidad de reclamar judicialmente de esa conducta, sin que la Administración esté facultada para recurrir ante los tribunales para que revisen sus propias decisiones si existiera vicio de nulidad en ellas, concordando con el (…) art. 6 inc. 1, que establece el principio de legalidad que, obligando a todos los órganos estatales en su actuar, ha supuesto que la Administración debe invalidar sus actos no ajustados a ese principio".

¿Cómo ha reaccionado nuestra jurisprudencia judicial? Encontraremos fallos que van de una postura a otra, dependiendo del tribunal que haya conocido de la causa. Incluso la Corte Suprema ha tenido una actitud variable en este tema. El criterio más aceptado por el Máximo Tribunal de Justicia durante mucho tiempo fue el considerar que la nulidad de derecho público opera *ipso iure*, por lo que, consecuencialmente, es insanable e imprescriptible. También encontraremos fallos en los cuales la nulidad de derecho público fue declarada de oficio, sin siquiera haberse alegado por las partes.

Entre otros aspectos dignos de destacar observamos que la jurisprudencia de nuestros tribunales de justicia ha estimado que el sujeto habilitado para accionar en el proceso debe ser aquel que acredite tener un derecho subjetivo que sostenga el interés para actuar en juicio. De tal forma, los simples o meros intereses han carecido, en la práctica, de reconocimiento como posición legitimante en esta materia, exigiendo la titularidad de un derecho para hacer procedente la Demanda de Nulidad de Derecho Público.

En cuanto a las causales, en los fallos se advierte una tendencia a establecer que aquellas serían las previstas expresamente en el artículo 7° constitucional. Esto es, el acto administrativo sería nulo por falta de investidura regular de quien lo emitió, por haberse dictado por un órgano incompetente o cuando este se ha dictado sin cumplir con las formalidades y el procedimiento establecidos en la ley. Se visualiza como problema, asimismo, el uso de las medidas cautelares reguladas en el Código de Procedimiento Civil, las cuales no operan en clave administrativa. Por ejemplo, para pedir la suspensión de los efectos del acto administrativo impugnado, no existiendo esta medida concreta, se solicita que se disponga la cautelar de "prohibición de celebrar actos y contratos" del numeral 4° del artículo 290 o se acude a la petición como medida innominada admitida por el artículo 298, del referido Código.

Pondremos el acento en seguida en uno de los pocos principios respecto de los cuales sí existe amplio acuerdo en esta materia: nos referimos a la protección de los derechos adquiridos de buena fe por particulares en virtud de actos administrativos que adolecen de vicios de nulidad de derecho público. En efecto, se reconoce ampliamente que los derechos adquiridos de buena fe por particulares en virtud de actos administrativos que adolecen de vicios de nulidad de derecho público constituyen una poderosa barrera para la potestad invalidatoria de los órganos administrativos y para los mismos tribunales de justicia que están llamados a conocer de las acciones de nulidad de derecho público. Se reconoce asimismo la necesidad de proteger situaciones jurídicas adquiridas o consolidadas, en aras de la justicia y la certeza jurídica. Para esta postura, claro está, resulta imprescindible reconocer la buena fe de los destinatarios del acto y encuentra su fundamento en la garantía constitucional que brinda reconocimiento y protección al derecho a la propiedad y al de propiedad privada consagradas en los numerales 23 y 24 del artículo 19 de la Carta Fundamental, respectivamente.

Es probable que un acto adolezca de un vicio; sin embargo, es probable también que pese a ello no sea razonable su anulación. Ponderando los supuestos en los cuales se construye el acto, la declaración de nulidad podría afectar la buena fe de terceros, del administrado afectado, pero también alterar los efectos que el acto administrativo pudo haber ocasionado en el patrimonio del interesado.

PROBIDAD Y TRANSPARENCIA

Carolina Helfmann M.

La probidad y la transparencia son dos conceptos fundamentales en materia de actuación de los órganos de la Administración del Estado. Ambos se encuentran mencionados en la Carta Fundamental; sin embargo, sus respectivas conceptualizaciones, contenidos y alcances están plasmados en normas de rango inferior. Así, en materia de probidad la norma constitucional se limita a señalar que las funciones públicas deben ser ejercidas dando estricto cumplimiento al principio de probidad, pero sin definir el concepto ni las posibles consecuencias en caso de transgredirse el mismo. En cuanto a la transparencia, prevé que son públicos los actos y resoluciones de los órganos del Estado, así como sus fundamentos y los procedimientos que utilicen. Agregando que una ley de *quorum* calificado podrá establecer la reserva o secreto, cuando su publicidad afectare el debido cumplimiento de las funciones de dichos órganos, los derechos de las personas, la seguridad de la Nación o el interés nacional.

Tanto la probidad como la transparencia se encuentran establecidas como principios de la actuación y del procedimiento administrativo. Por ende, se trata de principios aplicables a todos los órganos de la Administración del Estado. Adicionalmente, cada una de estas instituciones tiene una regulación más acabada y dotada de mayor contenido en otros cuerpos normativos especiales.

Partiendo por la probidad, esta "[…] consiste en observar una conducta funcionaria intachable y un desempeño honesto y leal de la función o cargo, con preeminencia del interés general sobre el particular"[1]. De esta

---

[1] Ley N° 18.575 Orgánica Constitucional de Bases Generales de la Administración del Estado (artículo 52) y Ley N° 18.884 Estatuto Administrativo (artículo 61 letra g).

manera, el principio de probidad define el estándar de actuación que se espera de los funcionarios públicos. Su importancia es tal que de su infracción puede derivar la aplicación de la sanción administrativa de mayor gravedad: la destitución. Adicionalmente, a partir de la consagración de este concepto en nuestro ordenamiento jurídico se han ido desarrollando derivaciones del mismo, las que se encuentran en otros cuerpos legales.

Respecto de lo primero, la inobservancia del principio de probidad puede dar lugar a la destitución del funcionario en la medida que los hechos constitutivos de la infracción vulneren gravemente el principio de probidad administrativa, lo que puede acontecer, por ejemplo, cuando un funcionario público participa de la toma de decisiones en que exista cualquier circunstancia que le reste imparcialidad. En cuanto a lo segundo, existen derivaciones del principio de la probidad dispersas en otros cuerpos normativos. Las principales derivaciones son: (i) inhabilidades e incompatibilidades; (ii) deber de abstención; (iii) declaraciones de intereses y patrimonio; y, (iv) regulación de las actividades de *lobby*.

En cuanto a las inhabilidades e incompatibilidades, las primeras dicen relación con limitaciones vinculadas al ingreso a cargos en la Administración del Estado, como por ejemplo tener cierto grado de parentesco con un funcionario directivo del organismo correspondiente. En cuanto a las segundas, se vinculan al ejercicio de la función, como, por ejemplo, realizar actividades privadas que se refieran a materias que son conocidas o resueltas por el servicio público al que pertenece el funcionario. Respecto del deber de abstención, consiste en que un funcionario público no debe intervenir en un procedimiento administrativo cuando concurran ciertas circunstancias que le resten debida imparcialidad, como por ejemplo cuando tenga interés personal en el asunto de que se trate. Por su parte, la declaración de interés y patrimonio se encuentra presente en nuestra Constitución desde el año 2010 e impone el deber de entregar información, por ejemplo, propiedad de inmuebles y participaciones en sociedades, datos que posteriormente se tornan públicos. De esta manera, se permite eventualmente detectar situaciones que puedan ser indicativas de posibles infracciones al principio de probidad, por ejemplo, cuando existan significativos incrementos patrimoniales en cortos períodos de tiempo. Finalmente, la regulación del *lobby* se relaciona con la posibilidad de reunirse con las autoridades. Así, quien requiera una reunión deberá solicitar de manera formal la misma, dando cuenta del tema a tratar. La autoridad requerida revisará la solicitud y podrá rechazarla. La realización de tales audiencias queda sujeta al registro de agenda pública, así como también quedan registrados viajes y regalos.

En cuanto a la transparencia, no existe un concepto propiamente tal, aunque a nivel legal se ha distinguido entre la transparencia activa y la transparencia pasiva. La primera es aquella que impone a la Administración el deber de publicar cierta información, debidamente señalada por la misma norma, mientras que la segunda confiere el derecho a las personas para solicitar información considerada pública. Sobre la primera, existe una enumeración sobre la información que debe constar en los sitios web de las diversas entidades públicas, como por ejemplo la estructura orgánica y los actos y resoluciones que tengan efectos sobre terceros. En cuanto a la segunda, también denominada como derecho de acceso a la información pública, comprende las informaciones contenidas en actos, resoluciones, actas, expedientes, contratos y acuerdos, así como toda información elaborada con presupuesto público, cualquiera sea el formato o soporte en que se contenga, salvo las excepciones legales. Además de establecerse disposiciones sustantivas en materia de transparencia, a nivel legal también se ha regulado el procedimiento de acceso y los mecanismos de impugnación en caso de no realizarse la entrega de la misma.

Ambos conceptos —probidad y transparencia— estuvieron primeramente tratados en normas legales antes de ser incorporados a la Carta Fundamental con la Reforma Constitucional del 2005. Fueron introducidos el año 1999. Desde esa fecha hasta ahora, ambos han experimentado modificaciones y actualizaciones. Ciertamente no se trata de materias exentas de discusión y perfeccionamiento. Justamente todo lo contrario. En efecto, existen relevantes proyectos de ley, tanto en materia de transparencia como de probidad que tienen por propósito modificar, además de otros aspectos, las inhabilidades e incompatibilidades en el ejercicio de la función pública; las normas sobre deberes de abstención en casos en que concurran conflictos de intereses; y las actividades post empleo de ciertas autoridades y funcionarios públicos. En el caso de la transparencia, se busca, entre otras finalidades, mejorar el procedimiento de acceso a la información y ampliar el ámbito de aplicación de esta normativa. A nivel constitucional también se podría fortalecer el tratamiento de ambas materias, aunque lo fundamental se encuentra actualmente previsto.

"El derecho a la vida es el
derecho basal o primario,
ya que hace posible el goce
y ejercicio de los demás
derechos fundamentales".

DERECHOS Y LIBERTADES

EL DERECHO A LA VIDA

José Manuel Díaz de Valdés J.

El derecho a la vida es el derecho basal o primario, ya que hace posible el goce y ejercicio de los demás derechos fundamentales. No obstante lo anterior, su consagración constitucional es relativamente reciente (Acta Constitucional N° 3 de 1976).

El concepto de "vida" refiere a realidades biológicas y filosóficas que no son objeto de definición constitucional (no debe confundirse con la "existencia legal" tratada en el artículo 74 del Código Civil). Sin embargo, la vida es considerada un bien jurídico de máxima importancia constitucional y un derecho fundamental especial por múltiples razones, tales como:

- Su existencia es un supuesto para el ejercicio de todos los derechos fundamentales.
- En el derecho comparado se reconoce la "santidad de la vida", i.e., esa calidad especial de la vida como bien último, frágil e inviolable.
- No puede limitarse o suspenderse como otros derechos fundamentales, ya que cualquier infracción a la vida es total y la destruye completamente.

El derecho a la vida no puede interpretarse literalmente, en el sentido de conferir a su titular la facultad de permanecer vivo. Ni el Estado ni nadie podría garantizar aquello. El contenido central del derecho, por tanto, consiste en la facultad de no ser privado de la vida en forma arbitraria. De esta forma, se admite la existencia de situaciones en que el ordenamiento jurídico permite terminar con la vida de una persona, tales como la legítima defensa y la guerra justa.

Un caso especial lo constituye la pena de muerte. Si bien la Constitución de 1980 la permite en casos graves, Chile ha optado por su progresiva abolición, quedando vigente solo para ciertos delitos contemplados en el Código de Justicia Militar. Adicionalmente, existen tratados internacionales, y en particular la Convención Americana de Derechos Humanos, que restringen severamente la imposición de la pena de muerte, prohibiendo su reinstalación una vez que ha sido abolida.

Además de este núcleo del derecho, que consiste en una prohibición (no tomar la vida arbitrariamente), la doctrina y la jurisprudencia, nacionales y comparadas, han ido configurando obligaciones positivas que emanarían de este derecho, tales como:

- Proveer lo indispensable para evitar la muerte. Esta obligación se vincula a ciertos derechos o prestaciones sociales (ej., alimentación, abrigo, salud).
- Fomentar y educar en el respeto a la vida.
- Proteger activamente la vida, por ejemplo, mediante la prevención de enfermedades mortales, campañas de vacunación, etc.
- Deber de investigar muertes sospechosas.
- Deber de auxilio en caso de amenaza o riesgo directo e inminente.

Algunas materias sensibles en relación con este derecho son las siguientes:

- Eutanasia y asistencia al suicidio: ¿Puede renunciarse a la vida? ¿Existe un derecho a morir? En la generalidad de los sistemas jurídicos, la respuesta es negativa a ambas preguntas. En Chile, se prohíbe tanto la eutanasia como la asistencia al suicidio. El suicidio, sin embargo, no es una conducta penalmente castigada.
- Aborto: ¿Cuándo comienza la vida humana? ¿Desde qué momento las personas son titulares de derechos fundamentales? En Chile existe el mandato constitucional de proteger la vida del que está por nacer. No obstante, existen tres excepciones legales a la prohibición general del aborto, contenidas en la Ley N° 21.013 (riesgo vital de la madre, inviabilidad fetal y violación).
- Conflicto de derechos: En ocasiones la conservación de la vida puede ser incompatible con el ejercicio de otros derechos. Por ejemplo, testigos de Jehová que rehúsan transfusiones de sangre, aunque

ello acarree su muerte. En general, la jurisprudencia chilena hace prevalecer el derecho a la vida; sin embargo, la Ley N° 20.584 de Derechos y Deberes de los Pacientes estableció el derecho a rechazar cualquier tratamiento médico, siempre que no se pretenda acelerar artificialmente la muerte.

El inicio de un proceso constituyente podría considerar los temas controversiales antes señalados. Adicionalmente, podrían discutirse la inclusión de obligaciones positivas emanadas del derecho a la vida, la prohibición constitucional de la pena de muerte, o aun la inclusión de un "derecho a la vida buena" o a una "vida digna". Estos conceptos son altamente controversiales y de difícil precisión, pero normalmente se asimilan a exigencias de estándares mínimos, ya sea en el ejercicio de otros derechos, o de las condiciones socioeconómicas en que se desarrolla la vida.

PROTECCIÓN DE LA VIDA DEL QUE ESTÁ POR NACER

Mariana Canales S.

El artículo 19 N° 1, después de reconocer el derecho a la vida y a la integridad física y psíquica de toda persona, señala en su inciso segundo que *"la ley protege la vida del que está por nacer"*. La Constitución no solo reconoce el derecho a la vida de toda persona, sino que además establece un mandato directo para proteger, de manera especial, la vida de aquellos que no han nacido. Veamos qué implica aquello.

Contenido

En primer lugar, la Constitución impone un deber de protección. La palabra "protección" sugiere algo más que el mero respeto o amparo. Estos últimos no siempre exigen que alguien haga algo, sino que basta la no interferencia. Dicho de otro modo, son un mínimo. El estándar de la Constitución es más alto, pues "proteger" supone acciones positivas que efectivamente defiendan la vida. Puede decirse que el deber de protección, por un lado, excluye la pasividad del legislador y, por otro, prohíbe atacar directamente la vida. Ahora, cabe preguntarse qué acciones satisfacen el estándar constitucional y cuáles no, pues no toda acción empleada para proteger la vida del no nacido es suficiente. ¿Puede, por ejemplo, cumplirse el deber de protección sin recurrir al derecho penal?

En segundo lugar, el obligado a cumplir con ese deber es el legislador. El inciso segundo del artículo 19 N° 1 es un mandato específico que no puede ser eludido. Ahora bien, la Carta Fundamental consagra tal deber, pero no dice cómo cumplirlo, pues hacerlo corresponde al legislador. Para algunos, la Constitución, a través del inciso segundo, delegó en la ley la protección de la vida no nacida: ella correspondería completamente al ámbito legal. Otros entienden que dicho inciso no amplía, sino que restringe la discrecionalidad del legislador. Las medidas concretas que adopte el legislador deben cumplir con el estándar de protección que la Constitución exige. La pregunta que queda abierta, sin embargo, es si la protección penal es la única que puede satisfacer tal estándar.

Por último, el objeto de protección es la vida del que está por nacer. La Constitución reconoce que aquel que no ha nacido está vivo y que esa vida es digna de protección legal. En otras palabras, para la Carta Fundamental, el nacimiento no es un requisito para que exista vida ni para que el no nacido reciba protección. La vida del no nacido, entonces, no es una de segunda categoría. Por el contrario, el sentido de la norma es enfatizar que, así como la vida de quienes han nacido debe protegerse, también lo debe ser la de aquellos que aún no han nacido.

Historia

Nada de lo anterior es nuevo en el derecho chileno. El artículo 75 del Código Civil, que es bastante anterior a la vigencia de la actual Constitución, señala que "la ley protege la vida del que está por nacer", y ordena al juez tomar todas las medidas necesarias para proteger la existencia del no nacido cuando crea que esta peligra. Nuestra Carta Fundamental le dio, así, rango constitucional a esa norma.

La discusión en torno al derecho a la vida llevó a la Comisión de Estudios para la Nueva Constitución a considerar la vida de quienes no han nacido. En ese marco, surgió la pregunta por las consecuencias que una norma como el artículo 19 N° 1 inciso segundo tendría para el aborto: ¿Quedaba prohibido en todas sus formas? ¿Cuánta flexibilidad tendría el legislador, bajo esta norma, para regularlo? Mientras que algunos comisionados entendían que la disposición proscribía completamente el aborto, otros, en cambio, sostenían que ella lo permitiría bajo ciertas condiciones. No obstante la riqueza de la discusión, esas posturas no dejaban de ser puntos de vista particulares. La opinión de la Comisión en cuanto tal era que el "derecho a la vida implica necesariamente la protección del que está por nacer", pues la persona tiene existencia real ya en la vida intrauterina

Más allá de la discusión que tuvo lugar al momento de redactar la norma, las distintas autoridades del país históricamente han protegido de manera fuerte la vida del que está por nacer. A la luz del 19 N° 1, inciso 2, y de otras normas jurídicas, tanto los tribunales, desde los ordinarios hasta la Corte Suprema, como la Contraloría General de la República, el Congreso Nacional y el Tribunal Constitucional han entendido siempre que el no nacido es persona y, por lo tanto, titular del derecho a la vida.

Así lo estableció, por ejemplo, el TC el año 2008, en el caso llamado Píldora del día después. En consecuencia, cualquier ley que afectara la vida del que está por nacer infringía el mandato constitucional del artículo 19 N° 1, inciso segundo. Ahora bien, el año 2017 el mismo TC dictó un fallo a propósito de la Ley 20.030, que despenaliza el aborto en tres causales. En él señalaba, entre otras cosas, que el no nacido no tendría un derecho a la vida, sino que ahí solo hay un interés digno de protección. Ni siquiera podría decirse, según el voto mayoritario, que la Constitución lo considere persona. Para la Carta Fundamental el "no nacido" solo sería un bien relevante que merece protección. Como puede verse, el fallo supuso un quiebre con los pronunciamientos anteriores y con la práctica histórica de otras autoridades. Sin embargo, un grupo de ministros —aquellos que concurrieron al voto disidente— no estuvo de acuerdo con lo anterior. Por el contrario, consideraron que el no nacido es persona, tiene vida y ella debe protegerse. En el mismo sentido, la prevención del ministro Domingo Hernández reconocía al no nacido como un ser humano vivo y, por lo tanto, no subordinado a los intereses de la madre. No es del todo claro, entonces, cómo debe entenderse el fallo, más allá de su apoyo al proyecto de ley en cuestión. Esa es la última interpretación que ha realizado hasta ahora el Tribunal Constitucional sobre el artículo 19 N° 1, inciso segundo.

Derecho Internacional y Comparado

Existen otros países, como Hungría, República Dominicana, Ecuador, Guatemala o Perú que contemplan disposiciones similares a la que se analiza. Además, la disposición es coherente con el Derecho Internacional. El artículo 4 de la Convención Interamericana de Derechos Humanos protege la vida desde la concepción. Dicha convención fue ratificada por nuestro país y obliga al Estado chileno.

En definitiva, para la Constitución, la vida de quien no ha nacido es digna de protección, aunque el nacimiento no haya ocurrido. El sentido de la obligación que tiene el legislador, entonces, es respetar y defender la vida intrauterina. Tiene, en otros términos, el deber explícito de resguardarla.

IGUALDAD ANTE LA LEY Y PROHIBICIÓN DE LA DISCRIMINACIÓN ARBITRARIA

José Manuel Díaz de Valdés J.

La igualdad es una de las nociones fundamentales del constitucionalismo moderno, el que lo reconoce como un principio, un valor y un derecho fundamental.

En cuanto derecho, la igualdad se puede entender genéricamente como el trato igual para quienes se encuentren en la misma situación y, eventualmente, un trato desigual para quienes se encuentren en una situación diferente.

Lo anterior supone, a lo menos:

– Que las normas jurídicas impongan los mismos derechos y obligaciones a quienes se encuentran en la misma situación.
– Que las normas y autoridades no creen ni perpetúen la existencia de individuos o "castas" privilegiadas o desaventajadas.
– Que las autoridades —fundamentalmente la Administración y los Tribunales— apliquen la ley a todas las personas y situaciones cubiertas por ella, y que lo hagan con la misma intensidad o exigencia.
– Que los particulares deban tratarse igualitariamente en ciertas circunstancias (e.g., relaciones laborales).

Un corolario directo del derecho a la igualdad es la prohibición de discriminación, esto es, tratar en forma desigual sin que exista una justificación racional suficiente. Así, es legítimo otorgar un trato diferente, siempre y cuando sea justificado. Por ejemplo, el impuesto a la renta es mayor para quienes reciben más ingresos que para quienes reciben menos, lo que es razonable. En cambio, exigir un sexo determinado para ser contratado por una empresa es una discriminación, salvo que pueda darse una buena razón que lo justifique.

Para evaluar la racionalidad de una diferencia, el Tribunal Constitucional examina tres elementos: i) la diferencia de trato concreta; ii) la finalidad de la distinción; y iii) el factor considerado para aplicar el trato diverso. Si la relación entre estos elementos es directa y suficiente, la diferencia es razonable. De lo contrario, la distinción es arbitraria y prohibida.

Ahora bien, históricamente, la noción de igualdad se ha ido complejizando. Su fundamento clásico es la fórmula aristotélica que ordena tratar igual a los iguales y desigual a los desiguales. Sin embargo, esta fórmula presenta algunos problemas. Por ejemplo:

- No ayuda a determinar cuándo dos personas o situaciones deben considerarse iguales y cuándo no.
- No aborda la situación de grupos humanos permanentemente desaventajados producto de discriminaciones sistémicas y estructurales.
- Podría ser excesivamente "formal", incapaz de considerar las diferencias impuestas por la realidad concreta.

En consecuencia, han surgido otras concepciones de igualdad que vienen a complementar —nunca a sustituir— la noción aristotélica. Entre ellas destacan:

- La igualdad de derechos: su foco es la igual titularidad, goce y ejercicio de derechos fundamentales (e.g., igualdad de remuneraciones entre hombres y mujeres).
- La no subordinación o "igual ciudadanía": su preocupación es combatir la situación de permanente desventaja de ciertos grupos humanos frente a otros, tales como mujeres y pueblos originarios (e.g., cuotas electorales).
- Igualdad "de facto": concibe al derecho como una herramienta de igualación en la vida concreta de las personas (e.g., entrega de subsidios de vivienda focalizados en los más vulnerables).

De cara a una nueva Constitución, y si bien la norma actual ha cumplido un importante rol en asegurar el derecho a la igualdad y la no discriminación, podrían discutirse algunos de los siguientes tópicos:

- Discriminación positiva, esto es, el trato especial y beneficioso que se otorga a miembros de grupos desaventajados. Dada su intensa

controversialidad, podría ser aconsejable fijar su permisibilidad y límites en la Constitución.
- Discriminación entre privados. Su posición en la Constitución actual es implícita, y sería necesario establecer criterios para determinar cuándo es o no permisible, particularmente considerando que una prohibición total vulneraría otros derechos fundamentales (e.g., libertad de expresión, libertad religiosa, privacidad).

Finalmente, es fundamental comprender que la igualdad nunca debe considerarse en forma aislada de otros valores y principios. Más que un fin en sí mismo, es un instrumento al servicio de la justicia y la dignidad humana.

" El gran desafío de todo
Estado democrático es
ser capaz de proteger la
honra y la privacidad de
las personas sin por ello
afectar injustificadamente
la libertad de expresión u
otros derechos".

Ángela Vivanco M. (P. 153)

TUTELA JUDICIAL Y DEBIDO PROCESO

Cecilia Rosales R.

La tutela judicial y el debido proceso son las dos caras de una misma moneda. Forman parte de un mismo derecho/garantía, conocido como la Igual Protección de la Ley en el ejercicio de los Derechos (las Constituciones o Tratados incluyen ambos aspectos dentro de esta denominación). Este derecho/garantía comprende:

1° El derecho de toda persona a contar con los mecanismos procesales para reclamar ante órganos competentes (juez) la protección efectiva de sus derechos. En algunos ordenamientos jurídicos, como el italiano, se habla concretamente del derecho de acceso a una tutela judicial efectiva. Su finalidad es evitar la indefensión o desprotección de las personas;

2° Todos quienes deben concurrir ante cualquier autoridad, incluyendo los tribunales, para la protección de sus derechos, tienen derecho a ser tratados en un plano de igualdad jurídica, excluyendo privilegios o fueros especiales, salvo excepciones fundadas. Incluye asegurar el acceso gratuito a asesoría jurídica a quienes no tengan recursos para contratar un abogado; y

3° La garantía del debido proceso: todo órgano que resuelva un conflicto (tribunal), cuya sentencia o decisión resulta obligatoria para quienes litigan, debe fundarse en un proceso previo, tramitado conforme a un procedimiento legal, racional y justo. La doctrina y la legislación, en general, entienden por "procedimiento racional y justo" aquel en que se garantiza, como mínimo: que las partes litigantes sean escuchadas por el tribunal; que ellas tengan posibilidad de presentar pruebas en defensa de sus demandas; y que la decisión (o sentencia) sea dictada dentro de un plazo razonable y esté debidamente fundamentada (véase, Cea, José Luis (2012), Curso de Derecho Constitucional, Tomo II).

Este derecho se encuentra íntimamente arraigado en el constitucionalismo al punto que la Carta Magna de 1215, dictada por el rey de Inglaterra, es uno de los primeros textos jurídicos que lo recogen.

Gracias a este derecho/garantía, las personas gozan de la posibilidad de recurrir a los tribunales de justicia para hacer valer derechos de todo tipo; por ejemplo, para reclamar la privación arbitraria de su libertad o propiedad, sometiendo a un tercero imparcial e independiente la resolución del conflicto. Sobre estas bases se articula una de las más importantes funciones del Estado, como es la de impartir justicia (Sistema Judicial), con miras a la paz social.

A considerar: Este derecho/garantía debe incluirse en cualquier texto fundamental. Se ha discutido su aplicación a otros órganos distintos del Poder Judicial, que tengan competencia para resolver sobre los derechos de las personas; por ejemplo, órganos de tipo administrativo.

DERECHOS A LA HONRA Y A LA PRIVACIDAD

ÁNGELA VIVANCO M.

Los derechos a la privacidad y a la honra a menudo se consagran juntos, en numerosas constituciones del mundo y por cierto en la nuestra (artículo 19 números 4 y 5), como un método de protección efectiva contra las invasiones e injerencias de los demás respecto de nuestro propio espacio protegido o como un límite respecto de la libertad de las personas para expresarse, lo cual no puede incluir la vulneración o afectación del prestigio o buen nombre de los demás. Desde tal perspectiva, son derechos que exigen, fundamentalmente, la no injerencia de los demás respecto del ámbito protegido que ellos representan.

También estos derechos son reconocidos por la Convención Americana de Derechos Humanos en su artículo 11, en el sentido de que toda persona tiene derecho al respeto de su honra y al reconocimiento de su dignidad y que nadie puede ser objeto de injerencias arbitrarias o abusivas en su vida privada, en la de su familia, en su domicilio o en su correspondencia, ni de ataques ilegales a su honra o reputación.

El concepto de "honra"

La honra es parte de un concepto más amplio que es el honor, que alude a la dignidad o respetabilidad de que goza una persona, tanto frente a sí mismo como frente a los demás; por ello, el honor tiene un carácter social y subjetivo. Dentro del honor, la honra es el concepto externo, es decir, la visión que los demás tienen respecto de la respetabilidad de cada uno de sus miembros y ese es el aspecto que la Constitución protege, porque no puede intervenir en la imagen que se tiene de uno mismo.

De este modo, la honra tiene un contenido ético, social y cultural. Es el conjunto de cualidades éticas que permiten que la persona merezca y reciba la consideración de los demás. Se adquiere, conserva y enaltece cuando se vive con honor, que es la conciencia de que es preciso estar cumpliendo siempre, estrictamente, con las obligaciones personales, familiares y sociales.

Los planos de la vida de una persona

En doctrina, se distinguen dos planos distintos en la vida de una persona, según un criterio de conocimiento de los demás respecto de ella:

El plano de la vida pública, que está constituido por hechos o actos que se realizan en el ejercicio de una función pública o con expresa voluntad de ser conocidos por el público o que, por su naturaleza, tienen carácter público.

El ámbito de la vida privada, que consta de todos los actos o hechos que no están destinados al público; por ejemplo, la vida familiar y la vida sexual o afectiva.

Estos planos, sin embargo, no están separados absolutamente, pues hay ciertas situaciones que representan excepciones o casos particulares. Por ejemplo, una situación de enfermedad de una persona, que entendemos normalmente como un hecho privado, adquiere relevancia pública si esa persona ejerce un cargo de cierta naturaleza. Misma cosa sucede si, dentro de una oficina pública, una persona sostiene una conversación personal reservada y con legítima expectativa de privacidad. Tales líneas de gris significan que a menudo son los jueces los que deben establecer exactamente el límite entre un plano y el otro, no siendo posible realizar generalizaciones de modo absoluto.

El concepto de "privacidad"

La privacidad es una manifestación jurídica de la dignidad y respeto que se debe a todo individuo de la especie humana y se traduce en la reserva del yo —con todas sus connotaciones— a espacios reducidos, seleccionados por el sujeto. En ellos, la persona se encuentra libre de intromisiones, por parte de terceros, respecto de hechos, relaciones o situaciones que estima pertenecen a ella y a su entorno cercano.

Sin embargo, de acuerdo con la jurisprudencia anglosajona, este concepto es más amplio, pues no solamente alude a una figura de "interioridad" o de "espacio reservado", sino también a la autodeterminación y capacidad del individuo de decidir por sí mismo y sin interferencias sobre las cosas que solamente competen a él. Es, como ha coincidido en llamarlo la Suprema Corte de los Estados Unidos, *un derecho de estar solo* no en sentido físico, sino en cuanto a las decisiones y a la capacidad de autocomposición.

La evolución de estos derechos

La honra y la privacidad, a lo largo de la historia, se han comportado como principios o derechos antagonistas respecto de la libertad de expresión. Ello porque justamente en ejercicio de dicha libertad es que se es capaz de afectar la honra y la privacidad, ya sea por expresiones injuriosas o calumnias en el primer caso o por injerencias ilegítimas en el caso de la segunda.

Ya en la Edad Media, Santo Tomás de Aquino visualizaba el posible conflicto: "Si con sus palabras el hablante pretende deshonrar a otra persona… esto no es menos pecado mortal que el hurto o el robo, ya que una persona no ama su honor menos que sus posesiones".

En el Renacimiento se consideró que parte del honor y del prestigio de una persona era el reconocimiento a su calidad de autor de una obra, lo cual es un antecedente del derecho de autor. Asimismo, en dicha época y en términos amplios, la ofensa al honor implicaba una grave afrenta y cuando este era el del rey, podría significar un delito, lo cual procedía de la Roma imperial.

Por su parte, la privacidad tuvo un desarrollo más lento como concepto protegido y su consideración más acentuada se identificará con la aparición de los medios de comunicación de masas, como los entendemos hoy. En efecto, el ensayo de Samuel Warren y Louis Brandeis de 1890, *The Right to Privacy*, expresa que "debido a los cambios tecnológicos como la fotografía o los periódicos, es necesario defender este derecho implícito en nuestro modo de vida". La privacidad es invadida cuando se hace pública información relativa a la vida privada de una persona, por parte de un tercero.

Los actuales desafíos

En la época contemporánea, el gran desafío de todo Estado democrático es ser capaz de proteger la honra y la privacidad de las personas sin por ello afectar injustificadamente la libertad de expresión u otros derechos. Ello demanda muchas veces juicios finos respecto de los límites entre un plano y otro, en situaciones tales como las asociadas con el derecho de acceso a la información pública (artículo 8° de nuestra Constitución) en relación con la solicitud de conocimiento de informaciones reservadas o comunicaciones privadas; la necesidad de exhibir hechos de corrupción o delictuales, sucedidos en espacios aparentemente privados; la libertad artística cuando implica el cuestionamiento o la narración de hechos ficticios sobre personajes históricos o públicos; la captación de imágenes a través de cámaras ocultas como instrumento del periodismo investigativo, etc.

La clave de relación entre estos derechos, aparentemente en conflicto, es fundamental para las sociedades modernas, en que las numerosas plataformas digitales y la información que contienen ha significado, como nunca antes en la historia, la posibilidad de afectación del prestigio de una persona, su propiedad sobre sus datos, su autodeterminación informativa y, por cierto, su decisión sobre espacios justificadamente reservados. Ello ha contribuido al surgimiento de derechos complementarios, algunos por la vía legal y otros por la jurisprudencial, tales como el derecho sobre las bases de datos y el derecho al olvido, a efectos de establecer límites en una interrelación de suyo compleja.

LA INVIOLABILIDAD DEL HOGAR Y DE TODA FORMA DE COMUNICACIÓN PRIVADA

Joaquín Corvalán A.

Este derecho fundamental encuentra su razón de ser en el necesario espacio de intimidad que cada persona requiere y merece. La intimidad de cada individuo tiene que ver con su espacio más espiritualmente reducido y personal, y es en razón de ello que debe ser protegida constitucionalmente, a través de la consagración de la inviolabilidad del hogar y de toda forma de comunicación privada en el listado de derechos fundamentales en la Constitución, y del reconocimiento y entrega de una acción o herramienta jurisdiccional efectiva a quien se haya visto vulnerado o lesionado respecto de esta garantía.

Es importante tener en cuenta que este derecho se encuentra reconocido en la Convención Americana sobre Derechos Humanos o "Pacto de San José de Costa Rica", ratificado por Chile, en su numeral 2 del artículo 11. Asimismo, se encuentra consagrado en el Pacto Internacional de Derechos Civiles y Políticos, también ratificado por Chile, en sus numerales 1 y 2 de su artículo 17.

Este derecho fundamental tiene dos aristas. La primera es la inviolabilidad del hogar; la segunda, la inviolabilidad de toda forma de comunicación privada. Ambas tienen el mismo origen, cual es, reiteramos, el indispensable espacio de intimidad que debe tener cada persona y su familia. En efecto, todos requerimos de un lugar en donde podamos desarrollar nuestros actos con tranquilidad y sin injerencia de terceras personas o del Estado, y de poder expresarnos sin que nuestros mensajes instantáneos, cartas, correos electrónicos y llamadas telefónicas sean leídos o escuchados por terceros.

Respecto de la inviolabilidad del hogar debemos saber que, en el derecho constitucional chileno, la expresión "hogar" equivale a "recinto privado" y abarca, por tanto, no solo la vivienda de la familia, sino que también las oficinas o lugares de trabajo, los hoteles, y en general toda edificación o lugar que no tenga el carácter de abierto al acceso público o de bien nacional de uso público.

El bien protegido o valor constitucional amparado no es solo el hogar física o materialmente considerado, sino que la inviolabilidad de este, su privacidad. Se hace necesario, para configurarse una infracción a este derecho, que se realicen actos u omisiones arbitrarios o ilegítimos por parte de terceras personas o del Estado que interfieran y vulneren la privacidad del hogar.

En cuanto a la inviolabilidad de toda forma de comunicación privada, se ha sostenido que esta inviolabilidad se refiere a la cualidad que tienen los bienes protegidos, en el sentido de que no pueden ser revisados, observados, registrados, visitados, transmitidos, difundidos ni traspasados, sin el consentimiento previo de su emisor.

La inviolabilidad de las comunicaciones privadas alcanza la protección no solo de la correspondencia escrita, sino que también de los mensajes telefónicos, radiales, electrónicos o emitidos por cualquier otro medio y de todos los documentos privados que las personas lleven consigo o mantengan en su vivienda o lugar de trabajo.

Vivimos actualmente en una sociedad tecnológica, digitalizada y globalizada, en donde progresivamente aparecen nuevas formas y medios de comunicación, y, paralelamente, nuevos mecanismos capaces de interferir tanto en las comunicaciones como en el hogar de una persona. Lo anterior, con el riesgo de amenazar esa esfera íntima y privada que pertenece a cada uno. Por lo mismo, se hace imprescindible la protección de la privacidad de la información personal, de los datos personales y del hogar, con el máximo rango normativo. En este sentido, la Constitución debe contener normas que se dirijan justamente a reconocer y resguardar la privacidad e intimidad de las personas.

Toda Carta Fundamental debe admitir, de manera excepcional, el allanamiento del hogar y la interceptación, apertura y registro de comunicaciones y documentos privados, por motivos de seguridad nacional y de orden público. Como señalamos, estas medidas deben ser excepcionales, y deben limitarse a los casos y en la forma que determine la ley, es decir, debiendo indicar esta última los procedimientos y situaciones precisas en que pueden llevarse a efecto tales actuaciones, y nunca afectando el contenido de la garantía en su esencia.

" La libertad de consciencia
exige respetar la libertad
interior de reflexionar
y arribar a las propias
conclusiones, no porque
cualquier idea valga lo
mismo que otra, sino porque
la verdad sobre la dignidad
de la persona humana nos
exige respetarla".

LIBERTAD DE CONCIENCIA

CRISTÓBAL ORREGO S.

Los derechos esenciales de la persona humana son exigencias básicas de justicia. Por eso, el punto de partida de todos los derechos está en reconocer a cada individuo humano como persona ante el derecho, es decir, como un sujeto digno y, por eso, titular de derechos inalienables. Los derechos fundamentales, como el derecho a la vida, a la integridad física y psíquica, a las libertades básicas, etc., son propios de todos y de cada uno de los seres humanos, por el solo hecho de compartir la misma naturaleza esencial. Algunos de estos derechos exigen respetar a la persona en sus capacidades e inclinaciones espirituales. La Declaración Universal de Derechos Humanos los formula así: "Toda persona tiene derecho a la libertad de pensamiento, de conciencia y de religión…" (DUDH, Art. 18). Otras normas apuntan a lo mismo con una redacción distinta. La Convención Americana de Derechos Humanos, por ejemplo, establece: "Toda persona tiene derecho a la libertad de conciencia y de religión" (CADH, Art. 12); y después formula, por separado, la "libertad de pensamiento y de expresión" (CADH, Art. 13). La Constitución de Chile, por su parte, "asegura a todas las personas […] la libertad de conciencia, la manifestación de todas las creencias y el ejercicio libre de todos los cultos…" (CPR, Art. 19, N° 6).

Las libertades de pensamiento y de conciencia nacen, en su forma actual, de la libertad de religión. En torno al fenómeno religioso se producen los disensos colectivos con consecuencias políticas más graves, como las guerras de religión o las persecuciones religiosas. En Occidente, primero se pierde la unidad religiosa, a partir del siglo XVI, y después se disuelve el consenso ético, desde fines del siglo XIX. En nuestra era posmoderna (siglos XX y XXI), hay creencias dispares sobre todo tipo de asuntos: ideologías políticas, hipótesis científicas o pseudocientíficas, esoterismo, corrientes *New Age*, escepticismo ante las ciencias, teorías conspirativas (verdaderas o falsas), "noticias fabricadas" (*fake news*) y un largo etcétera.

En este contexto, distinguimos entre la libertad religiosa en sentido estricto, a la que se le dedica un capítulo propio, y las libertades de conciencia y de pensamiento. Cuando se distingue entre la libertad de conciencia y la libertad de pensamiento, aquella se refiere a las convicciones éticas, es decir, sobre el bien y el mal en los actos humanos. La libertad de pensamiento, en cambio, concierne a cualesquiera otras ideas o creencias filosóficas, científicas, de cosmovisión, políticas o ideológicas, etcétera.

La libertad de conciencia y de pensamiento, en sentido jurídico, no es libertinaje o licencia moral para adoptar cualquier creencia, con independencia de su verdad o bondad objetivas. Tampoco implica ningún relativismo, que valore como igualmente buenas o verdaderas todas las ideas y convicciones, aun sinceras. Es contradictorio pensar que, para respetar la libertad de los demás, estemos obligados a atribuirles a sus creencias, en cualquier terreno, el mismo valor que a las que nosotros mismos consideramos preferibles: ¡las preferimos por considerarlas más verdaderas o mejores! Si creo, por ejemplo, que las transfusiones de sangre son buenas, debo respetar la conciencia de un Testigo de Jehová; pero la lógica me prohíbe valorar su creencia como igualmente verdadera.

La libertad de conciencia (y de pensamiento) es, por tanto, una libertad meramente jurídica, externa, que prohíbe coaccionar las conciencias y exige respetar la libertad interior de reflexionar y arribar a las propias conclusiones, no porque cualquier idea valga lo mismo que otra, sino porque la verdad sobre la dignidad de la persona humana nos exige respetarla.

El núcleo de la libertad jurídica de conciencia es una exigencia de "no coacción" ("inmunidad de coacción") como garantía externa de que a nadie se le forzará a adoptar una creencia determinada ni a obrar en contra de su conciencia ni a abstenerse de obrar conforme a ella, dentro de ciertos límites. Así está recogido, en lo fundamental, por las normas constitucionales e internacionales.

Según el citado Art. 18 de la Declaración Universal, "este derecho incluye la libertad de cambiar de religión o de creencia, así como la libertad de manifestar su religión o su creencia, individual y colectivamente, tanto en público como en privado, por la enseñanza, la práctica, el culto y la observancia". De ahí que la jurisprudencia haya conectado también estas libertades con el derecho de asociación (*v.gr.*, en instituciones con ideario, como los colegios, los partidos políticos, las universidades, etc.), la libertad de enseñanza y el derecho a la educación (corresponde primariamente a los padres fijar su contenido ético y religioso), la libertad de expresión, de opinar e informar e incluso de hacer proselitismo, el derecho a la objeción de conciencia (no ser forzado a obrar contra la conciencia, dentro de ciertos límites) y otros derechos conexos.

Por supuesto, ninguna libertad negativa, jurídica, meramente externa, puede servir de pretexto para dañar a los demás o al bien común. Como dice la Declaración Universal, "en el ejercicio de sus derechos y en el disfrute de sus libertades, toda persona estará solamente sujeta a las limitaciones establecidas por la ley con el único fin de asegurar el reconocimiento y el respeto de los derechos y libertades de los demás, y de satisfacer las justas exigencias de la moral, del orden público y del bienestar general en una sociedad democrática" (DUDH, Art. 29.2). Estos criterios, que limitan las conductas exteriores derivadas de la libertad de conciencia y de pensamiento, deben ser objetivos e iguales para todos. Exigen un esfuerzo racional de argumentación para mostrar que son límites éticos exigidos por la razón humana común (*i.e.*, la ley natural) y no por una tradición ética o religiosa en cuanto tal, aunque coincidan con alguna o algunas.

La importancia clave de estas libertades exige que sean garantizadas por la Constitución Política de la República, como hace la actualmente vigente, en términos semejantes a los de la Declaración Universal. Puede ser conveniente explicitar los desarrollos jurisprudenciales más sólidos, por ejemplo, sobre los derechos colectivos en relación con las convicciones de conciencia, las objeciones de conciencia compatibles con el orden público y otros por el estilo.

No podría haber un orden armónico de la convivencia, un progreso en las ciencias, serena reflexión filosófica, formación ética e incluso resistencia contra las tiranías, sin esta libertad para pensar sin coacción, para hablar sin temor y para seguir los dictados de la conciencia moral; pero, a la vez, no habría paz social sin ciertos límites indispensables para proteger el orden público y el bien común contra atentados intolerables cometidos bajo pretexto de libertad de conciencia y de pensamiento (*v.gr.*, prácticas de manipulación mental, ejercicio dañino de prácticas médicas pseudocientíficas, promoción del odio, etc.).

LIBERTAD RELIGIOSA

Cristóbal Orrego S.

Las modernas constituciones políticas y varios instrumentos jurídicos internacionales reconocen los derechos esenciales de la persona humana, entre los cuales destaca la libertad religiosa, llamada también, a veces, libertad de conciencia. La Declaración Universal de Derechos Humanos (1948) distingue tres aspectos en este ámbito de libertad espiritual: "Toda persona tiene derecho a la libertad de pensamiento, de conciencia y de religión…" (DUDH, Art. 18). La Convención Americana de Derechos Humanos o Pacto de San José, en cambio, proclama por separado la "libertad de conciencia y de religión" (CADH, Art. 12) y la "libertad de pensamiento y de expresión" (CADH, Art. 13). La Constitución Política de la República de Chile no usa la expresión "libertad religiosa", pero se refiere al mismo contenido cuando "asegura a todas las personas […] la libertad de conciencia, la manifestación de todas las creencias y el ejercicio libre de todos los cultos…" (Art. 19, N° 6).

Un factor de cohesión de toda sociedad humana es la unidad en torno a las creencias fundamentales. La disensión y el conflicto religiosos son relevantes para la política y para el derecho: ¿hasta dónde tolerar la diversidad religiosa o de convicciones éticas, políticas, históricas, científicas…, sabiendo que afecta a la unidad política y, a veces, a la paz social? El reconocimiento y la regulación prudente de la libertad religiosa deben alcanzar un delicado equilibrio.

La religión es un fenómeno colectivo y, a la vez, personal. Involucra la mente y los sentimientos, la actividad corporal y la elevación del espíritu. Otorga sentido a las realidades que más afectan a la psiquis humana: el nacimiento, el matrimonio y la familia, el sufrimiento y la muerte, la inquietud por el más allá, la necesidad de orientación moral y de seguridad ante el misterio de la vida. Emana de la inclinación natural intensa y constante a conocer la verdad y a relacionarse con lo divino. No es extraño, entonces, que las diferencias en esta materia tengan un potencial conflictivo enorme y, en su faz positiva, una capacidad de unificación inigualable. La política y el derecho deben tratar la religión como un componente del bien común y regularla en el respeto a la dignidad, la igualdad y la libertad de las personas.

La historia de la libertad religiosa es compleja y trágica. La muerte de Sócrates, la crucifixión de Jesucristo, el martirio de los cristianos, la represión de los herejes e infieles, las conversiones forzadas, las guerras de religión, las revoluciones antirreligiosas del siglo XX... son todos sucesos históricos que desembocaron en prácticas de tolerancia, primero, y de libertad religiosa, después. Algunos hitos importantes fueron la libertad de cultos otorgada por Constantino a los cristianos (Edicto de Milán: 313 d. C.); la Paz de Augsburgo (1555), por la que, tras el Cisma Protestante, cada reino adopta la religión del monarca (*"cuius regio, eius religio"*: "de quien sea el reino será la religión"); la Paz de Westfalia (1648), que, junto a la religión oficial de cada reino, exige la tolerancia del culto privado de las otras religiones; y, finalmente, los conflictos entre las religiones y las ideologías políticas con sus movimientos laicistas y anticlericales, que también han perseguido a los creyentes (siglos XVIII al XX).

El esfuerzo jurídico, tras una historia tan sangrienta, se dirige a equilibrar la libertad religiosa de todos con la necesidad de la paz social. La libertad religiosa incluye verse libre de toda coacción (i) para creer o no en una religión y para conservarla o cambiarla; (ii) para profesar y divulgar la religión, y (iii) para practicar la religión mediante el culto, individual o colectivamente, tanto en público como en privado. La libertad de cultos en sentido estricto es un aspecto de la libertad religiosa: poder realizar los ritos religiosos y dar culto a la divinidad, según la propia conciencia.

La libertad religiosa se ve implicada, además, en otras libertades y derechos necesarios para su ejercicio: las libertades de pensamiento y de conciencia, de expresión (información, opinión, creación), de enseñanza (colegios y universidades con ideario religioso), de asociación (para practicar la religión colectivamente en iglesias, movimientos, etc.); el derecho de propiedad, por ejemplo, sobre los bienes necesarios para la práctica religiosa, como los templos (Art. 19, N° 6, inc. final). Por su importancia, el Pacto de San José reconoce que los padres tienen el derecho a que sus hijos "reciban la educación religiosa y moral que esté de acuerdo con sus propias convicciones" (CADH, Art. 12.4), algo implícito en la Constitución chilena.

La esencia de la libertad religiosa es externa y negativa: una exigencia a los demás, especialmente al Estado, de "no interferencia coactiva" o de respetar una "inmunidad de coacción", o de que, como dice el Pacto de San José, nadie sea "objeto de medidas restrictivas" (CADH, 12.2) en materia religiosa. No consiste en la libertad moral de independizarse de Dios o de adherir al error, ni en la indiferencia respecto a la verdad religiosa, ni en una permisión positiva de desentenderse de los deberes religiosos, ni menos en que el Estado afirme el valor moral o la verdad de las opciones religiosas de sus ciudadanos. La dignidad racional exige buscar la verdad sin padecer violencia; sin sufrir coacción o presión para cumplir los deberes para con Dios, incluso si esto significa que algunos se equivoquen o dejen de cumplirlos o rechacen toda fe religiosa (ateísmo, agnosticismo, indiferentismo).

Puesto que las convicciones religiosas podrían contener errores y aun injusticias, el orden jurídico pone límites a sus manifestaciones externas o sociales. La Declaración Universal establece que "en el ejercicio de sus derechos y en el disfrute de sus libertades, toda persona estará solamente sujeta a las limitaciones establecidas por la ley con el único fin de asegurar el reconocimiento y el respeto de los derechos y libertades de los demás, y de satisfacer las justas exigencias de la moral, del orden público y del bienestar general en una sociedad democrática" (DUDH, Art. 29.2). La Constitución de Chile exige que la conciencia, las creencias y los cultos "no se opongan a la moral, a las buenas costumbres o al orden público" (Art. 19, N° 6). El Pacto de San José afirma que esta libertad "está sujeta únicamente a las limitaciones prescritas por la ley y que sean necesarias para proteger la seguridad, el orden, la salud o la moral públicos o los derechos o libertades de los demás" (CADH, 12.3).

Estos límites no pueden depender de una sola tradición religiosa en cuanto tal, aunque coincidan con una o con otra, sino que deben fundamentarse racionalmente. La jurisprudencia nacional, extranjera e internacional, ha usado la argumentación racional para justificar estas limitaciones al reconocer el derecho a hacer proselitismo, pero solo por medios lícitos; al aceptar o rechazar la objeción de conciencia (es decir, negarse, por razones de conciencia, a cumplir leyes que el Estado considera justas); al tolerar o bien proscribir algunas sectas destructivas, como las que afectan la integridad sexual, manipulan las conciencias, practican rituales inmorales, sacrifican niños o incitan al suicidio colectivo.

EL DERECHO A LA LIBERTAD PERSONAL Y A LA SEGURIDAD INDIVIDUAL

José Luis Alliende L.

Libertad personal

La autonomía propia de cada ser humano, que le permite adoptar las decisiones que estime convenientes para su pleno desarrollo espiritual y material, tiene una manifestación básica en su posibilidad de movimiento físico, de desplazamiento de un lugar a otro.

La libertad personal reconoce el derecho de cada individuo de permanecer en un lugar o de dirigirse a otro, esté ubicado dentro del país o fuera de él, cuantas veces lo desee: puede fijar su residencia o domicilio en una ubicación específica, trasladarse de ella y, en general, circular o deambular para realizar alguna actividad en otra parte por razones laborales, familiares o de cualquier otra índole sin que deba solicitar autorización de terceros.

Puesto que es un derecho propio de la naturaleza humana, ampara asimismo a los niños, entendiendo por tales a quienes tienen menos de dieciocho años de edad, pero en consonancia con la evolución de sus facultades: por ejemplo, no pueden legalmente fijar un domicilio que no sea el mismo de sus padres, o de quien tenga su cuidado personal si ellos viven separados.

Los márgenes que determinan el contorno de este derecho son materia exclusiva de ley, la cual debe sujetarse al marco constitucional, especialmente cuando establezca disposiciones que restrinjan la libertad personal, es decir, reduzcan la extensión habitual de este derecho, o incluso permitan que se prive de ella, para resguardar algún otro bien jurídico que pueda verse afectado por las actuaciones de una persona determinada.

La propia Constitución impone algunas restricciones: por ejemplo, atendida la necesidad de que algunas autoridades tengan una adecuada dedicación al cargo, obliga a solicitar autorización para salir del país por más de cierto tiempo, o durante cierta época, al Presidente de la República y a los diputados o senadores que quieran ausentarse por más de treinta días, o al Presidente cuando desee hacerlo en los últimos noventa días de su mandato. En su mayoría, no obstante, las restricciones son impuestas por la ley, como la obligación que recae sobre los jueces de residir constantemente en la ciudad donde tenga asiento el tribunal en que prestan servicios; las relacionadas con el ingreso y la permanencia en el país de extranjeros, o la habilitación a la autoridad municipal para autorizar el cierre de calles, pasajes o conjuntos habitacionales, a fin de proporcionar a la población medidas de control de acceso al entorno de sus viviendas que la protejan frente a la eventual comisión de delitos.

Las restricciones más intensas, e incluso la suspensión del ejercicio de este derecho durante cierto lapso, se vinculan con la investigación de delitos y la aplicación de penas a los responsables de ellos.

Seguridad individual

La seguridad individual es el derecho a disponer de garantías jurídicas que resguarden el efectivo respeto a la libertad personal. Se traduce, por tanto, en el deber de los órganos del Estado de establecer medidas para que las personas puedan ejercer en plenitud la libertad personal, a fin de evitar que sea ilegítimamente amenazada, impedida o perturbada, o para reparar la vulneración de que haya sido objeto. Tales conductas infraccionales pueden provenir de particulares o de autoridades gubernativas o administrativas. Por ello, las principales medidas consisten en establecer acciones o recursos ante los tribunales de justicia, u obligaciones o prohibiciones que se deben observar en el curso de los procedimientos que se sigan.

Algunas garantías son aseguradas directamente por la Constitución, pero como son medidas mínimas de protección, la ley puede complementarlas o establecer otras adicionales.

La seguridad individual se relaciona, en especial, con la investigación y el posterior juzgamiento de los delitos y de la participación en ellos de ciertas personas, debido a la mayor afectación de este derecho que puede producirse en el curso de dichos procedimientos, y se integra con otras garantías, como la seguridad de que los preceptos legales que la regulen o limiten no pueden afectar su esencia, la presunción de inocencia y el derecho a la defensa efectiva en un procedimiento racional y justo.

Entre los deberes y prohibiciones aplicables a cualquier persona y, sobre todo, a los funcionarios públicos que intervengan en los señalados procedimientos se encuentran la procedencia de la privación o restricción de la libertad personal únicamente en los casos y forma determinados por la Constitución y las leyes; la autorización para efectuar una detención solo a funcionarios públicos que lo hagan en cumplimiento de una orden, proveniente de una autoridad, la cual deben informar al afectado, sin perjuicio de que la realice cualquier persona que lo sorprenda en delito flagrante; la fijación de plazos máximos para ponerlo a disposición del juez competente; el lugar en que debe permanecer, que debe ser su propia casa o un establecimiento público destinado a tal objeto; la obligación de dejar constancia de la orden en un registro público y de informar al juez sobre el ingreso a ese recinto del privado de libertad; la posibilidad de que este se comunique con el responsable del lugar, aunque el tribunal haya dispuesto su incomunicación; la procedencia de su libertad a menos que el juez considere que su detención o prisión preventiva es necesaria para la investigación, la seguridad del ofendido o la seguridad de la sociedad; y la prohibición de que en las causas criminales se le obligue a declarar bajo juramento sobre hecho propio, o a que lo hagan en su contra sus familiares y demás personas que señale la ley.

Si no se logra acreditar la participación de dicha persona en el delito, al término del proceso penal a que sea sometida, se faculta a la Corte Suprema para evaluar si la resolución que la sometió a proceso o la condenó fue injustificadamente errónea o arbitraria y, en este caso, tendrá derecho a ser indemnizado por el Estado.

En el caso de los niños, la legislación nacional y los tratados vigentes en nuestro país agregan normas especiales de protección. Entre ellas, los deberes del Estado de facilitar su ingreso al país y salida al exterior con propósitos de reunión familiar y de mantención periódica del contacto directo con sus padres cuando estos residan en Estados diferentes; de separar de los adultos a aquellos privados de libertad y permitirles que mantengan contacto con su familia, así como de establecer una edad mínima para atribuirles responsabilidad penal, la cual en nuestro país son los catorce años.

La Constitución contempla, además, normas que, si bien en rigor no se relacionan con la libertad personal o la seguridad individual, buscan que no se extiendan a la familia del condenado los efectos de su responsabilidad penal. Consisten en la prohibición de imponerle dos penas: la confiscación de bienes, o sea, privarlo de su dominio para que pasen al Estado sin indemnización, y la pérdida de los derechos previsionales.

Es preciso añadir que la evaluación del conjunto de las reglas constitucionales y legales sobre libertad personal y seguridad individual conduce a la conclusión de que ellas, sin perjuicio de los perfeccionamientos de que puedan ser objeto, guardan armonía con los tratados internacionales sobre la materia.

" Como ha confirmado muy recientemente el Tribunal Constitucional chileno, el derecho a la salud busca garantizar prestaciones mínimas, por su condición de derecho social y, por tanto, prestacional".

RODRIGO DÍAZ DE VALDÉS B. (P. 176)

MEDIO AMBIENTE Y EL DERECHO A VIVIR EN UN MEDIO AMBIENTE LIBRE DE CONTAMINACIÓN

Jorge A. Femenías S.

Para comprender esta garantía constitucional, primero debemos preguntarnos ¿qué es el medio ambiente? y ¿por qué debemos protegerlo? Ello, porque las respuestas nos permitirán comprender las distintas concepciones jurídicas que existen sobre el medio ambiente, y, a partir de ello, precisar qué garantiza la Constitución.

Para responder a la primera pregunta existen tres concepciones: (i) restrictivas; (ii) extensivas; y (iii) descriptivas o sistemáticas. Para las primeras, dentro del medio ambiente deben considerarse solo los componentes naturales (agua, aire, suelo, flora y fauna); para las segundas, deben adicionarse, a los elementos naturales, los componentes artificiales creados por el hombre y los factores culturales e históricos (como la belleza escénica o la cosmovisión de los pueblos originarios); finalmente, la tercera visión no indica concretamente qué tipo de bienes y elementos componen el medio ambiente, pero establece criterios amplios para definirlo.

Para responder a la segunda pregunta, es posible agrupar las posiciones en tres categorías: (i) naturalistas o ecológicas; (ii) antropocéntricas; y (iii) eclécticas. Las primeras buscan la protección del medio ambiente como un valor en sí mismo; las segundas lo hacen para proteger al ser humano; mientras que las terceras postulan que los valores protegidos serán tanto los componentes ambientales —*per se*— como la vida de los seres humanos y las generaciones futuras.

La garantía que estudiamos se encuentra contemplada en el actual artículo 19 N° 8 de la Constitución que asegura a todas las personas: 8°.- *El derecho a vivir en un medio ambiente libre de contaminación. Es deber del Estado velar para que este derecho no sea afectado y tutelar la preservación de la naturaleza. / La ley podrá establecer restricciones específicas al ejercicio de determinados derechos o libertades para proteger el medio ambiente;*

Como se advierte, la CPR regula el medio ambiente como una de las garantías que establece en favor de las personas. Esto es, para que todos los seres humanos que habitan en nuestro país puedan vivir en un entorno libre de contaminación.

En tal sentido no existe en el texto constitucional una regulación del concepto *medio ambiente*, ni tampoco una referencia a qué se debe comprender por este. Pero sí queda claro que la tutela constitucional no está dada para protegerlo en cuanto tal, sino solo en cuanto es el entorno que permite el desarrollo de la vida de los seres humanos.

No se consagra el derecho a un medio ambiente incontaminado, sino el derecho a vivir en él. Ello pone de relieve que el derecho garantizado tiene un contenido netamente antropocéntrico, sus titulares son los hombres y mujeres ("todas las personas", dice el artículo 19 en su encabezamiento).

En este sentido, la Constitución conceptualiza y disciplina la tutela del medio ambiente solo en un aspecto muy particular del mismo: como elemento indispensable para el desarrollo de la vida humana. Bajo este prisma, resulta evidente que la noción constitucional del medio ambiente es rigurosa y directamente antropocéntrica y por ende más restrictiva que la de la Ley N°19.300, sobre Bases Generales del Medio Ambiente.

En tal sentido, como afirmó Evans de la Cuadra: "la Constitución no pretende cautelar en forma concreta otros bienes jurídicos, como las bellezas naturales, el paisaje, la intangibilidad y preservación de los recursos que la naturaleza pone a disposición de los hombres, las aguas, los bosques o la defensa de una política ecológica determinada. Estos son elementos de la vida social que pueden ser protegidos por textos legales en que se cumpla el encargo hecho al Estado de tutelar la preservación de la naturaleza". En otras palabras, lo que protege la Constitución, según nuestra jurisprudencia siguiendo la tesis de Bermúdez, es el "entorno adyacente".

Pero, además, esa tutela está circunscrita solo a los elementos naturales del ambiente. En tal sentido, en sede constitucional el ambiente se conforma únicamente por elementos naturales, es considerado como el entorno de desarrollo del ser humano y es funcional a este, de manera que su protección como bien jurídico está dada únicamente para proteger al ser humano. Luego, será la Ley N°19.300 la que proporcione una tutela a la naturaleza, con prescindencia de si existe una afectación directa a los seres humanos, como ocurriría, por ejemplo, con una bandada de aves silvestres sobre las cuales ninguna persona tiene una titularidad. En todo caso, la propia protección de la Ley N°19.300 está dada para el ser humano —presente o futuro—, no existiendo una protección al medio ambiente "por el medio ambiente".

Finalmente, existe un recurso de protección "especial" que tutela la garantía, consagrado en el inciso 2° del artículo 20 de la actual CPR, el que prescribe que: "Procederá, también, el recurso de protección en el caso del N°8 del artículo 19, cuando el derecho a vivir en un medio ambiente libre de contaminación sea afectado por un acto u omisión ilegal imputable a una autoridad o persona determinada".

Origen en la Constitución

La Comisión de Estudios de la Nueva Constitución discutió profusamente el contenido de esta garantía. Así, los comisionados, especialmente Enrique Evans de la Cuadra, plasmaron en las Actas Constitucionales las primeras ideas sobre el contenido del actual artículo 19 N°8.

Un antecedente importante en la discusión fue un estudio encargado a la Comisión Nacional de Investigación Científica y Tecnológica para disipar las inquietudes manifestadas por diversos comisionados. Así, por ejemplo, para el Comisionado Guzmán era exagerado hablar de "libre de contaminación", ya que el medio ambiente siempre está contaminado. Para él lo jurídicamente correcto era referirse a un "medio ambiente sano". A su turno, el Comisionado Diez solicitó eliminar la expresión "libre de toda contaminación", razonando bajo una lógica similar a la del Sr. Guzmán, pero añadiendo que toda actividad podía dar origen a una contaminación.

Relevante también son los aportes de Silva Bascuñán, quien, reconociendo la primacía de la persona humana como principio fundante tras la garantía ambiental, trata de reconducir hacia el bien común esta discusión. De hecho, consideraba implícita la discusión en torno a la cuestión ambiental en el artículo 1. Así, sostiene que la razón detrás de la garantía a vivir en un medio ambiente libre de contaminación viene dada por la necesidad, y a la vez deber del Estado, de garantizar un medio a la persona donde poder desarrollarse tanto espiritual como materialmente.

Consideraciones en tiempos de reformas

La reforma al texto constitucional debe comenzar por responder las preguntas que formulamos al inicio. Así, asentada la idea de que la Constitución busca tutelar el medio ambiente como una manera de proteger a las personas —presentes y futuras—, "no procederá la invocación del derecho de forma desvinculada de las personas. El derecho no alcanza a la protección de la naturaleza, en cuanto bien jurídico en sí mismo tutelado… Siempre la invocación deberá ser entendida en relación con el derecho a vivir en un medio ambiente libre de contaminación, y no a un medio ambiente sin contaminar aisladamente considerado", según nos expresa Bermúdez.

Lo anterior parece plenamente justificado, ya que resulta evidente que es el ser humano quien justifica la existencia del derecho y, en consecuencia, toda institución jurídica encuentra su fundamento último en la protección de este, aunque sea de aquel que vivirá en un futuro lejano.

Por ello, cualquier reforma no puede perder de vista que el derecho ambiental se vincula estrechamente con el desarrollo de los hombres y en tal sentido se trataría de un derecho humano de aquellos denominados de "tercera generación", debido a que el ecosistema es un pilar esencial que crea el desarrollo de factores físicos, químicos y biológicos por los que el hombre y la sociedad puedan desarrollarse en completa dignidad.

EL DERECHO A LA SALUD

Rodrigo Díaz de Valdés B.

El derecho a la salud debe ser entendido como la posibilidad efectiva de toda persona de acceder y disfrutar del nivel más alto que sea posible de protección de su salud; y no, entonces, como el derecho a estar sano, lo que convertiría al derecho en irrealizable. Por su parte, el concepto de "salud" debe ser entendido en un sentido amplio, del modo en que lo hace la Organización Mundial de la Salud: "un estado de completo bienestar físico, mental y social, y no solamente la ausencia de afecciones o enfermedades"[1]. En ese sentido, el ámbito de protección del derecho a la salud incluye los cuidados curativos, paliativos y preventivos, así como la existencia de condiciones básicas de higiene y salubridad.

La Constitución Política de la República en vigor consagra en el numeral noveno del artículo 19 la existencia del *"derecho a la protección de la salud"*. En realidad, la técnica del constituyente ha sido crear tres deberes expresos del Estado: *"[e]l Estado protege el libre e igualitario acceso a las acciones de promoción, protección y recuperación de la salud y de rehabilitación del individuo"*, *"[l]e corresponderá, asimismo, la coordinación y control de las acciones relacionadas con la salud"*, y declara como deber preferente del Estado *"garantizar la ejecución de las acciones de salud, sea que se presten a través de instituciones públicas o privadas, en la forma y condiciones que determine la ley, la que podrá establecer cotizaciones obligatorias"*. En sentido estricto, únicamente se establece como derecho el *"elegir el sistema de salud al que desee acogerse [cada persona], sea éste estatal o privado"*.

---

1   Constitución de la Organización Mundial de la Salud (1946), preámbulo.

El Tribunal Constitucional ha resuelto que la Carta Fundamental consagra la existencia de un derecho a la salud en tanto derecho social, involucrando activamente al Estado y a los particulares en su provisión (Rol 976-07). A tal conclusión se llega integrando las disposiciones del artículo en comento con las referidas al derecho a la vida, al derecho a la integridad física y psíquica y a la seguridad social, todas incluidas en el Código Político.

Del mismo modo, similares formulaciones se hallan en los tratados internacionales sobre Derechos Humanos ratificados por Chile y que se encuentran vigentes. La Declaración Universal de Derechos Humanos establece en su artículo 25 que "[t]*oda persona tiene derecho a un nivel de vida adecuado que le asegure, así como a su familia, la salud y el bienestar, y en especial* [...] *la asistencia médica y los servicios sociales necesarios*"; y el Pacto Internacional de Derechos Económicos, Sociales y Culturales lo consagra en su artículo 12, como "*el derecho de toda persona al disfrute del más alto nivel posible de salud física y mental*", estableciendo deberes específicos para los Estados signatarios, entre los que destacan la prevención y lucha contra las enfermedades y la asistencia médica.

La Convención Americana sobre Derechos Humanos no ha recogido en forma expresa tal derecho, aunque este podría inferirse a partir del deber que tienen los Estados parte en dar desarrollo progresivo a los derechos económicos, sociales y culturales. Por ello, el derecho a la salud en el sistema interamericano de protección de derechos humanos está contemplado como una provisión no autoejecutable, entregada a la discrecionalidad de los Estados de acuerdo con sus posibilidades económicas.

Tratándose de un derecho fundamental, el derecho a la salud se reconoce a todas las personas. En virtud del principio de servicialidad del Estado y de subsidiariedad, la autoridad administrativa tiene una serie de obligaciones de conducta. Por ello, dirigirá sus esfuerzos a garantizar una protección más intensiva tratándose de personas en situación de vulnerabilidad, para lo cual dispondrá de una serie de prestaciones sociales obligatorias. En virtud del principio de eficacia horizontal de los derechos humanos, los particulares también están obligados a respetar el ejercicio de tales derechos, lo que es particularmente relevante tratándose de prestadores privados en el sector salud.

Tal como se ha señalado anteriormente, el derecho a la salud —constitucionalmente considerado— se puede descomponer en el derecho a la protección de la salud y en el derecho a elegir libremente el sistema de salud. En cuanto al primero de estos derechos, su naturaleza es prestacional, de forma que es necesaria la existencia de desarrollos institucionales del Estado para garantizar que la atención en salud sea digna y eficiente.

El Código Sanitario de 1967 contiene la normativa básica referida al fomento, protección y recuperación de la salud. Con todo, la reorganización constante del sistema de salud ha llevado a que muchas de las normas relevantes del sector se encuentren hoy descodificadas. A nivel competencial, destaca el Decreto con Fuerza de Ley N° 1 de 2005, que constituye la "columna vertebral", a nivel normativo, del sistema de salud en Chile, estableciendo (i) los organismos públicos de salud, incluyendo al Ministerio del ramo, los Servicios de Salud distribuidos en todo el país, el Fondo Nacional de Salud (FONASA), el Instituto de Salud Pública (ISP) y la Superintendencia de Salud; (ii) que las personas tendrán derecho a las *acciones de promoción, protección y recuperación* de salud; estableciendo un Régimen de Prestaciones de Salud; y (iii) la creación y funcionamiento del Sistema Privado de Salud, a través de las Instituciones de Salud Previsional (Isapres).

La ley reconoce la existencia de prestadores privados de salud, puntualizando que estos pueden integrarse al Sistema Nacional de Servicios de Salud. El Decreto con Fuerza de Ley N° 36 de 1980 establece las normas para que el Estado pueda suscribir convenios con particulares, para que estos colaboren en la provisión de dichas prestaciones.

Respecto de los usuarios, la Ley N° 20.584 de 2012 regula los derechos y deberes de las personas en relación con acciones vinculadas a su atención de salud, comúnmente denominada "Ley de Derechos y Deberes de los Pacientes". Adicionalmente, mediante la Ley N° 19.966, se ha establecido un Régimen de Garantías en Salud, comúnmente conocido como AUGE-GES, que a la fecha incluye 85 prestaciones cuya financiación está asegurada para todas las personas adscritas a FONASA o a cualquier Isapre.

Como se sostiene en la literatura y como ha confirmado muy recientemente el Tribunal Constitucional chileno, el derecho a la salud busca garantizar prestaciones mínimas, por su condición de derecho social y, por tanto, prestacional (Rol 7585-19). Es decir, de "un mínimo vital que se concreta en cada uno y todos los derechos económicos, sociales y culturales en cuanto satisfacción de necesidades materiales básicas de las personas".[2]

A nivel de derecho interno, la Ley de Derechos y Deberes de los Pacientes establece también un mínimo obligatorio para el Estado de Chile, no necesariamente de carácter prestacional. Entre estos derechos se halla el recibir una atención conforme a los protocolos establecidos, aceptar o rechazar cualquier tratamiento, consultar o reclamar por la atención recibida, ser informado de los costos de salud, a ser incluido en estudios científicos únicamente con autorización previa, entre otros.

La Constitución Política en vigor considera la acción constitucional de protección únicamente tratándose del inciso final del numeral 9° del artículo 19; esto es, elegir libremente el sistema de salud. Por su naturaleza de derecho social prestacional, y puesto que tal competencia fue radicada exclusivamente en las funciones ejecutiva y legisladora, el derecho a la salud no posee en nuestro derecho justiciabilidad directa. Lo anterior es sin perjuicio de una serie de recursos de protección en los que se busca custodiar el bien jurídico salud, a través de otros derechos amparados con la acción de protección, en el fenómeno que se denomina "conexidad" o "propietarización de los derechos".

---

2 Nogueira, Humberto. 2009. Derechos Fundamentales y Garantías Constitucionales. Librotecnia, p. 63.

EDUCACIÓN: DERECHO Y DEBER

Alberto Vergara A.

Contrariamente a lo que muchas personas repiten casi como un dogma, la Constitución chilena sí consagra el derecho a la educación como un derecho humano fundamental, estableciendo además una serie de obligaciones en el mismo texto constitucional tanto para el Estado como para la sociedad, las familias y los ciudadanos, para asegurar la concreción de ese derecho. En efecto, la educación como derecho la encontramos establecida y regulada en el artículo 19 N° 10 de nuestra Constitución.

Nuestra Constitución garantiza a todas las personas el derecho a la educación, con miras, según expresamente señala el inciso segundo de ese artículo, al *"pleno desarrollo de las personas en las distintas etapas de su vida"*. Y como la Constitución busca que las personas puedan educarse durante toda su vida, desde su nacimiento hasta su muerte, establece en primer lugar el derecho y a su vez el deber preferente de los padres de educar a sus hijos, a quienes los padres pueden y deben educar constantemente desde el primer día de vida. Por lo tanto, la educación no es solo un deber del Estado; es también, y en primer lugar, un deber de los padres, quienes a su vez tienen el derecho de educar a sus hijos según sus convicciones morales más íntimas, respetando por cierto los límites mínimos que exige nuestra convivencia en sociedad.

Para asegurar que los padres puedan cumplir con su derecho/deber de educar preferentemente a sus hijos, nuestra Constitución establece un sistema educativo formal, que va desde la educación parvularia hasta la llamada educación media, donde el Estado tiene la obligación de financiar un sistema gratuito, abierto a toda la población, obligando a su vez a todos los ciudadanos a educarse en este sistema educativo formal, al menos desde el segundo nivel de transición, o kínder, hasta cuarto medio. Es decir, la Constitución nos obliga a todos los ciudadanos a cursar por lo menos 13 años de educación escolar. En consecuencia, la educación no es solo un derecho, sino también una obligación que nos impone el Estado, razón por la cual el sistema educativo, al menos durante esos trece años, deba tener la opción de gratuidad, pues el Estado no nos puede imponer una carga sin entregarnos los medios para cumplirla.

Adicionalmente, para asegurar que el sistema educativo funcione de la mejor manera posible, en virtud de las obligaciones que al efecto le impone la Constitución, el Estado chileno ha creado una densa regulación educativa, así como numerosos organismos estatales que buscan hacer realidad, día a día y desde Arica a Magallanes, la posibilidad de que todas las personas y familias accedan al sistema educativo.

El numeral 10 del artículo 19 obliga además al Estado a fomentar el desarrollo de la educación en todos sus niveles; es por eso que el Estado chileno tiene la obligación de financiar, directa e indirectamente, la obligación superior en todos sus niveles, de regularla y supervigilar para que la misma vaya desarrollándose y evolucionando.

Pero el Estado debe, además, por mandato de esta misma norma, estimular la investigación científica y tecnológica, lo que ha dado origen a numerosos programas y organismos estatales, entre ellos el recientemente creado Ministerio de Ciencia, Tecnología, Conocimiento e Innovación. Además, la Constitución impone al Estado estimular la creación artística y la protección del patrimonio cultural de la Nación, lo que también ha implicado la creación y existencia de una serie de regulaciones y organismos en dicho sentido, teniendo como desarrollo más reciente la creación del Ministerio de las Culturas, las Artes y el Patrimonio.

Finaliza el artículo 19 N° 10, señalando expresamente que: *"Es deber de la comunidad contribuir al desarrollo y perfeccionamiento de la educación"*; es decir, asegurar el derecho a la educación no solo compete al Estado, ni solo a los padres, sino a toda la comunidad, a toda la sociedad. Cada una y cada uno de nosotros debe velar no solo por su propia educación, en un proceso continuo que dura toda la vida, sino que debemos procurar, como ciudadanos, el progreso constante de nuestro sistema educativo, asegurando el involucramiento de toda la sociedad, mediante la libertad de enseñanza y la libertad de elección, evitando el adoctrinamiento estatal, puesto que la educación no puede ni debe ser monopolio del Estado. Las naciones que progresan son aquellas en que la sociedad entera es una sociedad docente.

" Junto con la libertad de enseñanza, debe existir siempre, como derecho humano fundamental, la libertad de elección en materia educacional".

ALBERTO VERGARA A. (P. 183)

LIBERTAD DE ENSEÑANZA Y LIBERTAD DE ELECCIÓN EN MATERIA EDUCACIONAL

Alberto Vergara A.

La libertad de enseñanza y la libertad de elección en materia educacional, como derechos humanos fundamentales, las encontramos en el artículo 19 N° 11 de nuestra Constitución.

En el inciso primero de dicho artículo se establece que: *"La libertad de enseñanza incluye el derecho de abrir, organizar y mantener establecimientos educacionales"*. La Constitución entonces garantiza a cualquier persona la posibilidad, bajo ciertos requisitos, por cierto, de crear diversos proyectos educativos, manteniendo una cierta libertad o autonomía en la forma de llevar adelante ese proyecto educativo. En el mismo sentido se pronuncia, por ejemplo, la Constitución Colombiana de 1991, la cual consagra en su artículo 27 lo siguiente: *"El Estado garantiza las libertades de enseñanza, aprendizaje, investigación y cátedra"*. Como si lo anterior no fuese suficiente, la Carta Fundamental de Colombia agrega en su artículo 68 una expresa autorización a los particulares para fundar establecimientos educativos.

Sin embargo, la consagración de la libertad de enseñanza como derecho fundamental no solo la encontramos en diversos textos constitucionales, como el chileno o el colombiano, sino que se encuentra establecida como un derecho humano en el Pacto Internacional de Derechos Económicos, Sociales y Culturales, específicamente en su artículo 13 N° 4, el cual señala expresamente: *"Nada de lo dispuesto en este artículo se interpretará como una restricción de la libertad de los particulares y entidades para establecer y dirigir instituciones de enseñanza, a condición de que se respeten los principios enunciados en el párrafo 1 y de que la educación dada en esas instituciones se ajuste a las normas mínimas que prescriba el Estado"*. Por otra parte, la libertad de enseñanza se encuentra también garantizada en el artículo

9 del Convenio para la Protección de los Derechos Humanos y de las Libertades Fundamentales o Convención Europea de Derechos Humanos.

En consecuencia, la libertad de enseñanza se encuentra expresamente consagrada por el sistema internacional de derechos humanos, y no es legítimo pretender su desconocimiento o vulneración, por parte ni del ordenamiento constitucional ni legal de ninguno de los países miembros de las Naciones Unidas.

Más aún, la libertad de enseñanza es indispensable para asegurar la posibilidad de ejercer realmente el derecho a la libre elección de los padres en materia educacional, que analizaremos a continuación.

Pero la libertad de enseñanza se transforma también en el necesario freno y contrapeso para que la educación estatal sea efectivamente pluralista y no adoctrinadora, deber que nos recuerda por ejemplo la Corte Europea de Derechos Humanos, al fallar el caso conocido como "Caso Folgero y otros contra Noruega". En su sentencia de 29 de junio de 2007 (TEDH 2007\53), la Corte Europea nos recuerda que ni siquiera la educación estatal puede rehuir el deber de buscar el pluralismo, evitando el adoctrinamiento, aun cuando exista como alternativa una buena educación particular fuertemente subsidiada por el Estado

Por lo tanto, junto con la libertad de enseñanza, debe existir siempre, como derecho humano fundamental, la libertad de elección en materia educacional, derecho fundamental aún más relevante, si cabe, que la libertad de enseñanza, pero que obviamente, para su concreción, requiere necesariamente del respeto de esta última libertad, pues no se puede ejercer el derecho a elegir donde no existe el derecho a ofrecer distintas alternativas de proyectos educativos.

En nuestra Constitución, la libertad de elección está consagrada en el mismo artículo 19 N° 11, pero esta vez en su inciso cuarto, el cual señala expresamente: *"Los padres tienen el derecho de escoger el establecimiento de enseñanza para sus hijos"*. Al respecto, por ejemplo, la Carta Fundamental colombiana señala en su artículo 68 expresamente que: *"los padres de familia tendrán derecho de escoger el tipo de educación para sus hijos menores"*.

Obviamente, y dada su importancia, la libertad de elección en materia educacional también se encuentra consagrada en los sistemas internacionales de derechos humanos. Así el Pacto Internacional de Derechos Económicos, Sociales y Culturales, en su artículo 13 N° 3, establece: *"Los Estados Partes en el presente Pacto se comprometen a respetar la libertad de los padres y, en su caso, de los tutores legales, de escoger para sus hijos o pupilos escuelas distintas de las creadas por las autoridades públicas, siempre que aquéllas satisfagan las normas mínimas que el Estado prescriba o apruebe en materia de enseñanza, y de hacer que sus hijos o pupilos reciban la educación religiosa o moral que esté de acuerdo con sus propias convicciones".*

Pero la consagración de esta libertad no se detiene aquí. Dada su vital importancia, ella está también incluida en la Declaración Universal de Derechos del Hombre, documento cardinal de todo el sistema internacional de protección de los derechos humanos, que en su artículo 26 N° 3 señala: *"Los padres tendrán derecho preferente a escoger el tipo de educación que habrá de darse a sus hijos".*

A su vez, la Convención Americana sobre Derechos Humanos o Pacto de San José de Costa Rica, en su artículo 13.4, señala: *"Los padres, y en su caso los tutores, tienen derecho a que sus hijos o pupilos reciban la educación religiosa y moral que esté de acuerdo con sus propias convicciones".* Si bien alguno podría interpretar esta norma del Pacto de San José de Costa Rica como relativa a la esfera de la libertad de conciencia o de culto, o con el deber preferente de los padres de educar a sus hijos, es evidente que se refiere también a la libertad de elección de los padres, pues sería iluso argumentar que los padres tienen derecho a que sus hijos reciban una educación acorde con sus propias convicciones morales y religiosas si no pueden elegir un establecimiento educacional acorde con ellas.

En ese sentido, resulta interesante recordar también la sentencia de la Corte Europea de Derechos Humanos dictada en el llamado caso Kjeldsen, Busk Madsen y Pedersen, cuya sentencia de 7 de diciembre de 1976 rechaza justamente la alegación de que el Estado danés coartaba, entre otras, la libertad de los padres de elegir el tipo de educación moral o religiosa de sus hijos en razón de los nuevos planes de educación sexual de los establecimientos públicos, al constatar que el sistema danés contempla un sistema de educación de escuelas públicas fuertemente descentralizadas, dependientes de los respectivos concejos municipales, así como escuelas privadas fuertemente subsidiadas por el Estado y el sistema de *home schooling.*

Pues bien, de este breve repaso no debiese quedar duda alguna sobre el carácter de derechos humanos fundamentales que revisten la libertad de elección en materia educacional y la libertad de enseñanza, y por lo tanto el deber de concretar el también derecho fundamental a la educación debe supeditarse necesariamente a asegurar el resguardo de estas libertades y armonizar estos tres derechos humanos en un triángulo virtuoso.

Por otra parte, la existencia del derecho a la educación en conjunto con la libertad de enseñanza y la libertad de elección permiten a las sociedades que protegen adecuadamente estos tres derechos fundamentales y los armonizan proteger y fomentar otros derechos humanos, tales como la libertad de conciencia, la libertad de culto, la libertad de expresión, entre otras, garantizando así sociedades libres, plurales y democráticas.

LIBERTAD DE EXPRESIÓN

Ángela Vivanco M.

La libertad de expresión es un derecho fundamental de todas las personas, que reúne actualmente los conceptos de libertad de opinión y de libertad de información, como asimismo garantías consagradas en épocas pasadas, como libertad de imprenta o libertad de prensa.

En tal perspectiva, dicho derecho, por una parte, consagra la libertad de decir, manifestar y difundir de manera libre lo que las personas piensan sin por ello ser hostigadas. Como tal, es una libertad civil y política, relativa al ámbito de la vida pública y social, que caracteriza a los sistemas democráticos y es imprescindible para el respeto de los demás derechos. Este aspecto permite el debate, la discusión y el intercambio de ideas entre actores políticos y demás integrantes de la sociedad en torno a temas de interés público. Es por ello que no podemos considerar como democrática una sociedad donde no haya libertad de expresión.

Por otra parte, el aspecto informativo de la libertad de expresión implica también el derecho a buscar, recibir y divulgar información, la cual ilustra y fundamenta la expresión de ideas. Tal faz significa no solo el acceso a la información por parte de las personas, sino la existencia de medios de comunicación libres, pluralistas y con un estatuto jurídico de protección a la vez de responsabilidad, capaces de comunicarnos veraz y oportunamente relatos, noticias, investigaciones periodísticas e interpretaciones sobre la realidad.

Aspectos subjetivos y objetivos

Los contenidos descritos importan que, dentro de esta garantía, encontremos a la vez aspectos subjetivos como objetivos. Entre los primeros está por cierto la difusión de opiniones, entendidas como juicios subjetivos sobre una realidad de interés para el sujeto, las cuales al ser compartidas y ganar adhesión, pueden transformarse en *opiniones públicas*. Entre los segundos están los contenidos informativos, que han de reflejar la realidad con rigurosidad y que deben ser capaces de distinguir claramente lo que es la narración de un hecho de lo que es nuestra visión interpretativa sobre él.

Una larga historia en pos de la libertad de expresión

Este derecho tuvo, a través de la historia, un largo desarrollo, que durante muchos años más bien reveló la lucha de la necesidad de difundir ideas con libertad, contra las múltiples restricciones, prohibiciones y sanciones que se le aplicaron en distintas épocas.

Ya desde Grecia antigua, con la constitución de Licurgo, se censuraba a los poetas y a los filósofos, quienes podían "contaminar" con sus novedosas ideas a los habitantes de Esparta. Situaciones similares llevaron a la condena de Sócrates en Atenas. En la Roma imperial cualquier crítica era tomada como contraria al emperador y suponía un severo castigo, incluyendo en algunos casos el destierro y la muerte, además de la censura de los textos considerados como conflictivos.

Tras una Edad Media en que imperó una idea de restricción religiosa de textos y de interpretaciones, el Renacimiento resultó un modelo paradojal, pues si bien se produjo un importante resurgimiento de la cultura y los modelos clásicos de la mano de un marcado antropocentrismo, también hubo numerosas persecuciones políticas y religiosas, asociadas con los intereses de los monarcas y el creciente absolutismo, las cuales encontraron un terreno fecundo en la quema de libros —novedad que se introducía en el modelo gracias a la invención de la imprenta—, juicios seguidos contra pensadores o investigadores —Giordano Bruno, Galileo— y condenas contra quienes se consideraban "traidores" al Estado solo por sostener ideas distintas a las que fueran de interés del rey —Tomás Moro.

Habrá que esperar al siglo XVIII para que empiece a afianzarse, con la Ilustración, la noción de *tolerancia*, que encarna admirablemente la famosa frase de Voltaire: "No estoy de acuerdo con lo que usted dice, pero defenderé hasta la muerte su derecho a decirlo".

Gracias a los procesos de la Revolución Francesa e independencia norteamericana, asociados luego con el movimiento constitucionalista, la libertad de expresión ganará un importante espacio, que queda reflejado en las palabras de John Stuart Mill en su obra *Sobre la Libertad*: "Hemos reconocido que para el bienestar intelectual de la humanidad (del que depende todo otro bienestar), es necesaria la libertad de opinión... una opinión, aunque reducida al silencio, puede ser verdadera. Negar esto es aceptar nuestra propia infalibilidad".

Sin embargo, en pleno siglo XX aún veremos gravísimos atentados contra esta libertad, por parte de Estados totalitarios que, a la vez de establecer censuras y extremas restricciones a los derechos que nos ocupan, emprendieron grandes campañas propagandísticas de sus propias ideologías, utilizando la desinformación y la tergiversación de la historia y de la realidad para lograr sus fines.

Prohibición de censura previa

En la actualidad, la libertad de expresión es un verdadero pilar de los sistemas constitucionales. Tanto la Constitución chilena vigente (en su artículo 19 N° 12) como la Convención Americana de Derechos Humanos (en su artículo 13 N° 2) establecen muy claramente la prohibición de censura previa sobre la libertad de expresión. Este método, entendido como una revisión que hace un funcionario censor, encomendado por el Estado para tal propósito, sobre todo material o mensaje destinado a ser difundido antes de que ello ocurra, con el objeto de examinar si se encuentra o no acorde a ciertos parámetros políticos, religiosos o valóricos, sin duda coarta decididamente la libertad y transforma al Estado en un controlador de las ideas, de la información y de la conciencia: "La censura previa, interferencia o presión directa o indirecta sobre cualquier expresión, opinión o información difundida a través de cualquier medio de comunicación oral, escrito, artístico, visual o electrónico, debe estar prohibida por la ley. Las restricciones en la circulación libre de ideas y opiniones, como así también la imposición arbitraria de información y la creación de obstáculos al libre flujo informativo, violan el derecho a la libertad de expresión..." (Declaración de Principios sobre Libertad de Expresión, Comisión Interamericana DDHH).

Ejercicio de la libertad con responsabilidad

Ello, sin embargo, no impide ni desconoce la necesidad de que tanto las personas como los medios sean conscientes de su responsabilidad al difundir mensajes o informaciones que pueden afectar los derechos también consagrados en la Constitución y tratados internacionales, como la privacidad y la honra. Ello representa fundamentalmente un necesario autocontrol ético, que implica un esfuerzo decidido en la búsqueda de la veracidad de la información, como también el cumplimiento del Derecho vigente, evitando que nuestra libre expresión de ideas se convierta en escenario de afectación de los demás.

El papel de los medios digitales y redes sociales

En esa perspectiva, es importante tener presente la veloz interacción que hoy los medios digitales y las redes sociales nos permiten, lo cual los hace instrumentos muy valiosos en las comunicaciones, pero a la vez peligrosos si no nos preocupamos de utilizarlos con prudencia y para los fines que efectivamente fueron creados. Así, las democracias contemporáneas buscan evitar que las acusaciones vertidas por estos medios se transformen en métodos de estigmatización, daño o juicio público —obviamente desarrollado fuera de los tribunales instituidos por la ley—, como asimismo controlar la emergencia de los llamados "discursos de odio", que contempla tanto la violencia física anunciada, incitada, deseada, justificada o valorada positivamente, como la violencia moral, aquella que resulta de causar un daño no físico o una ofensa a intereses morales dignos de tutela de personas concretas o de una colectividad. Tales situaciones sin duda son abusos de la libertad de expresión que los tribunales han considerado fuera de la esfera de protección de esta.

EL DERECHO O LIBERTAD DE REUNIÓN

Rodrigo Díaz de Valdés B.

El derecho de reunirse nace del carácter social y político de la persona humana. Esta esencial característica del ser humano no se agota en la posibilidad de manifestarse privadamente, sino que también implica exteriorizar sus ideas, emociones y sentimientos públicamente. Aquello, respetando los derechos de los demás miembros de la comunidad. Por esta razón, el ordenamiento jurídico debe reconocer y amparar el derecho de todas las personas de reunirse pacíficamente.

El actual texto constitucional chileno reconoce esta libertad en el numeral 13 de su artículo 19, como *"el derecho a reunirse pacíficamente sin permiso previo y sin armas"*, en tanto que *"las reuniones en las plazas, calles y demás lugares de uso público, se regirán por las disposiciones generales de policía"*.

Adicionalmente, tal libertad ha sido reconocida en los tratados sobre Derechos Humanos firmados y ratificados por Chile, y que se encuentran incorporados al ordenamiento constitucional. Así por ejemplo, el artículo 20 de la Declaración Universal de Derechos Humanos de 1948 reconoce que "[t]oda persona tiene derecho a la libertad de reunión y de asociación pacíficas"; el artículo 21 del Pacto Internacional de Derechos Civiles y Políticos ("PIDCP"), que menciona sus límites; y la Convención Americana sobre Derechos Humanos ("Pacto de San José") que lo recoge en su artículo 15, con expresa proscripción del uso de armas.

Recientemente, el Comité de Derechos Humanos de las Naciones Unidas ha aprobado y publicado el Comentario General N° 37 sobre el derecho de asamblea pacífica[1], documento que constituye el nuevo estándar internacional en la materia.

---

[1] Comité de Derechos Humanos (2020): Comentario General N° 37 (CCPR/C/GC/37), p. 4. Este fue adoptado por el Comité en su sesión N° 129 (29 de junio al 24 de julio).

La protección del derecho se asegura a todas las personas, incluyendo a los niños, niñas y adolescentes. Asimismo, se reconoce la calidad de intervinientes en el ejercicio del derecho a monitores y observadores, personal médico y miembros de la prensa, así como a las fuerzas de seguridad, incluyendo a las fuerzas armadas en circunstancias excepcionales.

Por regla general, existe libertad de realizar reuniones en lugares privados, con única sujeción a las normas sobre seguridad y salubridad. En el derecho internacional de los derechos humanos, el "espacio público" ligado al derecho de reunión refiere a cualquier lugar en el que tenga o pueda tener acceso el público general. Al regular aspectos relativos al sitio de la manifestación, las autoridades deben velar por que no se releguen las manifestaciones a lugares remotos.

En nuestra opinión, el inciso segundo del artículo 19 N° 13 constitucional podría considerarse una excepción anómala al principio de reserva legal de regulación de los derechos fundamentales; y particularmente, al mandato contenido en el Pacto de San José, que obliga a los Estados a entregar su regulación al legislador. Lo anterior, pues la frase constituye un resabio de la Constitución de 1833, mantenido en la Constitución de 1925 y modificado por la Reforma Constitucional de 1970, la que encomendó dicha tarea al legislador, sin nunca haberse dictado norma al respecto. Con todo, a propuesta del Consejo de Estado, se mantuvo la redacción tradicional en el proyecto constitucional de 1980, permaneciendo tal mención inalterada hasta hoy.

La jurisprudencia ha entendido el concepto "disposiciones generales de policía" como sinónimo de potestad reglamentaria; particularmente, en referencia al Decreto Supremo N° 1.086 de 1983 del Ministerio del Interior, y en menor medida, al artículo 48 del DFL 22 de 1959 sobre Gobierno Interior.

Por su parte, el ejercicio del derecho se torna ilegítimo en el caso de las reuniones violentas. En este sentido, el texto constitucional confirma el entendimiento unánime del Derecho Internacional de los Derechos Humanos, que considera violentas aquellas reuniones que tienen por finalidad "usar o incitar abiertamente a otros a usar fuerza que inflija o tenga la intención de infligir lesiones o daños a la propiedad graves, cuando sea probable que tal lesión o daño ocurra".[2] De todos modos, como sostiene el Comentario General N° 37, los "casos aislados en los que este sea el caso no bastarán para manchar a toda una asamblea como no pacífica, sino donde la incitación o intención de violencia es generalizada", y en tales situaciones, "la participación en esas reuniones no estará protegida por el artículo 21 [del PIDCP]".

También se consideran violentas aquellas reuniones en que se causa o busca causar un daño serio a la propiedad.

Por antonomasia, serán violentas las reuniones armadas. Se ha reconocido que, puesto que "el derecho internacional de los derechos humanos protege solo a las asambleas pacíficas, puede prohibirse a los participantes en una reunión que porten armas y objetos similares a armas"; y puntualmente, aquellos "objetos que normalmente no se consideran armas, pero que en algunos contextos pueden usarse como tales".[3]

El Comentario General N° 37 reconoce la facultad de las fuerzas de seguridad de dispersar reuniones violentas o en las que existe una inminente amenaza de violencia que no puede ser contenida con arrestos. Asimismo, las policías podrán terminar una reunión pública cuando exista un "alto nivel de disrupción", incluyendo los bloqueos de tráfico serios y sostenidos. Particularmente, las armas menos letales, "como gas lacrimógeno y lanzaaguas [...] deben ser utilizados como una medida de último recurso, precedido de una advertencia verbal, y dando oportunidad a los participantes de la reunión de dispersarse". El Comité de Derechos Humanos reconoce como legítimo el uso de armas de fuego y de balines de goma cuando "es estrictamente necesario para confrontar una amenaza inminente de muerte o de lesión seria".

Algunos autores han propuesto la existencia de un derecho a la protesta social, más omnicomprensivo que la mera libertad de reunión y unida a una idea expansiva de democracia. Este derecho ampararía "las demandas y protestas de quienes padecen sistemáticas violaciones de

---

2   Venice Comission (2019): "On freedom of Peaceful Assembly". CDL-AD(2019)017, párrafo 55, p. 17.

3   Venice Comission (2019): "On freedom of Peaceful Assembly". CDL-AD(2019)017, párrafo 154, p. 61.

derechos"[4], las que no encontrarían eco en las estructuras tradicionales de deliberación política.

Tal derecho no se encuentra consagrado en forma expresa en nuestro ordenamiento constitucional chileno y tampoco ha sido reconocido como tal en los instrumentos internacionales que Chile ha ratificado. Con todo, semejante formulación podría ampararse en varias disposiciones del actual texto de la Carta Fundamental, así como en otras disposiciones de tratados sobre derechos humanos.

---

4   Gargarella, Roberto. 2005. El derecho a la protesta. El primer derecho. Facultad de Derecho UBA/Ad-Hoc, p. 20.

" El derecho a presentar peticiones a la autoridad es un instrumento de participación democrática, ya que entrega una herramienta o un medio a las personas para presentar o hacer valer sus requerimientos".

SANDRA PONCE DE LEÓN S. (P. 196)

DERECHO DE PETICIÓN

Sandra Ponce de León S.

Este es un derecho que se ha reconocido desde antiguo a los individuos, ya que aparece en las principales declaraciones de derechos de los siglos XVII y XVIII. En efecto, en el punto VI del *Bill of Rights* inglés, de 1689, se aseguró a los súbditos el derecho de petición ante el rey, estableciendo la ilegalidad de la prisión o el procesamiento para el peticionario. A su vez, en su Título I, la Constitución francesa de 1791 reconoce como derecho natural de las personas el dirigir peticiones a las autoridades constituidas. Luego, la primera enmienda de la Constitución norteamericana prohíbe al Congreso la aprobación de leyes que afecten el derecho del pueblo a solicitar reparación a cualquier agravio que haya sufrido, con lo que se asegura, entre otros, el derecho de petición ante las autoridades.

Por su parte, la Declaración Americana de los Derechos y Deberes del Hombre, en su artículo 24, dispone: "Toda persona tiene derecho de presentar peticiones respetuosas a cualquier autoridad competente, ya sea por motivos de interés general, ya sea en interés particular, y el de tener pronta resolución". El Pacto Internacional de Derechos Civiles y Políticos de Naciones Unidas, en su artículo 25, dispone: "Todos los ciudadanos gozarán, sin ninguna de las distinciones mencionadas en el artículo 2, y sin restricciones indebidas, de los siguientes derechos y oportunidades: a) Participar en la dirección de los asuntos públicos, directamente o por medio de representantes libremente elegidos". La Convención Americana sobre Derechos Humanos, en su artículo 23, establece: "Derechos políticos. 1. Todos los ciudadanos deben gozar de los siguientes derechos y oportunidades: a) De participar en la dirección de los asuntos públicos, directamente o por medio de representantes libremente elegidos; [...]".

En el núcleo de este derecho aparece la idea según la cual de su ejercicio no puede derivar perjuicio de ningún tipo para el peticionario, salvo que en tal ejercicio se incurra en una falta o se cometa un delito.

Nuestra Constitución Política se orienta o fundamenta en tales preceptos y en el capítulo dedicado a los derechos de las personas, su artículo 19 N° 14 asegura a todas ellas *"el derecho de presentar peticiones a la autoridad, sobre cualquier asunto de interés público o privado, sin otra limitación que la de proceder en términos respetuosos y convenientes"*.

Según quedó establecido en la historia del establecimiento de esta norma fundamental, el derecho a presentar peticiones a la autoridad es un instrumento de participación democrática, ya que entrega una herramienta o un medio a las personas para presentar o hacer valer sus requerimientos, necesidades, sugerencias o planteamientos de interés general a cualquier sujeto que desempeñe una función pública de autoridad, obviamente, en materias que sean del ámbito de su respectiva competencia. Este derecho permite acudir ante la autoridad en términos diversos fuera del ámbito de los recursos administrativos, legislativos o judiciales establecidos en el ordenamiento jurídico. Lo que sí debe observar o respetar la persona peticionaria es un lenguaje que no contenga insultos o vejámenes. Podría formular críticas, pero estas deben expresarse o presentarse en lenguaje adecuado entregando los argumentos, antecedentes o presentando las situaciones que requieren de conocimiento de la autoridad y de su acción con objeto de atender, acoger y en el caso que corresponda, resolver la situación que se pone en su conocimiento o que se le describe.

Otro aspecto que es necesario observar es que en la norma constitucional transcrita no se consagra expresamente el deber de la autoridad requerida de responder el respectivo requerimiento. Si se leen las Actas de la Comisión de Estudio de la Nueva Constitución se podrá advertir que tanto Alejandro Silva Bascuñán como Jorge Ovalle Quiroz pensaban que el derecho de petición requiere necesariamente una respuesta y en el sentido contrario, se manifestaron Jaime Guzmán Errázuriz y Enrique Evans de la Cuadra.

Hoy, sin embargo, la mayor parte de la doctrina y de la jurisprudencia están contestes en que la respuesta de la autoridad forma parte del mismo derecho, ya que, de lo contrario, este carecería de sentido.

Además, la respuesta deberá ser oportuna, directa y por vía formal, esto es, por escrito.

Vale la pena recordar que tal tesis la reconoció la Contraloría General de la República en la década de los 80. En efecto, como señaló en el dictamen N° 951, de 1983, no es dable concebir la existencia del derecho de petición "sin la correspondiente obligación del funcionario requerido de contestar cuando dicha facultad sea ejercida, como lo ha señalado la jurisprudencia de esta Entidad Fiscalizadora, entre otros en los dictámenes números 66.037 de 1960; 70.768 de 1972; 47.045 de 1980; y 14.024 de 1981".

Se debe afirmar, por último, que el derecho de petición constituye uno de los derechos menos desarrollados o determinados de la Carta Fundamental y que carece de una construcción dogmática y de una regulación legal general. Solo encontramos un intento de regulación del silencio de la administración en la Ley 19.880, de Bases de los Procedimientos Administrativos.

DERECHO DE ASOCIACIÓN

Magdalena Ortega P.

La sociedad se compone no solo de individuos, sino también de agrupaciones y comunidades —en palabras del constituyente "grupos intermedios"— que conforman el tejido social. Así, el derecho de asociación emana de la naturaleza asociativa y política de las personas. Se refiere específicamente a la esfera de protección que se le otorga a la natural tendencia a asociarse de todas las personas, en búsqueda de fines determinados y que, en última medida, están ordenados hacia el desarrollo de estas y el bien común de la sociedad. Por ende, este derecho se erige como un pilar fundamental y necesario para la existencia de estos grupos y la sociedad civil en su conjunto. En palabras de Tocqueville, son elementos fundamentales para la vitalidad de la democracia contemporánea en tanto la pertenencia a un grupo les otorga voz real a sus miembros, peso y significancia que carecen en tanto individuos. En el mismo sentido, se ha dicho que las asociaciones expresan el "poder social" frente al "poder político" del aparato público (STC 1235-2008).

Por su importancia es un derecho ampliamente reconocido, por ejemplo, por el Pacto Internacional de Derechos Civiles y Políticos de Naciones Unidas (art. 22.1) y la Convención Americana sobre Derechos Humanos (art. 16.1), entre otros. De la misma manera, ha formado parte de nuestra tradición constitucional desde su reconocimiento en una reforma a la Carta de 1833. Actualmente, nuestra Constitución lo trata en el número 15° del catálogo de derechos, en el cual se asegura a todas las personas el derecho "de asociarse sin permiso previo", entendiendo asociación en un sentido amplio, es decir, toda agrupación de personas que se reúne con un objetivo específico, con el fin de trascender en el tiempo, con y sin fines de lucro, tengan o no personalidad jurídica. Los ejemplos son muy variados; desde juntas de vecinos, clubes deportivos, comunidades escolares, una universidad, las cooperativas, fundaciones, etc. En el fondo, todos los cuerpos y entidades, privados o públicos, que se encuentran entre la persona, individualmente considerada, y el Estado. Por su radical importancia, el reconocimiento de la existencia de estas asociaciones y la necesidad de contar con su adecuada autonomía para desplegarse se encuentran también en el capítulo de las Bases de la Institucionalidad del texto actual.

Características esenciales

En el contenido esencial de este derecho podemos reconocer dos esferas, una positiva y otra negativa. En la dimensión positiva se entiende el reconocimiento a la facultad que tienen todas las personas para ejercer la libertad de crear asociaciones, de adscribirse a las que ya estén creadas y la libertad de determinar los fines de dichas asociaciones y su organización. Luego, en su dimensión negativa implica la libertad para no asociarse, para dejar de pertenecer a una asociación y la no injerencia pública en la determinación de su funcionamiento, fines y organización.

El derecho de asociación, como ya hemos dicho, se consagra en sentido amplio, por lo que se distingue entre la asociación en sí misma y la eventual personalidad jurídica que esta pueda, o no, tener. Así, la personalidad jurídica es una forma específica que pueden adoptar las determinadas asociaciones y se establece que, para obtener dicha forma, habrá que cumplir con los requisitos establecidos en la ley. Sobre este punto, el Tribunal Constitucional ha señalado que en ningún caso los requisitos impuestos por el legislador para obtener dicha personalidad jurídica pueden ser tales que impliquen en la práctica "una imposibilidad de constituir una determinada asociación, una restricción a asociarse que no estuviera fundada en las prohibiciones que la propia Constitución establece, o una desigualdad de oportunidades para ejercer el derecho [...] y para poder actuar con plenitud en el cumplimiento de sus fines" (STC 126-1991).

En el mismo sentido, el ejercicio del derecho solo puede ser desconocido o restringido en los casos establecidos en la misma Constitución. En el texto actual, en concordancia con lo expresado en distintos tratados internacionales, se ha determinado específicamente que las asociaciones prohibidas son aquellas cuyo "fundamento" u "objeto" sean contrarios a (i) la moral, (ii) el orden público o (iii) a la seguridad del Estado. Estas se conocen como cláusulas indeterminadas, lo que significa que la ley y la jurisprudencia están llamadas a determinarlas. Ni la ley ni autoridad alguna pueden establecer cláusulas adicionales, y la restricción del ejercicio del derecho no puede afectar el contenido esencial de este. De aquí extraemos lo que se conoce como asociaciones ilícitas. Como ha dicho la Corte Suprema, "la existencia de una asociación cuyo objetivo sea la comisión de delitos afecta, por sí misma, a la tranquilidad pública, no sólo porque el hecho del conocimiento de su existencia produce inquietud social, sino también por el peligro que implica para la preservación del orden social establecido y legalmente protegido" (CS 5576-2007).

Este derecho está intrínsecamente ligado, por necesidad práctica, al derecho de reunión. Lo anterior, ya que la posibilidad de asociarse y llevar a cabo los fines que se han dado como agrupación requiere la posibilidad de reunirse. Por otro lado, se relaciona íntimamente también con los derechos a sindicarse (19 N° 19), y de formar y participar en partidos políticos. En efecto, en el texto actual los partidos políticos y lo relativo a ellos están tratados en el mismo numeral del derecho a asociación. Estos derechos serían especies dentro del género que es el derecho de asociación general, caracterizándose por sus fines específicos, que ameritan regulación específica.

Por otro lado, dado que este derecho resguarda la posibilidad de agruparse en pos de un objetivo común o con el fin de promover ideales en común, está relacionado directamente con la libertad de expresión. Así, si no existiera tal libertad para "formular, adherir, y expresar ideales comunes, el derecho de asociación perdería su razón de ser" (STC 567-2006).

Posibles debates

Existió un fuerte debate en torno a la posibilidad que tendrían las asociaciones y diferentes grupos intermedios de ejercer una objeción de conciencia institucional. En esa oportunidad, diferentes voces se levantaron para señalar que la conciencia como tal solo la pueden tener las personas, no las asociaciones y, por ende, no podrían esgrimir tal derecho. Sin embargo, la posibilidad de tener "personalidad" jurídica data de larga historia en nuestro país, y en la doctrina, asimilándola a la de la persona. En este sentido, el reconocimiento de la posibilidad de ejercer tal "personalidad" o conciencia, se sigue del reconocimiento y protección que se le da a la finalidad específica por la cual un determinado grupo de personas se asocia. Si no, la protección es solo nominal o aparente, porque la posibilidad de ejercicio del derecho estaría coartada. Además, se trata de un razonamiento semejante al que se manifiesta hoy cuando se exige la responsabilidad jurídica de ciertas asociaciones o su "conciencia" ecológica o social. En este sentido, el Tribunal Constitucional ha dicho que la objeción de conciencia institucional "[…] debe entenderse amparada en la dignidad de las personas que —individualmente o proyectada en su asociación con otros— se niegan a practicar ciertas actuaciones por razones éticas, morales, religiosas o profesionales" (STC 3729-2017).

Así, la discusión versa en el fondo sobre qué tanta protección se les otorga y reconoce a las asociaciones —y, por consiguiente, a la sociedad civil en su conjunto—. De ser poca o aparente, tendremos por resultado una sociedad solo compuesta por individuos y el Estado, en desmedro de la comunidad y la sociedad civil.

LIBERTAD DE TRABAJO

Carmen Elena Domínguez S.

La libertad de trabajo es un derecho que habilita a toda persona a acceder, realizar y ejercer cualquier actividad remunerativa que no se encuentre prohibida por la ley. En ella se recogen tanto el derecho de naturaleza individual de desarrollar libremente cualquier tipo de trabajo como el derecho al trabajo mismo, que implica un deber social. Comprende tanto la libre contratación, sin que puedan establecerse condiciones que puedan ser discriminatorias para el acceso a un trabajo, como la libre elección de aquel; y, asimismo, la responsabilidad del Estado para promover el trabajo decente, esto es, aquel que debe reunir las condiciones mínimas que se deben en consideración a la dignidad de la persona.

El trabajo es fuente de sustento, pero también de desarrollo personal y social. Es la forma como la persona emplea sus esfuerzos en un hacer que aporta socialmente a su entorno y, en ello, a su crecimiento personal y a su sustento personal y familiar. Su reconocimiento como derecho humano y su consagración constitucional comprende esta doble dimensión y su importancia para la vida en sociedad, estableciendo su protección y promoción.

La primera Constitución en Chile que reconoció derechos sociales fue la de 1925, pero fue la reforma del año 1971 la que incorporó mediante el Estatuto de Garantías Constitucionales los derechos que emanan de la libertad de trabajo y su protección, que comprendía los siguientes:
- derecho al trabajo;
- derecho a la libre elección del mismo;
- derecho a recibir una remuneración suficiente, que asegure al trabajador(a) y familia un bienestar acorde a la dignidad humana;
- derecho a la justa participación en los beneficios de la actividad; y

– ninguna clase de trabajo o industria podrá ser prohibida, salvo que se oponga a las buenas costumbres, a la seguridad o salud pública o que lo exija el interés nacional y una ley así lo establezca.

Para la Constitución de 1980, el proyecto de la comisión propuso mantener en sus líneas principales el texto vigente en la Constitución de 1925 así modificada en lo relativo a esta garantía, fortaleciendo el derecho al libre acceso al trabajo y prohibiendo cualquier tipo de discriminación en su acceso. Sin embargo, el Consejo de Estado modificó el texto propuesto, estableciendo la libertad de trabajo en los términos del actual número 16 del artículo 19, que además de la libertad de trabajo y los trabajos prohibidos, recoge el derecho a la negociación colectiva y la huelga, estos dos más propios de la libertad sindical que de la libertad de trabajo.

La mayoría de las constituciones iberoamericanas consagran la libertad de trabajo, enfocándose en la posibilidad de que las personas puedan dedicar su actividad personal en aquellas ocupaciones que estimen. Se trata de la protección al trabajo mismo. Es más diversa la consagración del derecho al trabajo, la que en aquellos textos que la contienen comprende dentro de sus elementos cuestiones tales como el deber individual de trabajar, el deber estatal de establecer condiciones adecuadas de trabajo, la protección del trabajo, entre otras. Así, por ejemplo, las constituciones de Argentina (art. 24), Perú (art. 2.15) y Uruguay (art. 36) reconocen el derecho al trabajo; las de Ecuador (art. 33), España (art. 35.1) y Venezuela (art. 87) además lo consideran un deber social; y finalmente, la Constitución de Colombia (art. 54) se refiere a ella como un derecho y una obligación social.

En un futuro texto constitucional debería mantenerse la consagración de la libertad de trabajo y sus derechos asociados como un derecho fundamental, respetando así los cincuenta años de historia constitucional chilena en los que se ha declarado lo esencial que resulta para el desarrollo de las personas y de la vida en sociedad la libertad de trabajo y su protección, tanto por parte del Estado como de los sujetos. Lo anterior resulta también coherente con los tratados ratificados por el Estado de Chile que así lo declaran, tales como la Declaración Universal de Derechos Humanos (art. 23), el Convenio sobre la abolición del trabajo forzoso (núm.105),

Convenio sobre igualdad de remuneración (núm. 100); Convenio sobre la discriminación (empleo y ocupación), entre otros.

Dentro de los elementos principales que debería tener su formulación, el libre acceso y elección del trabajo resultan relevantes como restricciones al poder político, definiendo y delimitando claramente aquellas hipótesis legalmente establecidas que autorizan excepcionalmente la limitación de esta garantía. Asimismo, el compromiso del Estado de Chile por promover la justa retribución del trabajo, entendiendo por esta a aquella contraprestación recibida por la labor realizada, en términos equitativos y que permite un sustento digno, constituye un mandato ético ineludible para un país moderno.

> " Un debate constitucional
representa una
oportunidad de
replantearse este modelo
de empleo público y al
mismo tiempo consagrar
un estatuto atractivo,
claro y digno para
los funcionarios que
colaboren en esa tarea".

ADMISIÓN A TODAS LAS FUNCIONES Y EMPLEOS PÚBLICOS

Domingo Poblete O.

La admisión a las funciones y empleos públicos es un derecho fundamental que busca asegurar a todas las personas la posibilidad de ingresar a desempeñar un cargo en el Estado, sea o no de elección popular, cumpliendo los requisitos que dispongan la Constitución y la ley. De esta forma, la garantía protege a los ciudadanos ante cualquier exclusión, impedimento u obstáculo en la obtención de un cargo público que no se justifique en el cumplimiento de un requisito establecido previamente por el ordenamiento jurídico.

Esta garantía forma parte de la tradición constitucional chilena, con reconocimiento expreso —y términos similares— en las Cartas de 1833 y 1925. Tiene su origen en los ideales de las revoluciones liberales de fines del siglo XVIII, como reacción ante la consideración de los cargos públicos como verdaderos privilegios a disposición del rey. En la visión imperante en esa época, los empleos públicos eran vendidos por los monarcas, como fuente de recaudación, y luego se transmitían en herencias familiares, transformándose en fuentes de enriquecimiento y prestigio aristocrático. En este sentido, resulta ilustrativo considerar que en la Declaración de los Derechos del Hombre y del Ciudadano de 1789 —documento fundamental de la revolución francesa—, este derecho se consagró como una de sus primeras garantías (artículo sexto) en los siguientes términos: *"puesto que todos los Ciudadanos son iguales ante la Ley, todos ellos pueden presentarse y ser elegidos para cualquier dignidad, cargo o empleo públicos, según sus capacidades y sin otra distinción que la de sus virtudes y aptitudes"*.

Como se aprecia, desde sus orígenes se ha entendido esta garantía como una manifestación del principio general de igualdad ante la ley, que, por su trascendencia, recibe un reconocimiento especial y autónomo en el texto constitucional. Es por ello que su consagración suele asociarse a la idea de igualdad en el acceso a los cargos públicos, reconociendo únicamente la capacidad personal y el mérito como criterios admisibles o válidos de selección.

Actualmente, este derecho fundamental mantiene su importancia no solo como garantía individual, sino por su valor institucional en un sistema democrático. En efecto, desterrada la idea de los cargos públicos como privilegios reales y comerciables, persiste en las sociedades modernas la permanente preocupación por diseñar e implementar sistemas de empleo público competitivos, transparentes y meritocráticos. Con ello se persigue un objetivo doble:

—En primer lugar, dotar al Estado de empleados suficientemente calificados para desarrollar las múltiples y complejas tareas que debe cumplir en su función de perseguir el bien común.

—Y, en segundo lugar, evitar que los cargos públicos se transformen en mecanismos de fidelización política. En este sentido, un riesgo permanente que enfrenta cualquier sistema de empleo público es el clientelismo o patronazgo, práctica que consiste en capturar votos y colaboración en campañas políticas con la promesa de retribución con un empleo público en caso de resultar electo el candidato o el partido respectivo. Naturalmente, esta figura atenta directamente contra la garantía de igual admisión a la función pública. Pero, además, transforma los diversos órganos del Estado en un verdadero "botín" de los partidos políticos, perjudicando directamente las funciones que deben cumplir, al impedirles dotarse de las personas más capacitadas para enfrentar los sensibles desafíos que se les encomiendan.

En el contexto de una discusión constitucional, debe advertirse que la regulación precisa de esta materia corresponde a la ley, que debe contener los procedimientos de ingreso a los cargos públicos, los requisitos que deben cumplir los candidatos y el estatuto que les será aplicable.

Sin embargo, resulta interesante advertir algunos temas que podrían abordarse y definirse en el texto constitucional, para luego ser desarrollados por el legislador. En primer lugar, lógicamente, debiese reiterarse la consagración del derecho fundamental de admisión a todos los cargos y funciones públicas. En este punto, deberá resolverse si esta garantía podrá ser invocada directamente en una acción de protección de derechos fundamentales. Adicionalmente, corresponde también a la Carta Fundamental señalar los requisitos para ejercer los principales cargos y funciones públicas, sean o no de elección popular.

Por otra parte, enfocándonos en el personal de la Administración del Estado, que es la más numerosa, podría incorporarse una referencia al concurso público como regla general de acceso a la función pública, sin perjuicio de excepciones legales justificadas. También resulta importante que la Constitución señale los elementos estructurales del estatuto aplicable a los empleos públicos de la Administración: ¿será un régimen de carrera, que aspira a mantener un cuerpo de funcionarios que va incrementando sus responsabilidades y asumiendo nuevas posiciones a medida que aumenta su experiencia, o se abrirá a un esquema más flexible, que permita a los diversos gobiernos renovar los puestos de trabajo?, ¿existirán garantías de perfeccionamiento técnico o profesional para los diversos funcionarios?

Estas preguntas tienen actualmente respuesta en la Constitución (art. 38), que consagra un modelo de carrera funcionaria que en la práctica no ha sido respetado y que se encuentra desbordado por otras fórmulas de contratación, reconocidas en la ley como excepcionales o marginales, pero que constituyen hoy la regla general. Este es uno de los principales problemas que forma parte de la urgente agenda de modernización del Estado. Luego, un debate constitucional representa una oportunidad de replantearse este modelo de empleo público y configurar las bases de funcionamiento que aseguren al Estado la dotación de personas necesarias para cumplir sus funciones y al mismo tiempo consagre un estatuto atractivo, claro y digno para los funcionarios que colaboren en esa tarea.

DERECHO Y SEGURIDAD SOCIAL

Hugo Cifuentes L.

El derecho de la seguridad social es una rama del derecho público y/o del derecho social, con naturales y trascendentes conexiones con la política social y económica del Estado. A continuación, abordaremos su concepto, finalidad, características y principios.

No existe un concepto único de seguridad social, se trata de un sistema que con tal denominación empieza a ganar espacio entre las políticas de carácter económico-social de los países a inicios de la década de los años cuarenta del siglo pasado, con los programas desarrollados en Inglaterra a partir de las propuestas de W. Beveridge, sin perjuicio de que sus orígenes se encuentren en los seguros sociales implementados en Alemania a fines del siglo XIX por Otto von Bismarck, conocido como el "padre" de estos seguros, que constituyen el inicio de la intervención del Estado en el aseguramiento social, primero para los "económicamente débiles", hasta proyectarse como una obligación con toda la población. Hoy, los seguros sociales —actualizados—, en gran número de países, como Chile, constituyen una de las ramas de la seguridad social. Ella es una de las obras de civilización del siglo XX, y todo proyecto de crecimiento y desarrollo para que sea eficaz debe acompañarse o integrarse con los programas de seguridad social, los cuales no son unívocos, sino que se engarzan a la realidad y tradición económica, social y jurídica de cada nación.

Sobre el concepto de la seguridad social se ha escrito mucho y de manera "sustanciosa" a nivel comparado y nacional, no encontrándose en todo caso una definición única. Hay posturas conceptuales amplias y restringidas, existiendo entre los autores y las declaraciones internacionales de derechos humanos elementos comunes que permiten adelantar una definición intermedia entre la amplitud de algunas y lo restrictiva de otras.

Así, entendemos la seguridad social como un sistema integrado de políticas y programas sociales y económicos, de ordenación estatal, destinados a asegurar a las personas prestaciones en dinero o especie, para enfrentar los estados de necesidad causados por contingencias sociales determinadas, concurriendo a su financiamiento mecanismos contributivos (cotizaciones), no contributivos (aportes fiscales) o mixtos y en cuya gobernanza intervienen entes públicos y privados, siempre bajo tuición del Estado, al cual corresponde asegurar niveles mínimos de protección a todos sus miembros, tanto nacionales como residentes.

Por su parte, procede entender la seguridad social, en cuanto rama del derecho, como el conjunto integrado de principios, normas e instituciones de origen estatal, destinado a otorgar protección a las personas frente a estados de necesidad originados en contingencias sociales por medio de prestaciones de contenido económico, de financiamiento contributivo y/o no contributivo, cuya administración puede ser pública y/o privada, que establezca las condiciones de acceso a las prestaciones que se determinen, los mecanismos de financiamiento, su institucionalidad y fijando procedimientos de resolución de conflictos, entre otros aspectos.

De la definición indicada tanto como derecho o política social y económica, se destacan los siguientes elementos: 1) tendencia a la cobertura de todas las personas, sin distinciones de ninguna especie; 2) las prestaciones tienen un contenido económico; por consiguiente, se relacionan con las políticas económico-sociales de los Estados; 3) se trata de contingencias sociales determinadas normativamente, que derivan en un estado de necesidad individualmente precisado, que a la comunidad entera le interesa resolver o contribuir a resolver, atendido que está en juego un derecho humano y, en parte, la supervivencia, integración y bienestar de la colectividad entera; 4) el financiamiento implica un esfuerzo colectivo solidario y también individual, a través de cotizaciones y aportes fiscales, con mecanismos financieros que van desde el reparto simple y con reservas, la capitalización individual y colectiva, la financiación estatal, a combinaciones de carácter mixto o nacional; y 5) la estructura institucional proviene del poder público, al cual corresponde su creación, ordenación, control, regulación y gestión, la cual puede ser delegada en entidades privadas.

Las contingencias sociales que causan estados de necesidad y que recogen las legislaciones nacionales, siguiendo el Convenio 102 de la OIT, son: vejez, invalidez; muerte del jefe/a de hogar; prevención y recuperación de la salud común (maternidad incluida) y laboral, desempleo y bienestar familiar. En las últimas décadas se han incorporado prestaciones para discapacitados y adultos mayores con dependencia, entre otras.

La finalidad de la seguridad social es asegurar a las personas una vida plena, es decir, que pueda ejercer sus derechos individuales y sociales libre de la necesidad económica, generada por la presencia del estado de necesidad causado por una contingencia social, a la que no puede hacer frente con su esfuerzo personal, asociado o no a los ingresos del trabajo. Por su parte, los objetivos de esta son: la sustitución o complementación de rentas por la falta de ingresos o necesidades adicionales de la familia; la redistribución de ingresos, por aplicación del principio de la solidaridad, y, por último, pero no por ello menos importante, la integración y cohesión social.

La seguridad social cuenta con unos principios que orientan la implementación de las políticas públicas respectivas y toda la concreción técnico-jurídica de sus programas: a) Universalidad subjetiva y objetiva, es decir, las prestaciones definidas deben alcanzar a todos los que las necesitan. Todas las personas deben estar cubiertas y alcanzar las prestaciones establecidas, de reunir los requisitos; b) Solidaridad, es decir, el esfuerzo de toda la comunidad en beneficio de todos, y que se manifiesta a través de diversos mecanismos, como la redistribución de ingresos; c) Unidad, es decir, las políticas de seguridad social deben contar con criterios de gobernanza que tiendan a evitar la dispersión en la gestión y administración; d) Uniformidad, en cuanto a que las prestaciones sean de contenido similar para todos conforme la necesidad a atender.

Finalmente, es conveniente hacer referencia a dos cuestiones cuyo carácter de principios puede ser discutible, pero que son de gran relevancia: en el ámbito económico, la necesidad de la sostenibilidad de los programas en consideración al principio de la evolución progresiva de los derechos y su irreversibilidad y, por otro lado, la tendencia a la internacionalización, en tanto se asegure a las personas el acceso a prestaciones independiente del territorio en que fije su residencia, lo que el derecho resuelve a través de tratados internacionales específicos, en particular respecto de las prestaciones contributivas.

LIBERTAD SINDICAL

Francisco Tapia G.

A partir de las primeras protestas obreras en el siglo XIX, en un marco de un incipiente desarrollo capitalista, comienza el largo camino de la organización de los trabajadores por su reconocimiento y legitimación en su representación en las relaciones de trabajo.

Marcada primero por la represión, después la tolerancia y finalmente su consagración por el derecho, la libertad sindical tiene un hito fundamental al constituirse la Organización Internacional del Trabajo como parte del Tratado de Versalles en 1919, la que desarrollará una sólida doctrina a través de su quehacer normativo y la labor que ejercen sus órganos de control.

La libertad sindical, en la doctrina, se ocupa de los derechos de sindicalización, de negociación colectiva y de huelga, los que también han sido consagrados en el catálogo de los derechos económicos, sociales y culturales y en los pactos de derechos humanos. Se encuentran asimismo consagrados en los derechos fundamentales en el trabajo contenidos en la Declaración de junio de 1998 de la Conferencia Internacional del Trabajo, a través de los Convenios 87 de 1948 y 98 de 1949.

En Chile, uno de sus principales impulsores ha sido san Alberto Hurtado Cruchaga, en la teoría y en la práctica, promoviendo la organización de los trabajadores. Como en otras experiencias, la primera ley de libertad sindical fue la ley de sindicalización campesina, sin que se extendiera el principio de libertad sindical a otras categorías de trabajadores (Ley N° 16.625). Por el contrario, la legislación de las siguientes décadas fue restrictiva de los derechos sindicales. Parcialmente la ley 19.069 de 1991 primero y después las leyes 19.758 de 2001 y 20.940 de 2016 han avanzado en su ajuste al principio de libertad sindical. Desde la

Constitución, el amplio catálogo de derechos laborales colectivos contenidos en el Estatuto de Garantías Constitucionales de 1971 fue modificado a través de las reformas contenidas en el Acta Constitucional núm. 3 de 1976, el decreto ley 2755 de rango constitucional de 1979, y finalmente la Constitución Política de la República, de 1980.

Regulación constitucional y planteamientos para la nueva Constitución

La Constitución debe reconocer el principio de libertad y los derechos sindicales, el efectivo reconocimiento de la negociación colectiva y el derecho de huelga.

Tratándose del derecho de asociación, debe reconocerse el derecho de los trabajadores, sin distinción alguna, a constituir o a afiliarse libremente a las organizaciones de su elección, con sujeción a los estatutos de la organización, sin autorización previa y en conformidad a la ley, para la defensa de sus intereses económicos y sociales. Nadie puede ser obligado a afiliarse o a desafiliarse de una organización sindical.

Las organizaciones de trabajadores adquieren personalidad jurídica por el solo depósito del acta de constitución y estatutos y no pueden ser disueltas o suspendidas por resolución de la autoridad administrativa. Asimismo, los trabajadores deben gozar de la protección contra los actos de discriminación antisindical en relación con su empleo.

Debe reconocerse a las organizaciones sindicales el derecho a redactar su normativa interna, a elegir a sus representantes, a organizar su administración y actividades y a formular sus programas, todo ello con reconocimiento de los derechos de sus miembros y sujeción a las reglas de la sociedad democrática, de acuerdo a la ley. Asimismo, debe reconocerse el derecho a constituir federaciones, confederaciones y centrales sindicales y a afiliarse a ellas, como también a organizaciones internacionales de trabajadores.

Respecto de los representantes sindicales, deben estos gozar de protección contra todo acto que los perjudique por su condición de tales y disponerse que la ley establecerá las facilidades apropiadas para que puedan desempeñar sus funciones con rapidez y eficacia. Asimismo, cuando en una misma empresa existan organizaciones sindicales implantadas, y por ende directores sindicales, junto a otros representantes de los trabajadores elegidos en conformidad con la ley, no podrán estos últimos desarrollar actividades propias de las prerrogativas reconocidas a la función sindical.

Asimismo, las organizaciones sindicales deben gozar de plena autonomía y disponerse que la ley establecerá las medidas de protección adecuada contra cualquier acto de injerencia en su establecimiento, funcionamiento o administración. Del mismo modo, los poderes públicos se abstendrán de todo acto de injerencia que restrinja estos derechos o impidan su legítimo ejercicio.

La Constitución debe también reconocer el derecho de los trabajadores a la negociación colectiva, a través de las organizaciones sindicales, regulándose por ley las modalidades y procedimientos en el ejercicio del derecho, en el ámbito en que se acuerde, debiéndose adoptar las normas legales de coordinación cuando se trate de negociaciones de distinto nivel.

Debe además reconocerse a la organización más representativa respecto de los atributos que se le confieren en el marco de la negociación colectiva y el diálogo social, la posibilidad de eficacia general de los instrumentos que suscriba en el ámbito del Convenio Colectivo y la posibilidad de extensión de los mismos, en todo o en parte, por la autoridad ministerial cuando ello así fuere recomendado por un panel de expertos constituido al efecto.

De otra parte, se reconoce el derecho de los trabajadores a la huelga, para la defensa de sus intereses económicos y sociales. La ley establecerá las garantías destinadas a asegurar el mantenimiento de los servicios esenciales de la comunidad, cuando pudieren afectarse otros intereses constitucionales tutelados, constituyéndose una Comisión de Garantías de los derechos fundamentales, de designación por el Senado de la República y compuesta por académicos en el área, la que determinará las medidas destinadas a la protección de los derechos fundamentales en caso de colisión, por el ejercicio del derecho de huelga, cuando se afecten servicios esenciales. Las asociaciones de funcionarios de la Administración del Estado gozan de estos mismos derechos, quedando asimismo entregada a la Comisión de Garantías la definición de las medidas a adoptar cuando se trata de servicios esenciales o, la aceptación de las mismas cuando hubiere autorregulación sometida a su aprobación por las asociaciones de funcionarios. No se aplican estas normas a los funcionarios de las fuerzas armadas y de Carabineros.

La Constitución reenviará a la ley, los procedimientos de aquellas materias que deben ser objeto de diálogo social, a través de las organizaciones más representativas de trabajadores y de empleadores, debiendo establecerse mecanismos objetivos de determinación de la mayor representatividad en los distintos ámbitos.

" Existen ciertos límites
al Estado en cuanto
titular para el ejercicio
del poder tributario".

LEGALIDAD E IGUALDAD TRIBUTARIA

Julio Pereira G.

La potestad tributaria, esto es, la facultad de establecer tributos y tasas, como también imponer deberes y prohibiciones de naturaleza tributaria, está entregada al Estado. Este último, como delegatario de la sociedad en la consecución del bien común, puede imponer, suprimir, reducir o condonar tributos de cualquier clase o naturaleza, establecer exenciones o modificar las existentes y determinar su forma, proporcionalidad o progresión. En rigor, la potestad tributaria no es más que la soberanía del Estado ejercida respecto de los tributos.

Sin embargo, existen ciertos límites al Estado en cuanto titular para el ejercicio del poder tributario. En el primer orden de limitaciones al ejercicio de la potestad tributaria se encuentran los principios constitucionales, los cuales se traducen en verdaderas garantías para los contribuyentes que ven restringido su derecho de propiedad, el cual ciertamente la Carta Magna también protege. De ahí que algunos autores se refieran a la "contradicción" o "pugna" entre la potestad tributaria y el derecho de propiedad de los contribuyentes.

En este contexto, los distintos ordenamientos jurídicos han establecido diversos principios constitucionales que regulan o limitan la facultad de imposición del Estado. Se trata de que el ejercicio del poder tributario se contenga por el ejercicio de estos derechos fundamentales.

Entre los principios constitucionales de mayor relevancia que reconoce nuestra Constitución se encuentran el principio de reserva o legalidad y el principio de igualdad tributaria.

Principio de legalidad tributaria

El principio de legalidad tributaria se fundamenta en la necesidad de proteger el derecho de propiedad, toda vez que los tributos implican una restricción del dominio. Asimismo, este principio constituye un mecanismo de defensa del contribuyente frente a eventuales arbitrariedades del ente fiscal y es la mejor garantía de la seguridad y certeza jurídica en materia impositiva.

La legalidad tributaria comprende, al menos, los siguientes aspectos:

a) Juridicidad de la administración del Estado en materia impositiva: Este aspecto del principio de legalidad se encuentra contenido en los artículos 6 y 7 de nuestra Constitución, en virtud de los cuales los órganos fiscales solo pueden actuar sujetándose a la Constitución y las leyes, y con las atribuciones precisas que ellas les otorguen. En virtud de lo señalado, la actividad tributaria que realiza el Estado a través de distintos organismos (Servicio de Impuestos Internos, Tesorería General de la República, Servicio Nacional de Aduanas, etc.) deberá sujetarse al derecho, el cual establece los límites del ejercicio del poder de imposición.

b) Reserva legal en materia tributaria: Esta garantía se reduce al brocardo latino *"nullum tributo sine lege"*. Así, los tributos y sus elementos solo podrán ser establecidos mediante una ley, la cual, a su vez, deberá ajustarse a la Constitución.

El principio de reserva legal apunta a que el ejercicio de la potestad tributaria por su titular es materia reservada exclusivamente al dominio de la ley.

Este principio forma parte del estatuto de garantías constitucionales del contribuyente y constituye, asimismo, parte esencial del orden público económico; sin embargo, no constituye una de las garantías individuales establecidas en el Capítulo III de la Constitución, en sentido estricto. De hecho, la Comisión Constituyente de la Constitución de 1980 se apartó en este punto de la Constitución de 1925, que establecía el principio de legalidad o reserva en el Art. 10, numeral 9, inciso segundo, claramente como una garantía individual. La Comisión Constituyente del 80 optó, en cambio, por establecer el principio de reserva legal en el "proceso de formación de la ley tributaria", materia esta de naturaleza orgánica, según se dejó consignado en las Actas por los propios Comisionados. Adicionalmente, por una cuestión eminentemente técnica vinculada a la delegación de facultades legislativas, la Constitución solo de manera indirecta concibe este principio como una garantía individual.

Así, nuestra Constitución recoge este principio en los artículos 19, N° 20, 63 y 65, estableciendo que la iniciativa para crear tributos se encuentra exclusivamente radicada en el Presidente de la República y el origen de las leyes sobre tributos solo puede darse en la Cámara de Diputados. Además, estas leyes deben respetar los principios constitucionales para garantizar la igualdad en su repartición, su no confiscatoriedad y su no afectación a destinos específicos.

El principio de legalidad tributaria exige que una ley sea la que determine las cargas fiscales que se deben soportar, quedando la obligación tributaria determinada en todos sus aspectos para que el contribuyente pueda conocer con suficiente precisión el alcance de sus obligaciones fiscales, de manera que no quede margen para la arbitrariedad. De esta manera, se debe extender el principio de legalidad a todos los elementos esenciales de la obligación tributaria, esto es, el hecho imponible, los sujetos obligados al pago, el procedimiento para determinar la base imponible, la tasa, las situaciones de exención y las infracciones. La expresión "ley" incluye en nuestro sistema a los decretos con fuerza de ley y decretos leyes, dejando fuera a la potestad reglamentaria para establecer o derogar tributos.

Principio de igualdad tributaria

El principio de igualdad tributaria no es más que una expresión del valor superior de igualdad que rige todo nuestro ordenamiento jurídico. Lo esencial del principio de igualdad impositiva, consagrado en el artículo 19 N° 20, es que los tributos deben ser iguales, proporcionados y justos. Sin embargo, la igualdad no mira al tributo en sí mismo, sino al sacrificio que debe hacer quien lo paga.

En este sentido, la igual repartición de los tributos no se refiere a una igualdad en términos numéricos, ni está vinculada exclusivamente con la proporción que respecto del hecho, renta, ganancia o beneficio gravados debe contemplar la ley, sino que se refiere a la obligación de cada individuo de soportar las cargas, de manera que estas sean igual de pesadas para todos.

La igualdad, así concebida, exige que situaciones económicamente iguales sean tratadas de la misma manera, puesto que la capacidad económica que se manifiesta es la misma. Lo que busca el principio es asegurar el mismo tratamiento tributario a quienes se encuentran en situaciones análogas. Este principio va íntimamente ligado a la generalidad de la ley por la vía de asegurar la igualdad ante el "hecho gravado". Es decir, toda persona que se encuentre en la misma situación descrita por la ley debe pagar impuesto de la misma manera.

Sin embargo, la igualdad tributaria es una garantía amplia que asegura al contribuyente no solo la igualdad ante el hecho gravado, sino que se extendería a los restantes elementos de la obligación tributaria (por consiguiente, una igualdad ante las tasas, ante la base imponible, ante las hipótesis de exención y hechos no gravados, ante las reglas de declaración y pago). Asimismo, la igualdad tributaria se proyecta a la esfera en que la administración ejerce las potestades públicas que le han sido conferidas por ley. Se trata por consiguiente de una igualdad del trato que la Administración debe a los contribuyentes, particularmente en lo relativo a la fiscalización y a la interpretación administrativa de la ley tributaria. Este principio, por su correlato con la generalidad de la ley, ha sido calificado por algunos como un principio meramente formal.

LIBRE INICIATIVA ECONÓMICA

GERMÁN CONCHA Z.

Dentro de los derechos y garantías que la Constitución Política de 1980 reconoce a todas las personas se encuentra la Libre Iniciativa Económica. Es decir, la libertad para desarrollar cualquier actividad económica (siempre que ella no sea contraria a la moral, al orden público o a la seguridad nacional), sujetándose a las normas legales que la regulen.

La libre iniciativa económica se encuentra consagrada en el inciso 1° del número 21° del artículo 19 de la Constitución Política, cuyo texto es el siguiente: "Artículo 19. *La Constitución asegura a todas las personas: 21°. El derecho a desarrollar cualquiera actividad económica que no sea contraria a la moral, al orden público o a la seguridad nacional, respetando las normas legales que la regulen.*"

La doctrina ha afirmado que esta consagración guarda estrecha relación con el reconocimiento por parte de la Constitución Política de 1980 de la libertad de las personas y del denominado Principio de Subsidiariedad como bases del ordenamiento institucional. Asimismo, se ha señalado que ella se relaciona con el principio general del derecho que reconoce a la denominada autonomía de la voluntad (es decir, la facultad de hacer todo aquello que no está expresamente prohibido), como el criterio rector de la actividad privada (o de los privados).

Se ha destacado, asimismo, que al establecer constitucionalmente que en el ejercicio de la actividad económica de que se trate se han de respetar las normas legales que la regulen, no solo se ha establecido un límite formal (esto es, que la regulación debe hacerse por normas de rango legal), sino también se ha definido un marco para el legislador, en el sentido de que tales normas (las que establecen la regulación) han de permitir el ejercicio efectivo de la libre iniciativa económica, y no impedirlo o hacerlo imposible en la práctica.

Es en este sentido que el Tribunal Constitucional ha resuelto que: "por regular, conforme al Diccionario de la Real Academia, debe entenderse 'ajustado y conforme a reglas', ello no podría jamás interpretarse en el sentido de que se impida el libre ejercicio del derecho. Por otra parte, si bien al regular se puede establecer limitaciones y restricciones al ejercicio de un derecho, éstas claramente, de acuerdo al texto de la Constitución, deben ordenarse por ley y no mediante normas de carácter administrativo. No podríamos entender en otro sentido la expresión 'las normas legales que la regulen', pues ello significaría violentar no sólo las claras normas del artículo 19 N° 21, sino que también, sería aceptar que el administrador puede regular el ejercicio de los derechos constitucionales sin estar autorizado por la Constitución" (Tribunal Constitucional de Chile. Sentencia de 6 de abril de 1993. Considerando 12°).

Se ha sostenido que el reconocimiento de esta libertad no solo tiene un sentido económico, sino también político, en la medida que, al reconocer la libertad para desarrollar actividades económicas (esto es, orientadas a la obtención de ganancia o lucro), se garantiza que cada persona pueda buscar los medios para su subsistencia y desarrollo con independencia del Estado y, por ende, sin quedar en situación de dependencia respecto de él.

El Tribunal Constitucional ha señalado que esta garantía tiene que ver, además, con el derecho a participar en la vida nacional. Así, ha resuelto que: "el derecho consagrado en el artículo 19 N° 21 (…) es una expresión de los contenidos filosófico-jurídicos del Capítulo I de la Constitución y viene a ser una consecuencia del principio de subsidiariedad, como también del deber del Estado de resguardar el derecho de las personas a participar con igualdad de oportunidades en la vida de la nación" (Tribunal Constitucional de Chile. Sentencia de 21 de abril de 1992. Considerando 8°).

Es por ello que la Constitución Política de 1980 reguló también los elementos centrales de la actividad empresarial del Estado. No para prohibirla, sino para asegurar que ella no desconociera o afectara indebidamente la libre iniciativa económica.

Esta regulación se encuentra establecida en el inciso 2° del número 21° del artículo 19 de la Constitución Política, cuyo texto es el siguiente: *"El Estado y sus organismos podrán desarrollar actividades empresariales o participar en ellas sólo si una ley de quórum calificado los autoriza. En tal caso, esas actividades estarán sometidas a la legislación común aplicable a los particulares, sin perjuicio de las excepciones que por motivos justificados establezca la ley, la que deberá ser, asimismo, de quórum calificado".*

Los requisitos que se establecen, en consecuencia, para que el Estado pueda desarrollar actividades empresariales o participar en ellas, son:

—Debe existir una autorización mediante norma de rango legal, la que debe ser específica para la actividad de que se trate, y cumplir con un *quorum* de aprobación mayor, esto es, el *quorum* calificado (que corresponde a la mayoría absoluta de los miembros en ejercicio de cada cámara del Congreso Nacional). Se ha afirmado que así se garantiza que exista una revisión (y un acuerdo) mayor respecto de la necesidad de que el Estado realice o participe en la actividad concreta en cuestión.

—La actividad de que se trate ha de desarrollarse conforme a la legislación común que se aplica a los particulares, salvo las excepciones (diferencias) que por motivos justificados se establezcan mediante una ley de *quorum* calificado. Se ha afirmado que así se evita la generación de reglas que discriminen arbitrariamente a favor del Estado.

DERECHO DE PROPIEDAD

Arturo Fermandois V.

El derecho de propiedad se reconoce y garantiza como un derecho de las personas en la mayoría de las constituciones del mundo. Promovido por los pensadores de la Ilustración —en especial John Locke—, fue recogido con fuerza ya en la Declaración de los Derechos del Hombre y del Ciudadano en la Revolución Francesa de 1789, en su artículo 17: *"Siendo inviolable y sagrado el derecho de propiedad, nadie podrá ser privado de él, excepto cuando la necesidad pública, legalmente comprobada, lo exige de manera evidente, y a la condición de una indemnización previa y justa"*. En Chile, la Constitución de 1822 la incorporó en su artículo 115, en términos análogos. Eje del constitucionalismo liberal que dejó atrás el antiguo régimen y la propiedad feudal, la propiedad individual figura entonces junto al derecho a la vida, a la libertad individual y al debido proceso, como uno de los ejes centrales del catálogo de derechos en el mundo democrático.

Las cartas fundamentales suelen remitir a la ley para efectos de definir el contenido y limitaciones de la propiedad. No obstante ese margen legislativo y no sin ciertas voces minoritarias (STC 7442-2019), la propiedad tiene una identidad constitucional que la ley debe honrar y que consiste en su núcleo inviolable y en sus atributos esenciales (inviolabilidad, perpetuidad, universalidad y exclusividad) y facultades asimismo esenciales (usar, gozar y disponer) provenientes del derecho romano y confirmadas por el derecho civil (Código Civil francés de 1806, de Bello de 1855, etc.). El artículo 582 de nuestro código privado lo define de la siguiente forma: *"El dominio (que se llama también propiedad) es el derecho real en una cosa corporal, para gozar y disponer de ella arbitrariamente; no siendo contra la ley o contra derecho ajeno"*. El derecho constitucional, por su parte, protege el rol del dominio en la realización de la persona y en la consecución del bien común.

Los derechos y libertades que comprende el estatuto constitucional de la propiedad

El estatuto constitucional de la propiedad contiene en la actual Carta Fundamental tres derechos y libertades independientes: a) el derecho a la propiedad, esto es, la libertad para adquirir el dominio sobre toda clase de bienes (art. 19 N° 23), b) el derecho de propiedad propiamente tal, que se ejerce en sus diversas especies sobre toda clase de bienes corporales e incorporales, incluidas las concesiones mineras (art. 19 N° 24), y c) el derecho de propiedad intelectual (desde 2001 fusionado con el de la libertad para crear y difundir las artes en el N° 25 del mismo artículo).

El "derecho a la propiedad" y los bienes inapropiables. En aquella primera libertad garantizada (N° 23) la Carta asegura a todas las personas *"la libertad para adquirir el dominio sobre toda clase de bienes (…)"*. Se trata del comúnmente denominado "derecho a la propiedad", garantía en favor de aquel que aún no es señor y dueño, y que le permite exigir tanto al Estado como a los particulares, la remoción de todo obstáculo jurídico, económico o fáctico que impida o perturbe la posibilidad de adquirir el dominio de un bien. El propósito de este precepto —nuevo en la Carta de 1980— es proteger la existencia amplia de bienes apropiables por las personas (propiedad privada), evitando que las leyes vayan reservando bienes cuyo titular sea exclusivamente estatal —salvo la propiedad minera—, fenómeno que se observó hacia fines del imperio de la Constitución de 1925. Todo ello, por cierto, siguiendo los parámetros de inapropiabilidad clásicos del derecho civil. Así, no pueden ser adquiridos aquellos bienes que la naturaleza ha hecho comunes a todos los hombres (el aire). Tampoco pueden serlo los bienes que deban pertenecer a la Nación toda y la ley lo declare así (bienes nacionales de uso público como calles, plazas o el agua).

Derecho de propiedad: los cuatro tópicos que se regulan y derechos que garantizan en la Constitución. El "derecho de propiedad común" está conformado en la Constitución por los siguiente subtópicos:

i. El *derecho de propiedad* (común), tratado y garantizado en el N° 24, inciso primero, en virtud del cual el dueño de un bien puede usar, gozar y disponer de él, en la medida que en el ejercicio de tales facultades respete las normas legales y el derecho ajeno. Este dominio se garantiza sobre bienes corporales e incorporales.

ii. La *función social de la propiedad*, como límite del derecho de propiedad, tratada en el inciso segundo del N° 24 junto a la reserva legal de las obligaciones y limitaciones que se impongan al derecho. En virtud de ella, se confía al legislador, y solo a él, la potestad de establecer restricciones y limitaciones al ejercicio del derecho, siempre y cuando no lleguen a constituir una expropiación ni una afectación de la esencia del derecho (Art. 19 N° 26, siguiendo la Constitución de Alemania). El concepto de función social de la propiedad se encuentra delimitado en su contenido: comprende cuanto exijan los intereses generales de la nación, la seguridad nacional, la utilidad pública, la salubridad pública y la conservación del patrimonio ambiental.

iii. El *estatuto constitucional de la expropiación* (incisos 3°, 4°, y 5° del N° 24) protege a aquel que se ve despojado forzosamente de su dominio en virtud de un acto administrativo, debidamente motivado en razones de utilidad pública o interés nacional, y precedido de habilitación legal. La Constitución confiere al expropiado la facultad de *"reclamar de la legalidad del acto expropiatorio ante los tribunales ordinarios"* y reconoce *"siempre derecho a indemnización por el daño patrimonial efectivamente causado"*, la que a falta de acuerdo *"deberá ser pagada en dinero efectivo al contado"*. Otros elementos relevantes de este precepto, que son legado de las expropiaciones abusivas de las décadas de 1960 y1970, consisten en a) la determinación judicial del monto: la palabra final sobre el monto a indemnizar en caso de desacuerdo la tienen los tribunales ordinarios de justicia, y b) la toma de posesión material posterior: para que el Estado tome posesión del bien, debe previamente haber indemnizado la totalidad del monto (no cabe el pago a plazo).

iv. La *propiedad minera* (incisos 6° al 10° del N° 24), que si bien ya se encontraba recogida en la Carta de 1925, desde el 16 de julio de 1971, a través de la reforma constitucional N° 17.450 que declaró a las empresas de la Gran Minería del Cobre de pleno y exclusivo dominio de la nación, fue incorporada de forma aún más elocuente por la Constitución de 1980 que declaró el dominio estatal *absoluto, exclusivo, inalienable e imprescriptible*" sobre los recursos mineros, sin perjuicio de su derecho a otorgar concesiones de exploración y explotación a privados. En su regulación, el constituyente incluyó cuatro elementos fundamentales que han hecho posible la certeza jurídica y el desarrollo minero en Chile: a) el otorgamiento de la concesión por medio de sentencia judicial, y no de acto administrativo, título este último tradicionalmente más precario; b) el reconocimiento expreso de un derecho de propiedad sobre la concesión, sin perjuicio del dominio del Estado sobre los yacimientos; c) la prohibición a la ley de crear causales de caducidad de la concesión con posterioridad a su otorgamiento; y d) la competencia de los tribunales ordinarios —y no de tribunales especiales— para conocer de las controversias que detone una concesión minera.

La propiedad intelectual e industrial

El texto del N° 25 del artículo 19 de la Carta otorga especial protección al "*derecho del autor sobre las creaciones intelectuales y artísticas de cualquier especie*". Ello incluye obras literarias, artísticas y científicas, así como otras obras del intelecto, que quedan *especialmente protegidas* en la ley N° 17.336, de Propiedad Intelectual.

El derecho de autor se traduce en "*la propiedad de las obras y otros derechos, como la paternidad, la edición y la integridad de la obra*". Así, por una parte, la Carta resguarda el vínculo jurídico de dominio entre el autor y su obra, y por la otra, busca asegurar otros derechos en favor del creador, como son, a) que la obra sea asociada a su nombre o seudónimo, o bien, que se respete su voluntad de mantener la obra anónima; b) el derecho a que sea publicada total o parcialmente, o a mantenerla inédita; y c) a impedir que la obra sea modificada, sin previo y expreso consentimiento del autor.

Por último, la propiedad industrial también queda garantizada por el texto constitucional, que comprende en ella "*las patentes de invención, marcas comerciales, modelos, procesos tecnológicos u otras creaciones análogas*", enumeración que, por ende, no es taxativa, sino flexible para la protección de cualquier otra clase de propiedad industrial que no haya sido expresamente contemplada por la Carta.

“ La propiedad individual figura entonces junto al derecho a la vida, a la libertad individual y al debido proceso, como uno de los ejes centrales del catálogo de derechos en el mundo democrático”.

ACCIONES CONSTITUCIONALES

Rodrigo Delaveau S.

Las acciones constitucionales son herramientas procesales que nos entrega directamente la Constitución para hacer valer un derecho constitucional ante el juez correspondiente, cuando este sea susceptible de ser tutelado judicialmente. Existen diversas acciones consagradas en la Carta Fundamental con objetivos diferentes.

Dentro de las más conocidas está el denominado **Recurso de Amparo** —también conocido como *Habeas Corpus*— el que tiene como finalidad que se guarden las formalidades legales y se adopten las medidas necesarias, se reparen los defectos legales o incluso disponer la libertad inmediata del afectado, cuando alguien se encuentre arrestado, detenido o preso con infracción a las garantías constitucionales relativas a la libertad personal o la seguridad individual, acción que se debe presentar ante la Corte de Apelaciones respectiva.

Más utilizado es el llamado **Recurso de Protección**, acción constitucional que fue por primera vez introducida en la Carta Fundamental vigente, y cuyo objetivo es amparar ciertos derechos judicialmente, de manera rápida y efectiva, es decir, es una acción cautelar. Así, cualquier persona afectada puede solicitar a la Corte de Apelaciones respectiva que adopte las medidas que juzgue necesarias para protegerlo de actos u omisiones arbitrarios o ilegales que hayan provocado privación, perturbación o amenaza en el legítimo ejercicio de alguno de los siguientes derechos: a la vida e integridad física y síquica, a la igualdad en y ante la ley, a no ser juzgado por comisiones especiales, a la vida privada, honra y datos personales, a la inviolabilidad del hogar y comunicaciones privadas, a la libertad de conciencia, al derecho a vivir en un medio ambiente libre de contaminación cuando sea afectado por un acto u omisión ilegal imputable a una autoridad o persona determinada, a elegir el sistema de salud, a la libertad de enseñanza, a la libertad de emitir opinión y la de informar, a reunirse pacíficamente sin permiso previo y sin armas, a asociarse, a la libertad de trabajo, su libre elección y libre contratación, a sindicalizarse, a desarrollar actividades económicas, a la no discriminación arbitraria por parte del Estado en materia económica, a adquirir propiedad, y a no ser privado de la propiedad material o intelectual sin indemnización del daño patrimonial efectivamente causado.

Con todo, existen otros derechos que no se encuentran amparados por la acción de protección, dado que su vulneración no es posible que sea resuelta por un juez ordinario, como el establecimiento de un impuesto sin las formalidades legales, o el exigir derechos consistentes en prestaciones, como la educación o el financiamiento de alguna enfermedad, ya que dependen de la capacidad financiera del Estado, y se otorgan en la medida que existan recursos económicos públicos para ello, y que, por lo tanto, corresponden al legislador.

Tampoco debemos olvidar que la existencia del Recurso de Protección es una particularidad de América Latina, dado que prácticamente no existe en otros ordenamientos jurídicos fuera del continente, y solo el 9% de las Constituciones del mundo lo contemplan. Más excepcional resulta el hecho de que la segunda instancia de esta acción sea tramitada ante la Corte Suprema. En primer lugar, porque la Constitución no lo contempla, y en segundo lugar porque Chile es el único país en que el Tribunal Constitucional no tiene la última palabra en materia de acciones tutelares de derechos constitucionales. Sin embargo, este rol debiera ser más bien de uniformar jurisprudencia, que de revisar todos y cada uno de los casos existentes, de manera de generar criterios que otorguen certeza a las personas a la hora de garantizar sus derechos constitucionales.

No obstante, el Tribunal Constitucional cumple indirectamente con este rol protector de derechos fundamentales mediante otras acciones constitucionales. En efecto, dado que la Constitución es la ley superior —que fija los acuerdos y límites esenciales del Estado—, un Tribunal debe hacerse cargo de que esta Ley Fundamental sea respetada por las demás normas jurídicas que dicta ese Estado, en lo que se conoce como **principio de supremacía constitucional**. El deber principal del Tribunal

Constitucional es garantizar que se respete la Constitución Política, ejerciendo el control de constitucionalidad.

El control de constitucionalidad es la manera en que se materializa el respeto de la supremacía constitucional, en virtud de la cual el Tribunal Constitucional verifica que tanto las leyes —dictadas por el Congreso—, los tratados internacionales aprobados por el Parlamento, los Decretos del Presidente de la República como los Auto Acordados dictados por los Tribunales Superiores de Justicia estén conformes con la Constitución. De esa forma, las personas se aseguran de que los órganos del Estado respeten los consensos sociales básicos, actuando dentro de los límites a que están sujetos por la Constitución, lo cual tiene como objetivo proteger las libertades y derechos fundamentales de las personas.

Mediante el control de constitucionalidad se pone en ejercicio el más importante de los instrumentos de garantía democrática, dando primacía a la norma que recoge los mayores consensos en las cuestiones fundamentales (Constitución) por sobre la norma que expresa la mayoría de turno (ley) o la decisión del Gobierno (decreto), la Judicatura u otros órganos estatales. Existen muchas formas de ejercer el control de constitucionalidad. Dentro de las más conocidas está la que distingue entre control preventivo y control represivo de constitucionalidad. El primero es el que se realiza antes de la promulgación de la ley, es decir, antes de que el proyecto de ley se convierta en norma legal, acción que solo pueden hacer llegar al Tribunal Constitucional los parlamentarios y el Presidente de la República.

Pero respecto del segundo mecanismo, esto es, aquel que se efectúa una vez que la ley ha sido promulgada y publicada, la Constitución otorga a toda persona afectada el derecho a interponer un recurso de inaplicabilidad. Mediante esta acción procesal, todo litigante que estime que la ley que resuelve su caso es contraria a la Constitución puede solicitar al Tribunal Constitucional que, por la mayoría de sus miembros en ejercicio, declare inaplicable ese precepto legal en cualquier gestión que se siga ante un tribunal ordinario o especial, por resultar contrario a la Constitución. Mientras se tramita este recurso ante el Tribunal Constitucional, este debe resolver la suspensión del procedimiento en que se ha originado la acción de inaplicabilidad, de manera que su sentencia tenga efecto en el juicio ante el tribunal ordinario o especial. Estas acciones constituyen cerca del 90% del trabajo del Tribunal Constitucional.

Existen, finalmente, otras acciones constitucionales de menor ocurrencia, como la acción de reclamo de nacionalidad, o la acción de indemnización por error judicial en materia penal.

NACIONALIDAD Y CIUDADANÍA

Alejandro Parodi T.

Nacionalidad

La nacionalidad es el vínculo que existe entre una persona y un Estado determinado, que otorga a esa persona ciertos derechos y le impone, como contrapartida, ciertos deberes. Si ese Estado es el chileno, se dice que la persona tiene nacionalidad "chilena". En cambio, si el vínculo es con cualquier otro Estado, esa persona tiene, en Chile, la calidad de "extranjero".

La nacionalidad es considerada, actualmente, como un derecho humano que otorga a las personas derecho a la protección de su Estado.

¿Qué diferencias existen entre chilenos y extranjeros?

Chilenos y extranjeros son personas, y en tal carácter, son titulares de unos mismos derechos humanos o fundamentales, como el derecho a la vida, a la igualdad ante la ley, al debido proceso, a la honra, etc. En eso no existen diferencias.

Las diferencias existen porque las leyes o la propia Constitución reconocen a los chilenos ciertos otros derechos que no reconocen a los extranjeros. Por ejemplo, solo los chilenos pueden optar a cargos de elección popular; solo los chilenos pueden obtener un pasaporte emitido por el Estado de Chile; en materia laboral, una empresa no puede tener más de un 15% de trabajadores extranjeros, entre otros.

También existen diferencias en cuanto a los deberes. La Constitución, por ejemplo, impone a los chilenos el deber fundamental de honrar a la patria, de defender su soberanía y de contribuir a preservar la seguridad nacional y los valores esenciales de la tradición chilena. Asimismo, los chilenos en estado de cargar armas deberán hallarse inscritos en los Registros Militares si no están legalmente exceptuados.

¿Quiénes son chilenos?

La Constitución dispone que son chilenos:

Causal 1ª: Los nacidos en el territorio de Chile, salvo los hijos de extranjeros transeúntes (personas que están de paso por el país) y los hijos de extranjeros que están en Chile en servicio de otro gobierno (por ejemplo, el hijo de un embajador de otro país). Estos últimos pueden, en todo caso, optar por la nacionalidad chilena.

Causal 2ª: Los hijos de padre o madre chilenos, nacidos en territorio extranjero, para lo cual al menos uno de sus ascendientes de primer y segundo grado (padres o abuelos) debe ser chileno por una causal distinta a la presente causal 2ª.

Causal 3ª: Los extranjeros que obtuvieren carta de nacionalización. La carta de nacionalización es un decreto que dicta el Presidente de la República confiriendo la nacionalidad chilena, por regla general, a aquellas personas que tengan más de 18 años, tengan más de cinco años de permanencia en Chile, y sean titulares de permanencia definitiva (permiso que se otorga a los extranjeros para residir indefinidamente en Chile y desarrollar cualquier actividad lícita en el país).

Causal 4ª: La nacionalidad por gracia, que se otorga por ley, a aquellos extranjeros que hayan prestado un servicio importante para el país o sean merecedores de recibir la nacionalidad a modo de homenaje.

¿Cómo se pierde la nacionalidad chilena?

La nacionalidad chilena se pierde: por renuncia (solo en la medida que la persona se haya nacionalizado previamente en algún país extranjero); por prestar servicios durante guerra exterior a enemigos de Chile o de sus aliados; por cancelación de la carta de nacionalización (cuando el extranjero nacionalizado ha cometido conductas que lo hacen indigno de tener la nacionalidad chilena); y por una ley que revoque la nacionalidad concedida por gracia.

La Constitución contempla la posibilidad de interponer un reclamo directamente ante la Corte Suprema.

Ciudadanía

La ciudadanía es un estatus que tienen ciertos chilenos que les permite gozar del derecho de sufragio y del derecho de optar a cargos de elección popular, entre otros derechos de naturaleza política.

Son ciudadanos los chilenos mayores de edad que no hayan sido condenados a pena aflictiva (a más de 3 años y 1 día de presidio).

El derecho de sufragio

El derecho de sufragio no es privativo de los ciudadanos. También puede ser ejercido por los extranjeros avecindados en Chile por más de cinco años, que sean mayores de edad y no hayan sido condenados a pena aflictiva.

Por su parte, los chilenos que residen en el extranjero pueden ejercer su derecho a sufragio solo en las elecciones primarias presidenciales, en las elecciones de Presidente de la República y en los plebiscitos nacionales.

El sufragio es personal (indelegable), igualitario (una persona, un voto), secreto y voluntario (salvo las excepciones previstas en la propia Constitución).

¿Cuándo se pierde la calidad de ciudadano?

Pierde la calidad de ciudadano aquella persona que haya perdido la nacionalidad chilena, haya sido condenada a pena aflictiva (más de 3 años y 1 día de presidio) o haya sido condenada por delito terrorista.

ESTADOS DE EXCEPCIÓN CONSTITUCIONAL

GERMÁN CONCHA Z.

Los estados de excepción constitucional se suelen definir como regulaciones especiales previstas expresamente en la Constitución, que se aplican en situaciones excepcionales (tales como una guerra o un terremoto), y que permiten afectar el ejercicio de ciertos derechos (de manera transitoria y con el objetivo de superar la crisis). Su existencia se basa, por ende, en la comprensión de que la regulación normal no es suficiente para superar la crisis que se enfrenta y, por ende, se requiere de una de carácter excepcional y transitorio que sí lo permita.

La doctrina ha señalado que los estados de excepción constitucional representan una anormalidad intraconstitucional, dado que en su virtud se aplica un régimen distinto del que está previsto de manera general (de ahí que sea una anormalidad), y que está configurado en la propia Constitución (de ahí que sea intraconstitucional).

La doctrina ha destacado que en relación a la regulación de los estados de excepción constitucional es necesario tener en cuenta las siguientes consideraciones:

a) Se debe determinar quién tiene la atribución para decretarlos (habitualmente se trata de quien ejerce el Poder Ejecutivo, y, por ende, en el caso chileno es el Presidente de la República), y si se requiere (o no) la autorización de otro poder público (lo usual es que se trate del Poder Legislativo y, por ende, en el caso chileno, del Congreso Nacional).

b) Se debe determinar cuáles son las causales (situaciones de hecho) que deben presentarse para que sea procedente la declaración de un estado de excepción constitucional, y cuál es el estado de excepción específico que corresponde a cada situación.

c) Se debe determinar cuáles son las atribuciones específicas que se confieren en virtud del estado de excepción constitucional de que se trate, y cuál es la vigencia del mismo.

d) Se debe determinar cuáles serán los mecanismos de control que se aplicarán respecto de lo que se haga (o no), durante un estado de excepción constitucional.

La Constitución Política de 1980 establece (artículo 44, inciso 2°) que las medidas que se adopten durante la vigencia de un estado de excepción constitucional no pueden prolongarse más allá de la vigencia del mismo, de manera de asegurar que el régimen de excepcionalidad no se prolongue en sus efectos más allá de su período de vigencia. De igual manera, establece (artículo 45, inciso 2°) que las medidas que se adopten y que afecten el derecho de propiedad darán lugar a la correspondiente indemnización.

En cuanto a las atribuciones de los Tribunales de Justicia en el marco de un estado de excepción constitucional, se establece que ellos no podrán calificar los fundamentos ni las circunstancias de hecho invocados por la autoridad para decretarlos, pero sí tendrán atribuciones respecto de las medidas particulares que afecten derechos constitucionales (artículo 45, inciso 1°).

La Constitución Política de 1980 contempla cuatro estados de excepción constitucional: i) el Estado de Asamblea, ii) el Estado de Sitio, iii) el Estado de Emergencia y iv) el Estado de Catástrofe.

El **Estado de Asamblea** se decreta por el Presidente de la República con acuerdo del Congreso Nacional en caso de guerra exterior y rige por el tiempo que dure dicha situación, salvo que el Presidente de la República disponga su suspensión con anterioridad (artículo 40). Las facultades que otorga son (artículo 43, inciso 1°):

- Suspender o restringir la libertad personal,
- Suspender o restringir el derecho de reunión,
- Suspender o restringir la libertad de trabajo,
- Restringir el ejercicio del derecho de asociación,
- Interceptar, abrir o registrar documentos y toda clase de comunicaciones,
- Disponer requisiciones de bienes, y
- Establecer limitaciones al ejercicio del derecho de propiedad.

El **Estado de Sitio** se decreta por el Presidente de la República con acuerdo del Congreso Nacional en caso de guerra interna o grave conmoción interior y rige por 15 días que se pueden prorrogar (artículo 40). Las facultades que otorga son (artículo 43, inciso 2°):

- Restringir la libertad de locomoción,
- Arrestar a las personas en sus moradas o en lugares que la ley determine y no sean cárceles, ni estén destinados a la detención de reos comunes, y
- Suspender o restringir el ejercicio del derecho de reunión.

El **Estado de Emergencia** se decreta por el Presidente de la República en caso de grave alteración del orden público o grave daño para la seguridad de la nación y rige por 15 días que se pueden prorrogar por una vez por el mismo lapso. Para sucesivas prórrogas se requiere acuerdo del Congreso Nacional (artículo 42). Las facultades que otorga son (artículo 43, inciso 4°):

- Restringir la libertad de locomoción, y
- Restringir la libertad de reunión.

El **Estado de Catástrofe** se decreta por el Presidente de la República en caso de calamidad pública (según se dejó constancia en la comisión redactora de la Constitución de 1980, "hay o puede haber calamidad pública cuando, por efectos de acciones humanas, de la naturaleza o de desequilibrios económicos o ecológicos, se producen graves daños a la economía nacional o daños significativos a personas o bienes en el territorio nacional"). Para decretarlo por más de un año se requiere acuerdo del Congreso Nacional (artículo 41). Además, el Congreso Nacional puede dejarlo sin efecto si han transcurrido más de 180 días desde que fue decretado si las razones que motivaron su declaración hubieren cesado en forma absoluta (artículo 41). Las facultades que otorga son (artículo 43, inciso 3°):

- Restringir la libertad de locomoción,
- Restringir la libertad de reunión,
- Disponer requisiciones de bienes,
- Establecer limitaciones al derecho de propiedad, y
- Adoptar todas las medidas extraordinarias de carácter administrativo que sean necesarias para el restablecimiento de la normalidad.

" Mediante el control
de constitucionalidad
se pone en ejercicio
el más importante de
los instrumentos de
garantía democrática,
dando primacía a la
norma que recoge los
mayores consensos en las
cuestiones fundamentales".

RODRIGO DELAVEAU S. (P. 232)

DEBERES CONSTITUCIONALES

Joaquín Palma C.

En un sentido amplio, los deberes constitucionales pueden ser entendidos como todas las conductas o actuaciones que la Constitución impone o dirige formalmente a las personas o a los ciudadanos. Estas conductas deben tener un carácter público y ser impuestas por la autoridad estatal a los particulares, como lo son, entre otros, el servicio militar obligatorio o el desempeñarse como vocal de mesa en una mesa receptora de sufragios en votaciones populares y plebiscitos.

Fundamento de los deberes constitucionales

La noción de estos deberes muchas veces tiende a ser minusvalorada en comparación con la idea de derechos. Ello puede observarse cuando las constituciones, las normas jurídicas, las investigaciones académicas, los estudios y los debates en general se centran ampliamente en los derechos y se dedican de manera reducida a los deberes.

Ello puede explicarse atendido a que mientras los derechos constitucionales parecen fortalecer la posición de las personas frente al poder del Estado, los deberes constitucionales parecen, por el contrario, debilitarla. Sin embargo, la persona y el ciudadano en particular, junto con sus derechos, tienen en la vida una serie importante de obligaciones que cumplir para con el país, el propio Estado y las demás personas. Con ello, es necesario instalar una nueva conciencia inspirada en el principio de que los deberes son tan sagrados como los derechos.

En este orden de ideas, todo atributo público que se le reconoce a la persona, como son los derechos, está siempre acompañado de limitaciones y restricciones cuyo cumplimiento vuelve legítimo su ejercicio.

De esta forma, no existen, en ninguna civilización ni sociedad, derechos esenciales aislados desligados de los deberes y obligaciones que los comprimen a los márgenes que vuelven justificado y justificable su goce, con independencia de quien sea el titular del mismo derecho. De lo contrario, el disfrute de estos atributos subjetivos se vuelve arbitrario y, en consecuencia, el Estado de Derecho se queda sin fundamento para regir a los ciudadanos, quienes son precisamente los que acuerdan cumplir con el ordenamiento jurídico.

Deberes constitucionales y deberes cívicos

De acuerdo con esta visión es que suelen confundirse los deberes constitucionales con los "deberes cívicos" en cuanto a que estos últimos recaen sobre una persona en su calidad de ciudadano y que corresponden a la comunidad política que integra y que pueden y suelen ser distintos de los deberes constitucionales propiamente tales.

De hecho, su uso a nivel comparado puede apreciarse, por ejemplo, en la Ley Fundamental de la República Federal de Alemania: "Todos los alemanes tienen en todos los Länder los mismos derechos y deberes cívicos" (art. 33 inc. 1). Lo mismo puede observarse en la Constitución Política de Colombia, que enuncia los deberes del ciudadano de la siguiente forma: "Son deberes de la persona y del ciudadano" (art. 95 n. 4). Asimismo, puede mencionarse la Constitución de Portugal: "El voto es personal e igual, libre y secreto. Su ejercicio es un deber cívico" (art. 48 párr. 42).

De esta forma, aquellos deberes cívicos que se encuentran expresamente consagrados en la Carta Fundamental constituyen, al mismo tiempo, deberes constitucionales, pero, a su vez, puede haber otros deberes que siendo constitucionales no necesariamente son cívicos, como el servicio militar u otras cargas públicas.

Aunque la enunciación de deberes constitucionales tiene un valor simbólico innegable, también estos tienen un efecto práctico muy importante, por cuanto estos deberes ofrecen una base para legitimar medidas que pudiesen afectar la libertad de las personas con el propósito de promover ciertos bienes o valores fundamentales, como la cultura cívica, al establecer obligaciones electorales, o bien, el respeto a medidas de resguardo como toques de queda en el contexto de estados de excepción para resguardar la seguridad o salud de las personas. De esta forma, la presencia de deberes constitucionales en la Carta Fundamental despeja cualquier duda sobre la constitucionalidad de la actuación estatal o legislativa en relación con la restricción excepcional de ciertos bienes o valores.

Historia en Chile

La consagración de deberes constitucionales de manera explícita en la Constitución ha estado siempre asociada a los deberes militares, como el servicio militar obligatorio, y al debido registro de armamento por los particulares. En este sentido, el actual inciso segundo de la Constitución Política en cuanto señala que "Los chilenos en estado de cargar armas deberán hallarse inscritos en los Registros Militares, si no están legalmente exceptuados", no es sino una disposición que surge en la Constitución de 1833 y que ha sobrevivido a todos los textos constitucionales posteriores.

No obstante lo anterior, hoy en día la concepción de deberes constitucionales se ha expandido en el sentido de incluir otras esferas de la vida, como los deberes cívicos en relación con el derecho-deber de sufragar en elecciones, la participación ciudadana en toda extensión; así como honrar las manifestaciones de la cultura nacional y los acontecimientos de su historia, pero también obedecer a las autoridades, cumplir lo señalado en el ordenamiento jurídico, respetar los símbolos nacionales, cuidar las instituciones, preservar los recursos naturales, etc.

Por último, es del caso indicar, como parte de la evolución de la idea de deberes constitucionales, el respeto a los propios límites que el ordenamiento legal y constitucional imponen al ejercicio de los derechos fundamentales como el orden público, la seguridad nacional o la moral. Lo anterior es una consecuencia directa de las ideas sobre la eficacia directa de la Constitución y de la eficacia horizontal de los derechos fundamentales.

ARQUITECTURA DEL ESTADO

TEMAS GENERALES

AUTONOMÍAS CONSTITUCIONALES Y LEGALES

Domingo Poblete O.

El concepto autonomía admite diversas acepciones en el derecho público. Es, en primer lugar, un atributo de la persona, como sinónimo de libertad, constituyendo la base de los derechos fundamentales que consagra la Constitución y del régimen democrático. Es, por otra parte, una garantía de las asociaciones de personas y cuerpos intermedios que configuran la sociedad, reconociéndoles una esfera de protección en la definición de sus fines y en la selección e implementación de los medios para alcanzarlos. Por último, desde una perspectiva institucional, la idea de autonomía apunta a la forma en que los diversos órganos del Estado se relacionan entre sí y el grado de independencia con que pueden actuar en el cumplimiento de sus funciones. Este es el significado que aquí se desarrolla.

La autonomía entendida como una característica de un órgano público apunta, como dijimos, a reconocer independencia en el ejercicio de las competencias que la Constitución o la ley le asignan. Esto es importante, porque la autonomía predicada del Estado no puede jamás implicar libertad de acción o libre determinación de sus propias reglas. Los órganos del Estado solo pueden actuar previa atribución de competencias por la ley (o por la propia Constitución) y deben someterse en su ejercicio a los límites y formas que la ley señala.

En este contexto, un primer grado de autonomía se asocia a la idea tradicional de separación de poderes del Estado. Así, a cada poder (Ejecutivo, Legislativo y Judicial, en la formulación clásica del principio) correspondería una función estatal diferente, que debe desarrollar con independencia de los demás, a fin de evitar la concentración del poder público. Una evolución de este principio propone entender que las funciones estatales modernas no se limitan a las tres indicadas, sino que son variadas (incluyendo la monetaria o de control, por ejemplo) y que no deben encontrarse necesariamente separadas de modo absoluto, sino que lo relevante es que existan mecanismos de controles recíprocos, efectivos, admitiendo e incluso favoreciendo la coordinación y actuación complementaria en el ejercicio del poder.

Sin perjuicio de lo anterior, el concepto de autonomía desde una perspectiva institucional adquiere especial importancia tratándose de actividades que deben desarrollarse por órganos que forman parte de un mismo poder o función estatal, lo que ocurre principalmente en la Administración del Estado.

En efecto, la Constitución y la ley asignan a la función administrativa innumerables tareas, en los diversos ámbitos de la vida social, a fin de satisfacer necesidades públicas. En principio, dichas tareas recaen en órganos que dependen del Presidente de la República, quien es el jefe de la Administración y tiene poderes jerárquicos sobre ellos. Sin embargo, a medida que se han multiplicado y complejizado estas tareas, interviniendo de modo intenso en prácticamente todas las áreas de la economía, ha surgido la necesidad de asignar su cumplimiento a órganos especializados, buscando que en sus decisiones y actuaciones prime un criterio técnico por sobre motivaciones políticas del gobierno de turno. Las principales herramientas para perseguir tal objetivo en la tradición chilena son la descentralización administrativa y la autonomía constitucional.

La descentralización es un sistema de organización administrativa que consiste en la creación legal de órganos dotados de personalidad jurídica, patrimonio propio y cuyo vínculo con el Presidente de la República ya no es jerárquico, sino de supervigilancia o tutela. Este vínculo es más atenuado y requiere que la ley misma indique la forma en que se expresa (por ejemplo, a través de la exigencia de autorización previa para determinados actos). Estos órganos descentralizados, así, son sujetos de derecho y gozan de una posición de mayor independencia en el ejercicio de sus funciones, en comparación con aquellos que forman parte de la Administración centralizada del Estado, que carece de sus atributos. Ejemplos dentro de nuestra institucionalidad son las superintendencias, el Servicio de Impuestos Internos o el Servicio Nacional de Aduanas.

Sin embargo, como lo viene discutiendo la doctrina en la última década, esta independencia legal es limitada, principalmente por los poderes unilaterales de nombramiento y remoción de sus autoridades que mantiene el Presidente de la República. Pese a que han existido esfuerzos legislativos para regular estas facultades presidenciales (principalmente a través del Sistema de Alta Dirección Pública), se mantiene la crítica respecto de la real independencia de que gozan estos órganos si la permanencia en el cargo de sus jefes depende de la voluntad presidencial.

Por otra parte, la Constitución de 1980, innovando en esta materia, inauguró y sistematizó una categoría de órganos que se conocen como "autonomías constitucionales". Lo que caracteriza a estos órganos es que son creados por la propia Constitución (aunque puedan haber existido con anterioridad, como es el caso de la Contraloría General de la República, que nace en 1927), incluyendo expresamente su condición de "autónomos", encomendándose el desarrollo de sus atribuciones y organización a una ley orgánica constitucional.

Así, por la relevancia de su actividad, la Constitución otorga a estos órganos "autónomos" un grado especial de independencia en el ejercicio de sus funciones, sin que exista respecto de ellos un vínculo jerárquico ni de supervigilancia con el Presidente de la República. Adicionalmente, el nombramiento de sus autoridades requiere de la concurrencia de otros poderes del Estado, asegurándoseles un plazo de ejercicio en el cargo, con causales especiales de remoción asociadas al incumplimiento de deberes. Por esta razón, para diferenciarlos de los regímenes tradicionales, el profesor Pantoja Bauzá los denomina como "acentralizados". Así, por ejemplo, la Contraloría y el Banco Central, desde el diseño original, pertenecen a esta categoría, atendida la importancia que atribuyó el Constituyente a sus funciones. Luego, se incorporarían otras instituciones en esta categoría, como el Ministerio Público (1997) o el Servicio Electoral (2015).

De cara a un debate constitucional, seguramente se discutirá la necesidad de otorgar autonomía a ciertos órganos respecto del poder central y la forma de asegurar su legitimidad democrática.

LEY Y POTESTAD REGLAMENTARIA

Domingo Poblete O.

La relación entre la ley y el reglamento es uno de los temas clásicos del derecho público. La ley, en principio, es la norma de carácter general por excelencia, a la que corresponde regular de modo obligatorio supuestos de hecho abstractos, mandando, permitiendo o prohibiendo. Sin embargo, también suele entregarse este poder de emisión de normas generales y obligatorias al Presidente de la República, a través del reconocimiento de la potestad reglamentaria. Como podrá apreciarse, este poder de dictar normas impide considerar a la Administración como mera "ejecutora" de mandatos del legislador, transformándose, en realidad, en activa creadora de reglas de alcance general, pero de inferior jerarquía que la ley.

Ante la constatación de estos poderes normativos entregados a órganos diversos surge naturalmente la inquietud acerca de cómo se conjugan, relacionan y limitan. ¿Qué ámbitos corresponden a cada uno? La respuesta a esta pregunta debe ser resuelta por la Constitución, precisamente por tratarse de un asunto fundamental para la separación de las funciones estatales, la vigencia del Estado de Derecho y la protección de los derechos de las personas. A continuación, se analizan las reglas que permiten ordenar estas potestades.

La potestad reglamentaria puede ser de dos especies. Se denomina "autónoma" a aquella que se confiere al Presidente para emitir normas en todas las materias que no sean de dominio legal. Para que pueda operar, resulta necesario que la Constitución haya fijado con precisión y en un catálogo cerrado las materias que corresponde regular por medio de una ley, consagrándose así lo que se conoce como "dominio legal máximo". En este caso, podrá el Presidente, a su discreción, dictar reglamentos en el resto de los asuntos que no se encuentren comprendidos en dicho catálogo. Por otra parte, se denomina potestad reglamentaria "de ejecución" a aquella que faculta al Presidente para dictar las normas que estime necesarias para desarrollar, detallar y complementar las disposiciones legales, a fin de garantizar su óptima ejecución. Como se aprecia, esta potestad se subordina a la ley, en tanto existe para asegurar su plena y efectiva aplicación.

Actualmente, la Constitución entrega al Presidente ambas variantes, aunque en la práctica la autónoma tiene un campo de aplicación muy acotado (por ejemplo, para regular las comisiones asesoras presidenciales). Esta restricción se explica en la consagración de un dominio legal aparentemente máximo (que utiliza la fórmula "sólo son materias de ley"), pero que en realidad es amplio y flexible, al incluir como materia de ley cualquier norma general, con tal que señale las "bases esenciales de un ordenamiento jurídico". Como resultado de este dominio legal amplísimo, prácticamente ilimitado, la potestad reglamentaria autónoma se reduce enormemente.

Luego, es su variante de ejecución la que ha recibido mayor aplicación, constituyéndose hoy en día en una fuente normativa de la máxima importancia. En efecto, en múltiples materias el reglamento es la norma de referencia, donde se encuentran desarrolladas de modo acabado y profundo las reglas a que deben someterse los ciudadanos. Esto es especialmente notorio en ámbitos complejos, técnicos y cambiantes de la vida social (por ejemplo, en materia urbanística) y en determinadas industrias socialmente relevantes (por ejemplo, la eléctrica o la financiera). Incluso más, en el Estado moderno, la ley suele entregar a otras autoridades administrativas —diferentes del Presidente— la potestad de dictar normas de carácter general y obligatorias para sus destinatarios. El ejemplo típico entre nosotros es el de las superintendencias.

Profundizando en el reglamento de ejecución, conviene preguntarse acerca de su operación y límites. La respuesta se encuentra en la técnica de la reserva legal, que consiste en que, en algunos asuntos, la Constitución resguarda un ámbito exclusivo de regulación al legislador, rechazando, en principio, la intervención del reglamento de ejecución. Esta reserva se plantea, así, como una garantía de protección de los derechos fundamentales, pues será únicamente el legislador, como depositario de la voluntad soberana —y no el Presidente de la República—, quien podrá regular y limitar los derechos de las personas.

Y sería una garantía desde dos perspectivas. Primero, desde el punto de vista del órgano que emite la norma, pues el Congreso se compone de miembros electos mediante votación popular, de diferentes sensibilidades, y en él se expresa la diversidad del país y tienen cabida las minorías. Segundo, desde una perspectiva procedimental, ya que el proceso legislativo aseguraría una deliberación reflexiva, pluralista y tolerante. Como resultado, la ley tendría mayor legitimidad para intervenir en materia de derechos fundamentales. El reglamento, por el contrario, carece de estos atributos. En efecto, si bien el Presidente es electo en votación popular, lo que ciertamente le otorga legitimidad democrática, el ejercicio de la potestad reglamentaria es esencialmente unilateral. Lógicamente, el Presidente puede asesorarse y consultar, pero la decisión de emitir el reglamento y definir su contenido es suya y no requiere someterla a un debate o consensuarla.

Como podrá advertirse, y lo destaca la literatura, estas aparentes "debilidades" del reglamento pueden verse, a la vez, como sus principales fortalezas y permiten, en parte, explicar el rol que cumple hoy. En efecto, su tramitación desformalizada y su carácter unilateral permiten responder ágilmente a realidades cambiantes, haciendo eficaz la regulación. Al mismo tiempo, el Presidente cuenta con los recursos y equipos para enfrentar materias técnicas o de detalle, que exceden del carácter general y abstracto de la ley.

El reconocimiento de estos atributos ha permitido ganar legitimidad al reglamento, impactando en la forma en que se aplica la reserva legal. En efecto, si bien existe aún discusión doctrinal, la jurisprudencia parece haber abandonado una visión absoluta de la misma, entendiendo que siempre podrá participar el reglamento como un "complemento indispensable" de la ley. La intensidad de dicha intervención dependerá de la forma en que la Constitución haya consagrado la reserva, pues ello determinará el grado de profundidad y precisión exigible al legislador, y el margen con que contará el reglamento. Con todo, este jamás podría contradecir la ley, al tratarse de una norma de rango inferior, ni podría limitar derechos en mayor medida que la ley. Ciertamente, ante un debate constitucional, deberá discutirse el rol que se asignará al reglamento, la forma de controlarlo y las materias en que la reserva legal será más intensa.

" La Organización del Estado en Chile es un conjunto complejo de personas jurídicas cuyo objeto es satisfacer necesidades públicas, tanto en orden comunal, regional y nacional".

JOSÉ LUIS LARA A. (P. 259)

PARTIDOS POLÍTICOS Y LA CONSTITUCIÓN

Cristóbal Gil L.

Los partidos políticos pueden ser definidos como grupos intermedios voluntarios, con una finalidad y naturaleza propia, a través de los cuales se reúnen personas en pos del trabajo por el bien común a través de sus principios propios, y como tal marcan la vida democrática de un Estado como el nuestro. Su relevancia viene dada por su necesaria existencia para el correcto funcionamiento del sistema democrático y la mejor representación de los intereses de sus ciudadanos, en especial en los procesos eleccionarios que periódicamente se llevan a cabo en nuestro país.

La regulación inicial de los partidos políticos se dio el año 1914, a través de la Ley 2.883, llamada "Lei de elecciones", en la que se nombra a los partidos en relación con el proceso electoral. La primera vez que se menciona a los partidos en una Constitución es en la Carta Fundamental de 1925, en que se les considera a propósito de las elecciones de diputados y senadores, en su artículo 25, donde se señala que en ellas "[…] se empleará un procedimiento que dé por resultado en la práctica una efectiva proporcionalidad en la representación de las opiniones y partidos políticos". Compartimos que esta "es una alusión importante: no solo les reconoce su papel en el funcionamiento de la institucionalidad política, sino que, además, les asegura una efectiva proporcionalidad en el ejercicio de ese papel"[1].

Estas organizaciones no se encuentran definidas en el texto actual de nuestra Constitución. Para ello debemos remitirnos a la Ley Orgánica

---

[1] Díaz, Francisco Javier y Sierra, Lucas. 2013. Propuestas de reforma a los partidos políticos en Chile. Estudios Públicos 129, p. 221.

Constitucional de los Partidos Políticos (Ley N°18.603), la cual en su artículo primero los define como "asociaciones autónomas y voluntarias organizadas democráticamente, dotadas de personalidad jurídica de derecho público, integradas por personas naturales que comparten unos mismos principios ideológicos y políticos, cuya finalidad es contribuir al funcionamiento del sistema democrático y ejercer influencia en la conducción del Estado, para alcanzar el bien común y servir al interés nacional".

De esta definición podemos resaltar ciertos aspectos fundamentales de los partidos políticos, como son su autonomía, la necesaria voluntariedad de afiliación de sus miembros, su organización democrática interna y su personalidad jurídica de derecho público, dada la función pública que cumplen (a pesar de la regulación privada interna que puedan darse a través de sus estatutos).

Ya en la definición legal se destaca el valor intrínseco que tienen estas organizaciones para el funcionamiento del sistema democrático, dotándolas de una finalidad clara en la consecución del bien común. Además, debemos reconocer un elemento intrínseco a su naturaleza propia y que es parte de dicha finalidad: la búsqueda del poder, entendido este como la capacidad de poder guiar a la sociedad en su conjunto en una determinada dirección, marcada por objetivos programáticos, muchas veces definidos en los propios estatutos de estas organizaciones. Sin embargo, se ha criticado la omisión del señalamiento de dicha finalidad, como es alcanzar efectivamente el poder político; así, se ha señalado que "es cierto que muchos han de conformarse tan sólo con influir en el campo de las decisiones políticas, pero no es menos cierto que la búsqueda del poder es precisamente lo que singulariza a los partidos políticos y los distingue de otro tipo de asociaciones"[2].

A nivel constitucional los partidos políticos se encuentran enmarcados dentro del artículo 19 número 15, como una expresión de la libertad de asociación, lo que el Tribunal Constitucional así ha reconocido[3]. En dicho numeral la Constitución señala la obligación de atenerse a sus

---

2   Vivanco, Ángela. 2007. Curso de Derecho Constitucional. Ediciones UC. 2a. Ed., Ampliada, p. 443.

3   STC 43, c. 10.

funciones propias, y regula otras materias relativas a su funcionamiento interno, como las nóminas de sus militantes, su contabilidad interna, su financiamiento y sus estatutos. Se deja a la ley orgánica constitucional la regulación del resto de los aspectos de su organización interna. Además, en dicho artículo, la Constitución asegura el pluralismo político.

La misma ley orgánica constitucional señala en su artículo primero aspectos esenciales que poseen los partidos políticos, a saber:

- Expresan el pluralismo político.
- Concurren a la formación y expresión de la voluntad popular.
- Son instrumento fundamental para la participación política democrática.
- Contribuyen a la integración de la representación nacional.
- Son mediadores entre las personas y el Estado.

En atención a esta última característica, podemos destacar que los partidos políticos se enmarcan en aquellas organizaciones sociales reconocidas y amparadas por la Constitución que se señalan en su artículo primero. Así, "el texto constitucional vigente entiende a los partidos políticos como entidades intermedias entre la persona y el Estado, sin calificarlos como entes de carácter público"[4].

---

4 Vivanco, Ángela. 2007. *Curso de Derecho Constitucional*. Ediciones UC. 2a. Ed., Ampliada, p. 443.

ARQUITECTURA DEL ESTADO

PODERES CLÁSICOS

ORGANIZACIÓN ADMINISTRATIVA DEL ESTADO: PANORAMA NACIONAL Y GENERAL

José Luis Lara A.

La Organización del Estado en Chile es un conjunto complejo de personas jurídicas cuyo objeto es satisfacer necesidades públicas, tanto en orden comunal, regional y nacional, definidas por ley, con miras a la consecución del bien común.

Nuestra Constitución Política dispone en su artículo 3, que *"El Estado de Chile es unitario. La administración del Estado será funcional y territorialmente descentralizada, o desconcentrada en su caso, de conformidad a la ley. Los órganos del Estado promoverán el fortalecimiento de la regionalización del país y el desarrollo equitativo y solidario entre las regiones, provincias y comunas del territorio nacional"*. Más allá de la redacción del texto constitucional, lo cierto es que si bien consagra un Estado unitario (sujeto a un solo ordenamiento jurídico en todo el territorio nacional), evidencia la intención programática del constituyente en orden a tender o avanzar hacia una descentralización que, como veremos, no ha pasado de ser un anhelo, sin perjuicio de las reformas en materia municipal y, recientemente, como se expondrá, en materia de gobiernos regionales. El desarrollo de la Organización Administrativa del Estado, el constituyente lo encomienda a la Ley (18.575 de Bases Generales de la Administración del Estado) y, en el ámbito territorial, a la Ley 19.175 de Gobiernos Regionales y a la Ley 18.695 sobre municipalidades.

Pues bien, el funcionamiento de la Administración del Estado se estructura en base a un conjunto de principios de competencia (ámbito de actuación especificado), jerarquía (poder normativo, disciplinario, de nominación) y centralización, pese a tender a ser descentralizado (como previene la Constitución). Para ello, se han previsto en nuestro sistema (Ley 18.575 Orgánica Constitucional de Bases Generales de la Administración) mecanismos de atenuación de dicha centralización, pues, de lo contrario, la actuación administrativa sería lenta e ineficiente, pasando todas las decisiones por la persona del Presidente de la República, lo que haría inviable el funcionamiento del Estado. Dichos mecanismos son la delegación, esto es, la transferencia, por acto administrativo, del ejercicio de una o más potestades específicas a un sujeto administrativo; la desconcentración, como una técnica legislativa de radicación de una potestad en un sujeto administrativo inferior dentro de la línea jerárquica; y la descentralización, que importa también una técnica legislativa pero mucho más intensa al implicar la creación de una nueva persona jurídica con patrimonio y representación judicial y extrajudicial propia.

Dicho lo anterior, la Administración del Estado admite, en atención a su autonomía e independencia respecto de la figura del Presidente de la República, una Administración Centralizada y una Administración Descentralizada respecto de cuyos aspectos nos ocuparemos de abordar enseguida.

La Administración Centralizada o Fiscal está sujeta a un vínculo de jerarquía con el Presidente de la República y sus integrantes están desprovistos de personalidad jurídica propia, toda vez que actúan bajo la personalidad jurídica del Fisco (ficción jurídica concebida como un centro de imputación patrimonial). El Fisco surge como una forma de resguardar la responsabilidad del rey frente a sus súbditos, creando una persona jurídica distinta. De ahí, su representación convencional o extrajudicial está radicada en el Presidente de la República, mientras que su representación judicial en el Presidente del Consejo de Defensa del Estado. Entre las entidades que integran la Administración Centralizada encontramos los Ministerios (y sus respectivas subsecretarías), Intendencias, Gobernaciones, servicios públicos centralizados (por ejemplo Gendarmería de Chile, Dirección General de Aguas); y Fuerzas Armadas y de Orden y Seguridad Pública.

Por el otro lado, existe la Administración descentralizada o personificada, que está sujeta a un vínculo de coordinación con el Presidente de la República. Orgánicamente cada entidad que la conforma goza de personalidad jurídica propia, soliendo radicarse su representación judicial y extrajudicial en su jefe de servicio o más alta autoridad. Entre las entidades que integran la Administración descentralizada del Estado, encontramos las Municipalidades (en el ámbito local o comunal) y Gobiernos Regionales (en el ámbito regional) y las empresas públicas, a saber: mineras (Codelco, Enami) e hidrocarburos (ENAP); de transporte (EFE, Correos de Chile); televisión (TVN); banca (Banco Estado), portuarias (Empresa Portuaria de Valparaíso, Talcahuano-San Vicente y las sucesoras de la desaparecida EMPORCHI); y castrenses (FAMAE, ENAER, ASMAR). Finalmente, encontramos los servicios públicos descentralizados o personificados, a saber, Superintendencias (SMA), Fiscalías (FNE), Consejos (Consejo Nacional de Educación), Comité, Agencia (Agencia de Inocuidad Alimentaria), Fondos (FONASA), Universidades (Universidad de Chile), Unidades (UAF), etc.

En cuanto al momento constitucional, es previsible que las modificaciones que se pretendan sean en orden a intensificar la descentralización, por la vía de dotar de mayor autonomía, especialmente, en materias financieras, tanto a los Gobiernos Regionales como a las Municipalidades. Tampoco es descartable que se pretenda dotar de mayor autonomía a las Superintendencias. Incluso, se ha planteado reducir el tratamiento de dichas entidades, dejando entregado su desarrollo al legislador.

GOBIERNO Y ADMINISTRACIÓN

Máximo Pavez C.

Una aproximación correcta a los conceptos de "Gobierno" y "Administración" resulta imprescindible a la hora no solo de estudiar la teoría del gobierno y el ejercicio práctico de la gobernanza como elemento de la actividad política, sino también porque refieren y responden a realidades diferentes, en relación a su contenido esencial, quién debe ejercerlo, qué potestades involucran dicho ejercicio, y quién está llamado a ejercer el control sobre los actos del gobierno y los actos de la administración.

Desde que Montesquieu presentó el esquema doctrinario de separación de funciones en el período de la Ilustración, se ha entendido que en un recto diseño institucional en cualquier Estado de Derecho, es deseable distinguir y tener por separados el ejercicio de los poderes Ejecutivo, Legislativo y Judicial (que en realidad son "funciones", pues el poder político del Estado es único e indivisible). El Gobierno y la Administración se encuentran dentro de la función ejecutiva.

En la Constitución vigente el capítulo IV se denomina "Gobierno". En él se dice claramente que "[e]l gobierno y la administración del Estado corresponden al Presidente de la República…" (artículo 24). A su vez, el capítulo XIV está referido al "Gobierno y la Administración Interior del Estado", donde quedan regulados los estatutos de los gobiernos regionales, los gobernadores regionales, delegados provinciales, las municipalidades y de los órganos colegiados (consejo regional y concejo municipal en su caso) que se relacionan con alguno de ellos. Finalmente, corresponde relevar la norma consagrada en el artículo 3° de la Constitución, que prescribe que *"la administración del Estado será funcional y territorialmente descentralizada, o desconcentrada en su caso, de conformidad a la ley."* A modo de resumen, la Constitución prescribe normas y establece potestades recaídas en distintos órganos y en donde distingue las tareas de gobierno y de administración.

Gobierno

¿En qué consiste el "Gobierno"? ¿Cuál es la función y acción de "gobernar"? Desde el punto de vista de la teoría clásica de la separación de funciones, la función ejecutiva consiste, como su nombre lo sugiere, en "ejecutar" las normas deliberadas y aprobadas por otro poder del Estado (la asamblea o Poder Legislativo). Si bien esta distinción es académica, pues la separación de poderes nunca es absoluta (en el esquema chileno actual el Presidente de la República tiene mucha injerencia en el plano legislativo, además de existir otros frenos y contrapesos), queda claro que la ejecución del ordenamiento jurídico corresponde a una autoridad distinta de quien dicta las normas. Así, la función ejecutiva es la que se identifica con el Gobierno y la Administración del Estado.

Aunque recaigan en la misma autoridad ejecutiva (Presidente de la República), gobernar no es exactamente lo mismo que administrar. El "Gobierno" refiere a todas las decisiones que se ejercen en el ámbito de la conducción política (decisiones con alcances públicos desde el poder político), que expresan el ideario político de la autoridad que ejerce el gobierno y que tiene un amplio —pero no total— margen de discrecionalidad. Se ejerce a través de los "actos de gobierno", los cuales pueden o no —en algunos casos existe la obligación— materializarse a través de actos jurídicos administrativos (generalmente decretos). Veamos algunos ejemplos: la decisión de enviar o no un proyecto de ley al Congreso Nacional, supongamos, respecto de una eventual reforma previsional, es una decisión política, de gobierno. De la misma manera, ante una emergencia o calamidad pública, el Poder Ejecutivo —en el caso de Chile el Presidente de la República— puede tomar la decisión política de decretar un estado de excepción constitucional o no decretarlo. El Presidente puede, siempre en el ámbito de las atribuciones constitucionales, remover a sus colaboradores —los ministros de Estado, por ejemplo, o cualquier otro funcionario de exclusiva confianza—; remover a los comandantes en jefe de las fuerzas armadas y de orden; definir junto a su ministro de Salud el número y ubicación de hospitales a construir en el contexto de un plan de inversiones, proponer al Senado para su ratificación a los consejeros del Banco Central a los ministros de la Corte Suprema, etc. Una herramienta donde queda graficada de manera muy notable la adopción de decisiones políticas "de Gobierno" es en la formulación de la ley de presupuestos del sector público: el Presidente propone al Congreso Nacional en qué gastar los recursos, qué programas impulsar, reformular o simplemente eliminar; cuántos recursos destinar a las políticas sociales y cuáles, etc. En el fondo, las decisiones políticas.

¿Cómo se controlan este tipo de decisiones políticas (los actos de gobierno)? Generalmente a través del control político que lleva adelante, en un esquema de frenos y contrapesos, la cámara política, en nuestro caso la Cámara de Diputados. La Constitución establece diferentes herramientas para lo que en ella se define como "fiscalizar actos de gobierno" (interpelaciones parlamentarias a los ministros de Estado, la proposición de comisiones investigadoras, el envío de oficios para que el Poder Ejecutivo responda en relación a diferentes materias en el ámbito político).

Administración

La Administración, en tanto, se identifica con la provisión de servicios públicos a través de un esquema de ejecución de potestades regladas en diversas clases de normas. Que el Estado pueda y deba asegurar la provisión de servicios como la salud; atención en educación; el adecuado funcionamiento del transporte público en todo el país; la conectividad digital; la inversión y ejecución de infraestructura pública —carreteras, obras de regadío o de electrificación, por ejemplo—, sea o no que estos servicios públicos sean prestados por entidades estatales, privadas o mixtas, es resorte de lo que se denomina la función administrativa. ¿Cómo se lleva adelante en Chile? En general a través de los servicios públicos creados por ley para la función administrativa, lo cual tiene una regulación de base en la Ley Orgánica Constitucional de Bases Generales de la Administración del Estado (Ley 18.575). Sin embargo, la propia ley de bases prescribe que "[la] Administración del Estado estará constituida por los Ministerios, las Intendencias, las Gobernaciones y los órganos y servicios públicos creados para el cumplimiento de la función administrativa, incluidos la Contraloría General de la República, el Banco Central, las Fuerzas Armadas y las Fuerzas de Orden y Seguridad Pública, los Gobiernos Regionales, las Municipalidades y las empresas públicas creadas por ley".

De esta manera, todas estas entidades están relacionadas de un modo directo o indirecto con el Presidente de la República y en distintos niveles de intensidad: en algunos casos habrá relación de jerarquía, en otros casos relación de supervigilancia de los servicios.

¿Cómo se lleva adelante el control de la función administrativa? Desde luego existe un control político de la Cámara Política. Un ministro de Estado puede ser interpelado porque se detectaron, por ejemplo, irregularidades en un servicio, o se puede generar una comisión investigadora que esclarezca situaciones determinadas. Pero más importante es el control que ejerce otro órgano de rango constitucional, que es la Contraloría General de la República. Ella tiene por mandato, entre otros aspectos, "ejercer el control de la legalidad de los actos de la Administración", esto teniendo en cuenta que el actuar de los órganos de la Administración se encuentra regulado en normas jurídicas de distintos niveles (la Constitución, leyes, reglamentos, instrucciones), lo que enmarca su acción dentro de potestades regladas (y por tanto con un menor margen de discrecionalidad) y que están sometidas a un control de naturaleza jurídica y de legalidad a cargo de la Contraloría y sus distintas funciones.

Para resumir, Gobierno y Administración son parte de la función ejecutiva. En Chile recaen constitucionalmente en el Presidente de la República, pero la naturaleza de los actos de gobierno y de administración es distinta, pues ambos tienen objetivos diversos, se materializan jurídicamente y se controlan de modo diferente. Con todo, ambos conceptos refieren a la materialización de la función del Estado en la prosecución de su finalidad que es el bien común.

**" Nuestro país siempre
ha tenido una forma de
gobierno con preeminencia
del cargo de Presidente
de la República".**

MÁXIMO PAVEZ C. (P. 268)

PRESIDENTE DE LA REPÚBLICA

Máximo Pavez C.

La Constitución vigente establece que "Chile es una república democrática" (art. 4). La Constitución anterior (1925) en su artículo primero señalaba que "[e]l Estado de Chile es unitario. Su Gobierno es republicano y democrático representativo". ¿Qué implican estos conceptos? Que la base fundamental de la forma de gobierno y del ejercicio del poder político está sometido a normas jurídicas (Estado de Derecho), sus principales autoridades políticas están legitimadas de origen a través del principio de electividad (elecciones populares, periódicas y con mandatos que duran períodos determinados de tiempo) y responsabilidad frente a la soberanía que recae esencialmente en la nación y frente a los otros poderes del Estado entre sí.

Esta conceptualización sirve para enmarcar el análisis sobre en quién recae la conducción del Estado y el mando supremo de la nación en una democracia representativa. En Chile, por mandato expreso de la Constitución, el gobierno y la administración del Estado son funciones que recaen en un órgano denominado Presidente de la República, quien es la cabeza del Poder Ejecutivo. Confluyen en él las condiciones de Jefe de Estado y Jefe de Gobierno. Así lo señala el texto vigente: *"el gobierno y la administración del Estado corresponden al Presidente de la República, quien es el Jefe del Estado"*. En la Constitución de 1925, por su parte, se señalaba que "[u]n ciudadano con el título de Presidente de la República de Chile administra el Estado y es el Jefe Supremo de la Nación".

Que en la misma magistratura confluyan las condiciones de Jefe de Gobierno y Jefe de Estado es propio de las formas de gobierno presidencialistas: es decir, existe una preeminencia del órgano ejecutivo respecto de la asamblea (Poder Legislativo), y tanto la representación del Estado como la cabeza del gobierno recaen en la misma persona o autoridad. Esto no sucede, por ejemplo, en las monarquías constitucionales (donde el Jefe del Estado es el rey y el Jefe de Gobierno es otra autoridad) ni en los regímenes republicanos con formas de gobierno parlamentario (por ejemplo, en Alemania, donde los cargos de Presidente de la República y de Jefe de Gobierno o Canciller recaen en autoridades distintas).

Nuestro país siempre ha tenido una forma de gobierno con preeminencia del cargo de Presidente de la República. Se dice que en el caso chileno, en especial por la Constitución vigente, existe un régimen de presidencialismo reforzado, debido a la cantidad de atribuciones que recaen en el primer mandatario: además de las atribuciones para gobernar y administrar, tiene una amplia injerencia en la actividad legislativa (es un órgano colegislador con amplísimas atribuciones); tiene la atribución exclusiva de decretar estados de excepción constitucional; puede remover a los comandantes en jefe de las Fuerzas Armadas y de Orden; propone al Senado los nombramientos de autoridades de rango constitucional como ministros de la Corte Suprema, Contralor General de la República, consejeros del Banco Central, del Servicio Electoral, algunos miembros del Tribunal Constitucional, etc.; tiene la iniciativa exclusiva para la administración de las finanzas públicas, la formulación del presupuesto, y para la iniciativa de proyectos de ley en una multiplicidad de materias tributarias y de recaudación fiscal, de seguridad social, de gobierno interior, entre otras. La Constitución destaca en forma general esta preeminencia cuando señala que *"su autoridad se extiende a todo cuanto tiene por objeto la conservación del orden público en el interior y la seguridad externa de la República, de acuerdo con la Constitución y las leyes"* (art. 24).

La república democrática exige que el Presidente de la República sea electo en votación popular y universal. El actual mandato presidencial es de 4 años sin posibilidad de una reelección directa y no hay límite de veces en que un ciudadano puede presentarse a la elección de Presidente, mientras medie el tiempo de la duración de un mandato. El texto constitucional dispone que puede ser electo cualquier chileno siempre que haya nacido en Chile o haya nacido en el exterior siendo hijo de padre o madre chilenos (por lo que un chileno nacionalizado por gracia o vía carta de nacionalización no puede ser Presidente), que al día de la elección tenga 35 años de edad (esto se reformó el año 2005, pues la Constitución original exigía 40 años de edad) y las demás calidades para ser ciudadano con derecho a sufragio. Para resultar electo se requiere contar con la mayoría absoluta de los sufragios válidamente emitidos. De no ser así, se procede a una segunda votación entre los candidatos que hubieren obtenido las dos más altas mayorías; es lo que se denomina "segunda vuelta", concepto que fue introducido en la Constitución vigente, ya que la anterior de 1925 establecía un mecanismo de elección a través del Congreso Pleno de entre las dos más altas mayorías relativas obtenidas en la elección general.

La función principal del Presidente de la República es la de gobernar y administrar el Estado: "gobernar" refiere a la conducción del Estado a través de las decisiones políticas que van rigiendo la marcha de la nación, mientras que "administrar" consiste en la ejecución de las normas destinadas a la satisfacción de la multiplicidad de necesidades públicas de manera ininterrumpida, función que se lleva adelante principalmente a través de los ministerios y los servicios públicos creados por ley para la función administrativa en diversos ámbitos: sanitarios, previsionales, laborales, educacionales, etc.

Para el cumplimiento de la función, el Presidente de la República cuenta por mandato constitucional con los ministros de Estado, quienes están estatuidos como colaboradores directos e inmediatos del Presidente en el gobierno y la administración del Estado. Además, y en virtud del principio de juridicidad y legalidad, el Presidente no ejerce el mando supremo de la nación de cualquier manera, sino sometido a las normas constitucionales y legales. Para ello, el texto constitucional lo dota expresamente de algunas atribuciones especiales, las cuales pueden ser "administrativas" (como el nombramiento de las autoridades de exclusiva confianza), "normativas" (como concurrir a la formación de las leyes, sancionarlas y publicarlas; ejercer la potestad de dictar normas que no estén reservadas a una regulación por ley —llamada potestad reglamentaria— y la posibilidad de dictar Decretos con Fuerza de Ley), y "de gobierno propiamente tal", como es la conducción de las relaciones con las potencias extranjeras, organizar y disponer las fuerzas de aire, mar y tierra; asumir en caso de guerra el mando de las Fuerzas Armadas, etc. Sin perjuicio de lo anterior, en otras disposiciones de la Constitución también existen otras atribuciones y desde luego en una multiplicidad de materias reguladas en distintas leyes podemos encontrar atribuciones que puede ejercer el Presidente de la República.

Para ejercer el mando supremo de la nación, el Presidente no solo debe someterse como cualquier otra magistratura al ordenamiento jurídico, sino que también es responsable frente a la nación y sus actos están sometidos a controles a su vez de otros órganos. Así, la Constitución señala de manera expresa que una vez al año (el 1 de junio) el Presidente de la República "debe dar cuenta al país del estado administrativo y político de la nación a través del Congreso Pleno". En esta obligación constitucional, que muchas veces se confunde lisa y llanamente con una tradición solemne, reside gran parte del corazón del régimen republicano: el Presidente debe "rendir cuenta" al país a través de los representantes del pueblo en sesión de Congreso Pleno.

Además de ello, la Cámara de Diputados (cámara política y fiscalizadora) ejerce el control político a través de la facultad de fiscalizar los actos de gobierno a través de una serie de herramientas (interpelaciones a los ministros; puede formularle al Presidente consultas y observaciones, las cuales deben responderse fundadamente a través del ministro respectivo; la formación de comisiones especiales investigadoras, etc.). Además, la Contraloría General de la República vela por la legalidad de los actos de la administración y el Tribunal Constitucional tiene también facultades en el ámbito del control de constitucionalidad eventual de Decretos Supremos. En el fondo, y en un sistema democrático como el chileno, el Presidente de la República está sometido también a lo que se denomina el sistema de pesos y contrapesos que permite, en el marco de la separación de funciones, equilibrar el ejercicio del poder político.

Especial consideración merece que el Presidente, al igual que los ministros de Estado, está sometido a un régimen especial de responsabilidad constitucional pues es sujeto de acusación constitucional. Esto no significa que el Presidente de la República sea "responsable políticamente" frente a la asamblea, sino que, ante eventuales infracciones constitucionales descritas taxativamente en el texto constitucional, el Presidente puede enfrentar un proceso jurisdiccional en sede política con miras a que se determine la culpabilidad por "*actos de su administración que hayan comprometido gravemente el honor o la seguridad de la Nación, o infringido abiertamente la Constitución o las leyes*" (art. 52).

A modo de conclusión, y en el contexto del actual debate constitucional, la conceptualización de un régimen presidencialista reforzado como el que hemos descrito someramente será parte central de la discusión. Es probable que elementos como la duración del mandato, las atribuciones como colegislador (sobre todo en materia de iniciativa exclusiva en la tramitación de leyes) sean revisados con mucho detalle. A mayor abundamiento, no es descartable que exista un debate profundo sobre el régimen de gobierno mismo, en el cual se busque atenuar la preeminencia, considerada por algunos notablemente excesiva, del Presidente de la República en una futura Constitución.

MINISTROS DE ESTADO

Máximo Pavez C.

A lo largo de su historia constitucional, Chile se ha organizado en un régimen de gobierno democrático, republicano y presidencialista. La Constitución vigente reconoce en la figura del Presidente de la República la jefatura del Estado y de gobierno en conjunto. En efecto, el artículo 24 señala que "[e]l gobierno y la administración del Estado corresponden al Presidente de la República, quien es el Jefe del Estado". Ahora bien, tal como quedó estipulado en la Comisión de Estudios para la Nueva Constitución "…el Presidente no actúa solo, sino que asesorado por los organismos que están a su disposición, pero desde el punto de vista político y constitucional actúa con un conjunto de Secretarios de Estado que se llaman Ministros. Esa es la esencia del asunto. Luego, los Ministros son colaboradores de la función de gobierno y colaboradores de la función de administrar; participan en el establecimiento de las grandes líneas relativas a la conducción del Estado, gobiernan, dirigen" (Sesión 116).

Así, en el capítulo de la Constitución denominado "Gobierno", se establece el estatuto de los ministros de Estado, los cuales están definidos en el propio texto (art. 33) como "colaboradores directos e inmediatos del Presidente de la República en el gobierno y administración del Estado". Esa es la naturaleza jurídica y constitucional de los ministros: colaboradores directos e inmediatos en la función que tiene el Presidente de gobernar y administrar.

La denominación de Ministros de Estado propiamente tal aparece consagrada en la Constitución de 1925. En los anteriores textos constitucionales se denominaban "Ministros Secretarios del Despacho", aunque en su esencia la institución siempre fue concebida para colaborar directamente con el Presidente de la República.

Al ser colaboradores directos e inmediatos, son nombrados y removidos a voluntad del propio Presidente por expresa disposición de la Constitución. Esto significa que permanecen en el cargo mientras cuenten con la confianza política del primer mandatario. Dicho de otra forma, el Presidente no necesita justificar la salida de un ministro de Estado ajustándola a causales específicas contenidas en algún estatuto jurídico, pues estos responden políticamente solo frente a él. Esto no es así en los regímenes parlamentarios, donde los ministros permanecen en el cargo mientras cuentan con la confianza de la asamblea (órgano legislativo).

¿Cómo ejercen la colaboración en el gobierno y en la administración del Estado? La labor de colaboración no se ejerce de cualquier manera. El principio de juridicidad y legalidad exige la sujeción del actuar de los ministros a lo prescrito en la Constitución y las leyes. La Ley 18.575, Ley Orgánica Constitucional de Bases Generales de la Administración del Estado, dispone que los ministros de Estado "tendrán la responsabilidad de la conducción de sus respectivos ministerios" en conformidad a las políticas e instrucciones que imparta el Presidente. A su vez, la misma ley define lo que es un ministerio al señalar que "[l]os Ministerios son los órganos superiores de colaboración del Presidente de la República en las funciones de gobierno y administración de sus respectivos sectores…[p] ara tales efectos, deberán proponer y evaluar las políticas y planes correspondientes, estudiar y proponer las normas aplicables a los sectores a su cargo, velar por el cumplimiento de las normas dictadas, asignar recursos y fiscalizar las actividades del respectivo sector". De esta forma se puede apreciar cómo se materializa la función de colaboración: el ministro "propone" políticas, planes, programas, asignación de recursos y debe "velar" por que las normas vigentes de su sector sean cumplidas. Para esto, no resulta baladí que la Constitución dispusiera una mayor exigencia en los requisitos para ser nombrado ministro de Estado incluso respecto de diputados, senadores y del propio Presidente de la República, al señalar que se debe cumplir con los requisitos para el ingreso a la Administración Pública, que incluye poseer título profesional o técnico.

Si bien se señaló que los ministros de Estado responden políticamente solo frente al Presidente de la República, este tipo de responsabilidad está referida a la gestión al frente del ministerio, es decir, ni el Congreso Nacional ni ningún otro órgano tiene facultades para removerlos por consideraciones políticas. Sin embargo, esto no significa que los ministros no estén sometidos a distintos estatutos de responsabilidad: desde luego asume la responsabilidad en materia civil y penal como cualquier ciudadano. Además, la propia Constitución establece la responsabilidad funcionaria en el ejercicio del cargo al señalar que "[l]os Ministros serán responsables individualmente de los actos que firmaren y solidariamente de los que suscribieren o acordaren con los otros Ministros". Finalmente, los ministros están sometidos a un régimen especial de responsabilidad constitucional. Esto implica que frente a causales específicas descritas en la propia Constitución (por ejemplo, por haber infringido la Constitución o las leyes o haber dejado estas sin ejecución) pueden ser sujetos de acusación constitucional, institución en la cual intervienen la Cámara de Diputados y el Senado y que tiene por objeto determinar la culpabilidad del ministro ante una eventual infracción. Si se declara culpable, queda destituido de su cargo.

Los ministros de Estado además están sujetos a otras herramientas de control político. Así, la Cámara de Diputados puede citar a un ministro a fin de formularle preguntas en relación con materias vinculadas al ejercicio de su cargo (las denominadas interpelaciones parlamentarias), o responder fundadamente y por escrito las materias que la misma cámara pudiese sugerir como observaciones al Presidente de la República o los antecedentes que se soliciten al Gobierno. Además, estarán obligados a concurrir personalmente al Congreso Nacional cuando cualquiera de las cámaras los cite para sesiones especiales en las que se traten materias vinculadas a las competencias del respectivo ministerio.

Finalmente, los ministros de Estado cumplen un rol como ministros de fe y contrapeso interno de la autoridad presidencial. El texto constitucional señala que los decretos y reglamentos del Presidente de la República no serán obedecidos si es que no llevan la firma del ministro respectivo.

CONGRESO NACIONAL. ORGANIZACIÓN Y ATRIBUCIONES

Alejandra Ovalle V.

El Congreso es el principal órgano de representación política de la comunidad. Esta institución tuvo en sus orígenes la función de controlar el poder del monarca, principalmente en materia de tributos y de reclutamiento. Fue a partir de la consolidación de la tesis de la soberanía popular y de la forma de gobierno democrática que se empezó a concebir como un legislador amplio. Actualmente el Congreso reúne las funciones de legislar y de controlar al gobierno. Ambas descansan en la idea de representación, por lo que se busca integrar a este órgano la pluralidad de visiones políticas existentes al interior de la sociedad, así como los diversos intereses y realidades territoriales.

Bicameralismo e integración

En Chile, el Congreso Nacional está compuesto por dos ramas: la Cámara de Diputados y el Senado.

La Cámara de Diputados está integrada por 155 miembros elegidos en votación directa, que representan a 28 distritos electorales. Cada distrito elige entre 3 y 8 diputados conforme a un sistema electoral proporcional (Sistema D'Hondt). El número de escaños asignado a cada distrito depende de su población. El período de los diputados es de 4 años, al término del cual la Cámara de Diputados se renueva en su totalidad.

El Senado está hoy integrado por 43 miembros y, a partir de marzo del 2022, por 50 miembros elegidos en votación directa, que representan a las 16 regiones del país. Cada circunscripción senatorial elige entre 2 y 5 senadores —en consideración a su población— conforme al mismo sistema electoral proporcional. En el caso del Senado, el mandato dura 8 años y la renovación es parcial cada 4 años (en un período las regiones impares, en el otro las pares y la metropolitana).

El carácter bicameral del Congreso Nacional responde a la tradición constitucional chilena, por cuanto ha adoptado esta forma desde la Constitución de 1822. La existencia de dos cámaras contribuye a una mayor reflexión, deliberación, control y revisión de los proyectos de ley que se tramitan en el Congreso, así como al diálogo entre cámaras que intervienen con aproximaciones distintas en la formación de la ley. En este sentido, las diferencias que se aprecian en la conformación y atribuciones de cada una de las cámaras dan cuenta del propósito de reforzar la naturaleza política de la Cámara de Diputados y de atribuir al Senado un rol moderador e institucional.

Atribuciones

La principal atribución del Congreso Nacional es la elaboración de las leyes, puesto que su carácter representativo y plural favorece el debate, deliberación y construcción de acuerdos que se requieren para la generación de las normas generales que regirán la convivencia social. Asimismo, y como una forma de controlar al Presidente de la República en el ejercicio de sus atribuciones, el Congreso Nacional aprueba la Ley de Presupuestos del Sector Público, los tratados internacionales que han sido negociados y suscritos por el Ejecutivo y la declaración de algunos estados de excepción constitucional.

La Cámara de Diputados tiene atribuciones exclusivas en materia de fiscalización de los actos del gobierno, las que se materializan en la adopción de acuerdos y requerimientos de información, creación de comisiones especiales investigadoras y citación a ministros de Estado (conocida como interpelación). La fiscalización que efectúa la Cámara de Diputados es de naturaleza política, es decir, se valora el mérito, la conveniencia o la oportunidad del acto de gobierno (y no su conformidad con el derecho). En todo caso, ninguno de estos mecanismos permite destituir a las autoridades fiscalizadas, puesto que son cargos de la exclusiva confianza del Presidente de la República.

El Senado también cuenta con atribuciones exclusivas, en las que queda de manifiesto el rol moderador e institucional que se le pretende atribuir. Algunas de ellas son la aprobación de nombramientos propuestos por el Presidente de la República, como ministros de la Corte Suprema, el Fiscal Nacional, el Contralor General de la República y los Consejeros del Banco Central. Asimismo, se pronuncia sobre la inhabilidad o renuncia del Presidente de la República, sobre la procedencia de acciones judiciales entabladas en contra de ministros de Estado y sobre contiendas de competencia entre autoridades políticas o administrativas y tribunales superiores de justicia. El Senado además resuelve las acusaciones constitucionales presentadas y aprobadas por la Cámara de Diputados. En este caso, la declaración de culpabilidad de la autoridad acusada se traduce en la destitución del cargo y en una inhabilidad por 5 años para ejercer cualquier función pública.

Temas a considerar en un contexto de cambio constitucional

La Constitución vigente reforzó la posición del Presidente de la República, en desmedro de las atribuciones del Congreso Nacional. Cabe tener presente que el presidencialismo se sustenta en el control recíproco entre los poderes políticos, el que naturalmente pierde efectividad si no existe un adecuado equilibrio entre las potestades del Presidente y del Congreso. En consecuencia, en un proceso de cambio constitucional se deberían revisar dichas potestades —en particular las atribuciones de fiscalización del Congreso y las atribuciones legislativas del Presidente—, profundizar las fórmulas de interrelación entre los poderes y fortalecer la capacidad técnica del Congreso.

Por otra parte, se evidencia un diseño institucional que ha dificultado la construcción de acuerdos al interior del Congreso Nacional y ha generado una progresiva agudización de los conflictos entre este órgano y el Poder Ejecutivo, tanto en el ámbito legislativo como en el de la fiscalización. Algunos de los aspectos que se podrían revisar en orden a favorecer la gobernabilidad son el sistema electoral proporcional que se aplica en la elección de diputados y senadores, la oportunidad en la que se efectúan las elecciones parlamentarias en relación con el período presidencial, el proceso de formación de la ley, los mecanismos de fiscalización política y la definición de la naturaleza de la acusación constitucional.

Finalmente, en un proceso de cambio constitucional se debiera optar por aquellas fórmulas que contribuyan a mejorar el vínculo entre representantes e intereses de la ciudadanía, así como la confianza hacia el Congreso Nacional, el principal órgano en el que se expresa la representación y la deliberación política en una democracia.

" Debido a la mayor
incidencia de los
tribunales en el proceso
político en las últimas
décadas, ha resurgido una
particular inquietud por
reforzar la independencia
judicial y establecer
medios eficaces para
evaluar el desempeño
de los jueces".

CRISTIÁN VILLALONGA T. (P. 287)

CONGRESO NACIONAL. PROCESO LEGISLATIVO

Sebastián Soto V.

El proceso de formación de la ley es el conjunto de reglas y trámites que permiten que un proyecto ingresado al Congreso Nacional pueda convertirse en ley. Visto así, el asunto pareciera ser una cuestión meramente formal y procedimental. Pero es mucho más que eso. El procedimiento legislativo es vital para toda democracia, pues ofrece espacios de participación, representación y deliberación, además de permitir generar las necesarias políticas públicas para llevar adelante las tareas de gobierno.

Ya las primeras constituciones contemplaban reglas para la formación de las leyes. En estas se insertaba la estructura clásica de los poderes —Ejecutivo, Legislativo y Judicial— y se regulaban las funciones principales de cada uno de ellos. Dado que la ley, fruto del trabajo de parlamentos y congresos, fue y es la fuente más relevante del derecho en la sociedad democrática, su regulación constitucional resultaba ineludible. En Chile, nuestras primeras constituciones no se alejaron de esta tendencia. Y fue la Constitución de 1833 la que desarrolló el tema con más densidad incorporando normas que se mantienen hasta hoy.

Características principales

En términos generales, nuestro proceso de formación de la ley tiene variadas características. Ante todo, está sometido a un proceso de doble revisión fruto del bicameralismo. Es decir, toda ley requiere ser aprobada en los mismos términos tanto en la Cámara de Diputados como en el Senado.

En segundo lugar, es un procedimiento reglado que sigue ciertas etapas sucesivas desde el ingreso del proyecto hasta su término, con la publicación de la ley. Estas reglas están contenidas no solo en la

Constitución, sino que también en la Ley Orgánica Constitucional del Congreso Nacional y en los reglamentos de ambas cámaras. Todas estas normas vinculan a quienes intervienen en la tramitación y, como tales, pueden exigirse ante los órganos internos de las cámaras y, en ciertos casos, ante el propio Tribunal Constitucional.

Así, y en términos generales, el proceso de formación de la ley:

i) Se inicia en la que se denomina cámara de origen, con el ingreso de un mensaje o moción; el primero por el Presidente de la República, la segunda por un grupo de diputados o senadores.

ii) Luego, el proyecto es estudiado por una comisión especializada de parlamentarios (ej., Educación, Salud, Trabajo, etc.) para ser más tarde discutido y votado en la sala de la cámara respectiva (primer trámite constitucional). Si es aprobado, el proyecto pasa a la otra cámara, que se llama revisora.

iii) En la cámara revisora, tras un procedimiento similar al descrito, normalmente sufre modificaciones. Si también es aprobado en esa cámara, en lo que se denomina el segundo trámite constitucional, el proyecto sigue su tramitación.

iv) En el tercer trámite constitucional, el proyecto vuelve a la cámara de origen para que esta apruebe o rechace los cambios de la cámara revisora. Si los aprueba, el proyecto es despachado por el Congreso Nacional cumpliendo con la exigencia ya señalada en virtud de la cual ambas cámaras deben aprobar el mismo proyecto para que se convierta en ley.

v) Si, en cambio, las rechaza, se forma una comisión llamada "mixta", que reúne a cinco diputados y a cinco senadores que deben resolver las controversias. Si logran hacerlo, y ambas cámaras ratifican la fórmula propuesta por la comisión mixta, el proyecto es despachado.

En tercer término, en el procedimiento legislativo también interviene el Presidente de la República, que cuenta con un conjunto de importantes atribuciones. El Presidente es un colegislador, es decir, participa directamente o a través de los ministros en el proceso de formación de la ley. Así, el Presidente tiene atribuciones para ingresar a tramitación un proyecto de ley; para calificar un proyecto con "urgencia" (es decir, concederle una cierta prioridad en la agenda de las cámaras y comisiones); para proponer proyectos e indicaciones en ciertas materias que son de su iniciativa exclusiva (ej., impuestos, medidas que generen gasto público, etc.); para presentar "insistencias" (esto es, insistir con un proyecto rechazado por una cámara para que siga su tramitación en casos especialísimos); y para vetar o, lo que es lo mismo, impedir que proyectos de ley despachados por el Congreso se conviertan en leyes en casos excepcionales.

Gran parte de estas reglas son antiguas en nuestras constituciones. La Constitución de 1833 contemplaba una fórmula de veto presidencial que luego fue morigerada en 1893 y es la que nos rige hoy. La Constitución de 1925 incorporó las urgencias. Las reformas constitucionales de 1943 y 1970 establecieron y ampliaron diversas materias de iniciativa exclusiva del Presidente de la República. También en 1970 se incorporó la regla de "ideas matrices", que prohíbe que las modificaciones a proyectos de ley traten materias no relacionadas con la idea matriz del proyecto que se está discutiendo. Y la Constitución de 1980 creó las insistencias y profundizó la intensidad presidencial en el ejercicio de estas atribuciones.

Finalmente, y esto es común a todos los procesos legislativos en el mundo, el proceso de formación de la ley es un proceso complejo que combina instituciones formales e informales, instancias de cooperación y de negociación y, en general, la participación de muchos actores (ej. grupos de interés, expertos, sociedad civil, servicios públicos, etc.). Dicho de otra forma, el proceso de formación de la ley nunca será solo un conjunto de reglas, sino que también de prácticas comunes, tales como las que fundan una alianza política o permiten la negociación entre partidos opositores. No hay nada oculto o cuestionable en esto, sino que es parte de la democracia que exige que los proyectos sean aprobados por las mayorías. Para conseguir tales mayorías los líderes políticos deben ceder y negociar, cooperar y vetar y, en fin, deliberar y dialogar bajo el escrutinio de la opinión pública y de los grupos de interés.

Posibles debates

La futura discusión constitucional abre interesantes espacios en esta materia. En lo general, puede permitir una discusión sobre el rol del Congreso en sociedades donde la ley ha perdido fuerza dentro de las fuentes del derecho. ¿Debe seguir siendo la elaboración de la ley la tarea principal de los parlamentos? ¿No resulta necesario prestar atención a otras labores de las legislaturas y reforzar institucionalmente esas áreas, tales como el control y la representación? Igualmente, abre espacio para discutir sobre los acuerdos mínimos que deben regir la tarea de legislar y el rol del parlamentario, a fin de resguardar la dignidad del cargo y evitar una farandulización de la política. No se trata de fijar requisitos, sino de establecer fórmulas institucionales para promover conductas adecuadas y sancionar aquellas que escapan de niveles mínimos de decencia.

En lo particular hay diversas reglas que pueden volver a revisarse. Sin olvidar que todas ellas responden a una cuestión que en algún momento se apreció como un problema institucional, podrá discutirse sobre la forma de hacer más efectivas las urgencias; los mecanismos para fijar agendas de los legisladores y no solo del Gobierno; las reglas excesivamente presidencialistas del veto; las modificaciones a la iniciativa exclusiva y la forma de asegurar su eficacia; el futuro de las insistencias; el órgano de control externo del proceso legislativo y los mecanismos para incorporar la participación, entre otros.

PODER JUDICIAL. EVOLUCIÓN Y DESAFÍOS

Cristián Villalonga T.

Desde tiempos primitivos es posible hallar un tipo de organización que cumple con lo que en nuestros días podemos identificar como tribunales. Es decir, instituciones en las que un juez imparcial conoce de un conflicto entre partes a través de un proceso adversarial, resolviendo dichas disputas mediante decisiones que aplican normas preexistentes. Sin embargo, la función de juzgar que en el pasado remoto podía ser realizada por personas a las que la comunidad reconocía una especial autoridad —como un sacerdote o un vecino notable—, hoy posee un cariz distinto. Con el surgimiento del Estado moderno, al menos, aquella actividad llamada jurisdicción se convirtió gradualmente en una prerrogativa del soberano, quien reclamaba para sí el monopolio de la fuerza pública y el derecho. Esta íntima relación entre el Estado moderno y los tribunales resulta fundamental para comprender el surgimiento del Poder Judicial y su evolución durante los últimos tres siglos.

El carácter predominantemente estatal de la jurisdicción moderna trajo aparejado el desafío de cautelar la imparcialidad del tribunal frente al monarca absoluto u otros órganos de gobierno. Por ello, quienes diseñaron los regímenes constitucionales desde fines del siglo XVIII se preocuparon especialmente de la organización de los tribunales, construyéndola sobre tres piedras angulares. En primer lugar, ellos reafirmaron la especificidad de la función judicial. Siguiendo una particular interpretación que Montesquieu poseía respecto de la estructura del gobierno inglés, varias constituciones del período propusieron un régimen en que las distintas funciones propias del Estado se hallaban divididas, a fin de evitar la concentración del poder político. A esta distribución se le denominó separación de poderes. En este esquema, se procuró que la función de juzgar quedara estrictamente apartada de la labor legislativa y de gobierno, constituyendo una rama autónoma dentro del aparato del Estado: el Poder Judicial. En segundo lugar, ellos establecieron paulatinamente —con mayor o menor éxito— distintos mecanismos destinados a garantizar la independencia de los jueces, tales como formas de designación en que participaban distintos cuerpos políticos y períodos de tiempo prefijados para el ejercicio de su cargo. Por último, las nuevas constituciones también regularon minuciosamente el debido proceso, a fin de resguardar ciertas garantías mínimas para evitar el abuso de poder en el marco de la persecución penal.

Indudablemente, existieron variaciones relacionadas al contexto político que determinaron el desarrollo posterior de la judicatura. En aquellas naciones en que surgieron gobiernos fuertes, se tendió a limitar las prerrogativas judiciales. En Francia, luego de la revolución de 1789, por ejemplo, los jueces fueron vistos como antiguos aliados de la monarquía recién derrotada, y se les restringió a ser funcionarios de tipo burocrático que debían aplicar mecánicamente la ley. Gradualmente, desarrollos similares ocurrieron en Latinoamérica y otras naciones de Europa continental. En otros lugares, por el contrario, la fragmentación política permitió que los tribunales asumieran mayor autoridad para incidir en el contenido del derecho. Ello sucedió por ejemplo en los Estados Unidos, en donde un régimen federal limitado permitió que la Corte Suprema se convirtiera en un importante actor al momento de dirimir conflictos políticos, adquiriendo tempranamente la capacidad de revisar la constitucionalidad de la legislación.

Pese a las variaciones descritas, la organización judicial que nació a partir del constitucionalismo tendió a desarrollar elementos comunes a lo largo de Occidente. Aunque este poder del Estado está conformado por la totalidad de aquellos que ejercen la judicatura, en general se ha estructurado de una manera jerárquica. Frecuentemente se dispone que un tribunal colegiado superior —llamado Corte Suprema— posea la facultad de representar al Poder Judicial en su conjunto, como una rama autónoma. Es común en Europa continental y Latinoamérica que este tribunal posea importantes potestades para supervisar administrativa y disciplinariamente a todos los magistrados. Dentro de esta estructura jerárquica, asimismo, se reconoció a este alto tribunal la capacidad de resolver en último término sobre las decisiones de los jueces inferiores (vía recursos judiciales interpuestos por las partes). De esta manera, se procuró que los conflictos particularmente complejos del punto de vista interpretativo pudieran ser resueltos por aquellos magistrados con más experiencia, quienes dotarían de uniformidad a la jurisprudencia. Cumpliendo un papel análogo dentro de esta estructura jerárquica, las cortes de apelaciones pueden revisar las decisiones de juzgados de primera instancia en determinadas regiones geográficas. Es importante destacar, igualmente, que los tribunales se profesionalizaron a lo largo del tiempo, reemplazando a los jueces legos, quienes solían formar parte de la base del sistema judicial, por magistrados que poseen formación jurídica previa.

Luego de 1950, aproximadamente, la organización judicial ha sufrido importantes trasformaciones propias de un nuevo proceso de modernización política a nivel global. Algunos de estos cambios también han intentado responder a problemas específicos de la administración de justicia, como la excesiva deferencia de los tribunales respecto del Poder Ejecutivo y cierta incapacidad demostrada en el pasado para mantener el Estado de Derecho frente a gobiernos autoritarios.

Primeramente, las nuevas constituciones han expandido las facultades de los tribunales, permitiéndoles la aplicación directa de los derechos fundamentales. Ello ha significado un giro importante respecto del régimen anterior, que sostenía usualmente la premisa de que los derechos contenidos en la Constitución o en tratados internacionales eran mandatos dirigidos únicamente al legislador. Hoy, prácticamente todas las constituciones modernas han dispuesto recursos judiciales destinados a proteger a las personas frente a atentados concretos en contra de sus derechos fundamentales (e.g., recurso de protección, amparo, tutela, etc.). En una dirección similar, aquellos textos han establecido medios judiciales para revisar de manera abstracta la constitucionalidad de proyectos de ley o de la legislación vigente. En múltiples casos a nivel comparado, el conocimiento de estos últimos recursos ha sido entregado a un nuevo alto tribunal creado con ese propósito, compuesto en proporción variable por jueces, académicos o exlegisladores. Este órgano, llamado habitualmente Tribunal Constitucional, es independiente del Poder Judicial ordinario. La expansión de la autoridad de los jueces en este ámbito ofrece desafíos mayúsculos para los sistemas políticos contemporáneos, como la intervención de los tribunales en las políticas públicas, la discreción judicial para no aplicar la ley en determinados casos, y la delimitación entre las prerrogativas de las cortes supremas y los tribunales constitucionales.

Como parte de una renovada capacidad institucional del Estado, también han surgido tribunales especializados que han incorporado nuevas formas de hacer justicia. A los ya tradicionales juzgados de competencia común y criminal, se fueron agregando otros en el ámbito de las relaciones de familia, trabajo y asuntos administrativos. Más recientemente, en distintos países se ha creado una amplia gama de nuevos tribunales que resuelven materias aduaneras, tributarias, de propiedad intelectual, libre competencia, rehabilitación de drogas, administración de recursos energéticos y un largo etcétera. No es extraño que ellos funcionen como meras agencias administrativas formalmente al margen del Poder Judicial. La capacidad de las altas cortes ordinarias para monitorear el quehacer de estos tribunales especializados, e iniciativas destinadas a establecer verdaderas jerarquías judiciales paralelas de carácter administrativo, como ya sucede en Francia y Colombia, se revelan como importantes debates a este respecto.

Debido a la mayor incidencia de los tribunales en el proceso político en las últimas décadas, ha resurgido asimismo una particular inquietud por reforzar la independencia judicial y establecer medios eficaces para evaluar el desempeño de los jueces. Por una parte, ya no solo se ha procurado robustecer la autonomía de los magistrados respecto de los demás poderes del Estado. Además, ha aparecido una especial preocupación por la independencia judicial a nivel interno, a fin de proteger a los jueces del control de sus superiores jerárquicos. Con ese propósito, se han creado Consejos de la Magistratura encargados del así llamado "gobierno judicial", destinados a conducir los procesos de selección, promoción y calificación de los jueces. Estos organismos —establecidos en naciones como Italia, España, Brasil y Argentina— no han logrado evitar su captura por grupos de interés o partidos políticos. Por otra parte, la necesidad de mejorar la forma de evaluar el desempeño de los magistrados se ha convertido en un asunto de particular urgencia en las judicaturas de Europa continental y Latinoamérica, las que usualmente poseen mecanismos de evaluación deficientes que terminan promoviendo las carreras de los jueces en base a su antigüedad. El diseño de mecanismos de evaluación que incorporen elementos como la eficiencia, la estabilidad en los criterios para sentenciar y la consistencia de la argumentación (ajustados al rol que cada juez cumple dentro de la estructura judicial) sigue siendo una tarea pendiente.

Las transformaciones antes descritas han sido motivo de atención en los distintos procesos de cambio constitucional ocurridos recientemente, pero en ningún caso comprenden un recuento exhaustivo de los desafíos actuales de la judicatura. No es difícil pensar en muchos otros retos que esta hoy debe enfrentar, como la aparición de tribunales internacionales que constituyen foros alternativos a las jurisdicciones de carácter nacional, y la necesidad de acercar la labor de los jueces a la ciudadanía, entre otros. De las soluciones institucionales para enfrentar cada uno de estos desafíos dependerá el grado de legitimidad política y social con que los jueces cuenten para cumplir con su función en las décadas venideras.

PODER JUDICIAL Y CONSTITUCIÓN

Sebastián Soto V.

En 1830 Andrés Bello escribió unas líneas que parecen seguir resonando en estos tiempos. "La Constitución judicial —anotaba en El Araucano—, asunto de inmensa importancia en todos los tiempos (…), no ha excitado todavía en los nuevos estados americanos la atención que merece". Y luego agregaba: "se puede decir que ha sido enteramente descuidado, resultando de este olvido no pocos de los desórdenes y vicios que han mancillado su gloriosa revolución y hecho vacilar sus gobiernos" (Andrés, Bello, Publicidad de los Juicios). Esta advertencia parece repetirse en cada momento constitucional que ha enfrentado nuestro país a lo largo de su historia. Y es que cada una de nuestras constituciones se enfrentó a problemas mucho más acuciantes que exigieron atender otras disposiciones constitucionales, tales como aquellas que buscaron reconstruir la gobernabilidad política o las que dieron forma a la protección de derechos fundamentales. El capítulo del Poder Judicial, en cambio, siempre ha mantenido una silenciosa inercia. La nueva Constitución nos ofrece una oportunidad para cambiar esta tendencia.

Evolución

Revisar el vínculo entre la administración de justicia y la historia de Chile nos exigiría recordar las responsabilidades de la Real Audiencia de Concepción y de Santiago (1565 y 1608, respectivamente). Para el constitucionalismo chileno, sin embargo, despiertan mayor proximidad el Supremo Tribunal Judiciario de la Constitución de 1818, el capítulo de "Poder Judicial" de la Constitución de 1822 y la "Suprema Corte de Justicia" en la Constitución de 1823, a la que ya entonces se le confiaba la "superintendencia directiva, correccional y económica" sobre los demás tribunales. Pero no fue hasta la Constitución de 1833 que bajo el título de "Administración de Justicia" se consolidan las reglas e instituciones que dan sustento a nuestro Poder Judicial. Ahí, por ejemplo, se explicitan por primera vez las bases de la independencia del Poder Judicial cuando se dice que "ni el Congreso, ni el Presidente de la República pueden en ningún caso ejercer funciones judiciales, o avocarse causas pendientes, o hacer revivir procesos fenecidos".

La Constitución de 1925 construyó sobre las disposiciones existentes sin mayores cambios. Pese a ello es necesario destacar dos novedades que, en realidad, son reflejo de una misma tendencia. La primera fue la creación del recurso de inaplicabilidad, esto es, aquel que permitía a la Corte Suprema declarar un determinado precepto legal como contrario a la Constitución. De esta forma, nació formalmente en Chile la revisión judicial de constitucionalidad de las leyes que, con diversas variaciones, perdura hasta hoy. La segunda novedad fue la creación del Tribunal Calificador de Elecciones, que despojó a las propias cámaras de la calificación de sus elecciones para transferirla a un tribunal especial que, pese a ponderar los hechos como jurado, falla conforme a derecho. Estas dos modificaciones que introdujo la Constitución del 25 dan cuenta de una tendencia que irá adquiriendo mayor densidad con el paso de las décadas. Y es que, cada una de ellas a su modo, muestran cómo decisiones que antes pertenecían a la política pasaron a ser resueltas por los tribunales. En efecto, bajo la Constitución de 1833, la constitucionalidad de las leyes (o, en sus palabras, las dudas que surgieran sobre la inteligencia de alguno de los artículos de la Constitución) correspondía exclusivamente al Congreso. Lo mismo ocurría con la calificación de las elecciones de diputados y senadores. En 1925 se apreció que, por diversas razones, correspondía que el derecho y los tribunales tuvieran participación en esa decisión y por eso nace la inaplicabilidad y el TRICEL.

La Constitución de 1980 no introdujo mayores novedades. Sí lo hicieron en cambio sus reformas. En 1997 se elevó a veintiuno el número de ministros de la Corte Suprema permitiendo la llegada de cinco abogados extraños a la carrera judicial. Y el año 2005 se trasladó la antigua inaplicabilidad al Tribunal Constitucional, donde adquiere renovada fuerza y mayor densidad de contenido.

El marco constitucional reseñado debe ser integrado con diversas leyes y códigos que han dado forma y vida a la labor jurisdiccional. En el siglo XIX la Ley de Organización y Atribuciones de los Tribunales (1875), a inicios del siglo XX el Código de Procedimiento Civil y Penal (1903 y 1907) y más tarde el Código Orgánico de Tribunales, la reglamentación del Recurso de Protección, la reforma procesal penal, la creación de tribunales especializados y otra serie de leyes han sido un complemento indispensable a la regulación constitucional del Poder Judicial.

Regulación constitucional y perspectivas

Son varios los principios y reglas que hoy contempla, al decir de Bello, la "Constitución judicial".

Entre los principios, encontramos desde antiguo la reserva jurisdiccional, en virtud de la cual solo cabe a los tribunales establecidos por la ley "la facultad de conocer de las causas civiles y criminales, de resolverlas y hacer ejecutar lo juzgado". También la independencia del Poder Judicial respecto de otros poderes que, como anotamos más arriba, ha sido una declaración constante de nuestros constituyentes. Más novedosos son el principio de inexcusabilidad y el de imperio, que ascienden al texto constitucional en 1980, pero antes ya estaban presentes en nuestra legislación desde el siglo XIX. Ambos principios empoderan la labor jurisdiccional: el primero de ellos prohibiendo que los tribunales se excusen de ejercer su autoridad en negocios de su competencia si es que son requeridos legalmente; esto incluso a falta de ley que resuelva el asunto, lo que, a su modo, es un espacio de emancipación del juez respecto de la legislación. El segundo, permitiendo que los tribunales ejecuten sus resoluciones impartiendo directamente órdenes a la fuerza pública. De esta forma se evita la mediación de órganos gubernamentales para hacer cumplir las órdenes judiciales (art. 76).

En lo que se refiere al estatuto de los jueces, la Constitución establece que no podrán ser removidos mientras dure su "buena comportación", decía la Constitución de 1828. Ese buen comportamiento conecta hoy con las normas sobre responsabilidad que establece la Constitución y, específicamente, con los delitos de los que expresamente se les hace responsables (art. 79) y con las normas que disponen de un procedimiento de remoción en caso de no haber tenido un buen comportamiento (art. 80).

La Carta Fundamental reglamenta otros dos temas. El primero inserta dentro de la reserva legal diversas materias vinculadas con la labor jurisdiccional: la organización y atribuciones de los tribunales, el procedimiento y las garantías de debido proceso, el juez llamado a resolver del asunto, la legalidad y tipicidad, entre otras. En lo que aquí interesa, una novedad de la Constitución vigente fue exigir que la Corte Suprema sea oída antes de modificar la ley que regula la organización y atribuciones de los tribunales (art. 77). El segundo son diversas materias vinculadas con el gobierno judicial, es decir, con las tareas vinculadas al nombramiento, calificación y disciplina al interior del Poder Judicial. Hoy la Constitución regula con más detalle los nombramientos y, en las otras, solo tiene la cláusula general ya mencionada que radica la super-intendencia de los tribunales en la Corte Suprema, salvo en el caso del Tribunal Constitucional, el TRICEL y los tribunales electorales regionales.

Es posible que sea en materia de nombramientos donde el debate constitucional adquiera especial intensidad. Hoy, la Constitución regula la designación de los ministros de la Corte Suprema (el Presidente elige un nombre de una cinquena que elabora la propia Corte, que luego debe ser ratificado por 2/3 del Senado); de las Cortes de Apelaciones (Presidente elige a propuesta en terna de la Corte Suprema) y de los demás jueces (Presidente elige a propuesta en terna de la respectiva Corte de Apelaciones). El sistema actual, salvo por la intervención del Senado en el caso de los ministros de la Corte Suprema, se arrastra desde el inicio de nuestra vida republicana. Pese a ello, ha ido creciendo la crítica a la intervención gubernamental y la del propio Senado. Es probable entonces que un tema tan relevante como este sea revisado en la nueva Constitución y se reduzca la injerencia del Gobierno para someterla a algunos criterios más técnicos (inspirados en la Alta Dirección Pública) o para simplemente traspasar la decisión de nombramiento a un órgano distinto, como ocurre en otras latitudes con los consejos de las magistraturas. Estos últimos también podrían asumir potestades disciplinarias, calificaciones y otras, pero aquello es todavía incierto por la dificultad de evitar la captura de este tipo de órganos y algunas experiencias deficientes que se han visto en el extranjero.

El debate constitucional también abre espacios para examinar otra serie de materias de interés de los propios jueces (ej., el rol de la Corte

Suprema en la estructura institucional del Poder Judicial, autonomía financiera, tribunales contencioso-administrativos, acusación constitucional contra jueces, mecanismos de limitación del rol del juez en tareas de otros poderes, entre otros). Muchos de ellos darán lugar a normas que, en cualquier caso, deben velar por seguir profundizando la calidad e imparcialidad de nuestro Poder Judicial.

66 El Tribunal Constitucional
debe velar por que los
preceptos legales respeten
lo dispuesto por la
Constitución, que es el
pacto político fundamental
de la sociedad".

Eduardo Cordero Q. (P. 304)

ARQUITECTURA DEL ESTADO

ÓRGANOS CONSAGRADOS EN LA CONSTITUCIÓN

MINISTERIO PÚBLICO

María Elena Santibáñez T.

El Ministerio Público es un organismo público autónomo y jerarquizado de rango constitucional, cuyas funciones son dirigir en forma exclusiva y de manera objetiva la investigación de los hechos constitutivos de delito, ejercer la eventual acción penal pública en la forma prevista por la ley y adoptar las medidas para proteger a víctimas y testigos. El carácter autónomo de la institución implica que es completamente independiente de todos los Poderes de Estado, a fin de impedir interferencias en el desarrollo de sus funciones.

Fue creado el año 1997 mediante la Ley N°19.519, que incorpora un nuevo capítulo VII en nuestra Constitución Política y se encuentra regulado en una Ley Orgánica Constitucional (Ley N° 19.640).

Este organismo entró en plena vigencia con el sistema procesal penal, que rige en nuestro país desde el año 2000. El sistema procesal penal opta por un modelo de investigación criminal de carácter administrativo con control jurisdiccional, esto es, la investigación está a cargo del Ministerio Público y el Juez de Garantía controla su legalidad. Se optó por este modelo en desmedro del juez instructor, que fue planteado por algunos sectores de la comunidad procesalista nacional al inicio del debate legislativo del proyecto de nuevo Código Procesal Penal.

La primera función de la institución es la de dirigir de manera exclusiva la investigación. Sin embargo, no está llamada a realizar directamente las actividades investigativas, ya que si bien puede realizar algunas de manera excepcional, la mayoría les son entregadas a las policías (PDI y Carabineros), que cumplen el rol de auxiliares del Ministerio Público y que deben obedecer funcionalmente a este para los efectos de la investigación criminal.

En segundo lugar, le corresponde el ejercicio de la acción penal pública. En principio, el Ministerio Público es el único organismo estatal titular del ejercicio de la acción penal; sin embargo, no ostenta el monopolio absoluto de dicho ejercicio, pues nuestro sistema permite la intervención del querellante en los delitos de acción penal pública, confiriéndosele a este una serie de derechos, pudiendo llegar incluso a forzar la acusación y llevar un caso a juicio oral por su cuenta, cuando contare con la aprobación del juez de garantía y el fiscal intentare sobreseer o no perseverar en el caso.

En el ejercicio de esta función, el Ministerio Público cuenta con ciertas facultades discrecionales, que le permiten acudir a salidas anticipadas o alternativas, en aras de la satisfacción de distintos intereses y de una gestión más eficiente de los recursos públicos. Así, está facultado para dar término anticipado a los procesos penales, dejando solo los casos más graves para su resolución en un juicio oral. Ejemplo conocido y no pocas veces criticado de estas facultades es el archivo provisional.

La tercera y última función del Ministerio Público es la de dar protección a las víctimas y a los testigos, lo que supone el deber de adoptar o, en su caso, solicitar al juez de garantía, medidas concretas de protección para ellos, además de garantizarles una serie de derechos que faciliten su intervención en los procedimientos.

En cuanto a su estructura, el jefe superior del Ministerio Público y responsable de su funcionamiento es el Fiscal Nacional, en cuya designación intervienen los tres poderes del Estado y que dura ocho años en su cargo. Este jefe superior ejerce sus funciones en la Fiscalía Nacional, oficina que cuenta con unidades administrativas y con unidades especializadas temáticas, todas las cuales están a cargo de un jefe y actúan bajo la supervisión de un Director Ejecutivo Nacional. Cabe anotar que en el ejercicio de sus funciones el Fiscal Nacional es asesorado por el Consejo General.

El brazo operativo de la institución está a cargo de los Fiscales Regionales —existe uno por cada región del país, salvo la Región Metropolitana, que tiene cuatro—, que son los responsables de ejercer la labor del Ministerio Público en la respectiva región y funcionan en las Fiscalías Regionales. Por último, los Fiscales Adjuntos son quienes ejercen directamente las funciones del Ministerio Público en los casos que el Fiscal Regional les asigne y operan en Fiscalías Locales a cargo de un Fiscal Adjunto Jefe.

La labor de los fiscales se rige por una serie de principios que sirven de pilares de su actuación. Así, el llamado principio de unidad supone que cada vez que actúe un fiscal debe entenderse que es la institución entera la que está realizando una determinada diligencia. De su parte, el principio de objetividad lo obliga a investigar los hechos constitutivos de delito en forma objetiva, vale decir, recolectando antecedentes y material probatorio en búsqueda de la verdad, incluso aquel que beneficie al imputado o lo exculpe de responsabilidad en los hechos. Además, están sujetos a distintos tipos de controles en sus actuaciones y les está vedado el ejercicio de funciones jurisdiccionales, pues esa es una facultad privativa de los tribunales de justicia. Por fin, la labor del fiscal se rige por el principio de legalidad y de oportunidad reglada, lo que supone que deba llevar adelante las investigaciones cada vez que tenga noticia de la comisión de un delito, sin perjuicio de que puede hacerlas cesar, suspenderlas o interrumpirlas en ciertos casos regulados por la propia ley.

La institución está sujeta a varios tipos de controles, de carácter político, procesal y administrativo. El control político se ve reflejado en el sistema de nombramiento del Fiscal Nacional, la aprobación de su presupuesto, la obligación de rendir cuenta pública anual y la posibilidad de remoción tanto del Fiscal Nacional como de los Fiscales Regionales. En cuanto al control procesal de su actividad, este se produce por parte del juez de garantía, llamado a velar por que las actuaciones o diligencias de los fiscales no importen una afectación de garantías fundamentales de los intervinientes del proceso, así como a aprobar ciertas decisiones del fiscal; ello sin perjuicio de que también se produce un control de la actuación del fiscal por parte del resto de los intervinientes. Por último, también los fiscales están sujetos a responsabilidad civil, disciplinaria y penal por los actos que ejecuten en el desempeño de sus funciones.

En cuanto a eventuales reformas que puedan producirse en el ámbito constitucional respecto de esta institución, es importante considerar que se trata en primer lugar de un organismo de importancia trascendental para el correcto funcionamiento del sistema procesal penal. Por lo mismo, cualquier reforma que se introduzca no puede afectar la independencia en su actuación frente al resto de los poderes del Estado, a fin de evitar presiones indebidas durante el ejercicio de sus funciones. Sin perjuicio de ello, parece necesario establecer mayores controles externos, lo que puede buscarse a través de diversas fórmulas, como la existencia de una comisión técnica externa o mixta respecto de ciertas materias, o la constitución de fiscales *ad hoc* externos a la institución, especialmente cuando se trata de investigaciones que afectan a miembros de la propia institución.

TRIBUNAL CONSTITUCIONAL. ORIGEN E INTEGRACIÓN

Miguel Ángel Fernández G.

Bajo la Constitución de 1833, no existía un mecanismo de control de constitucionalidad de la ley, pues su artículo 164 disponía que: "*Sólo el Congreso, conforme a lo dispuesto en los artículos 40 y siguientes, podrá resolver las dudas que ocurran sobre la inteligencia de alguno de sus artículos*". Fue la Constitución de 1925 la que, en su artículo 86, estableció el denominado recurso de inaplicabilidad por inconstitucionalidad de la ley que facultaba a la Corte Suprema para decidir, en un asunto pendiente ante los tribunales, si las leyes se adecuaban o no a la Carta Fundamental.

Por su parte, la creación de un órgano especializado en la Carta Fundamental para velar, con carácter exclusivo, por la constitucionalidad de las leyes surge —por oposición al modelo de *judicial review* consagrado en Estados Unidos— del pensamiento de Hans Kelsen y se concreta, por primera vez, hace 100 años, en la Constitución de Austria de 1920.

En Chile y con la finalidad de resolver las controversias entre el Presidente de la República y el Congreso Nacional, especialmente a raíz de la constante crítica que se formulaba a los parlamentarios por presentar proyectos de ley o indicaciones que irrumpían en la iniciativa exclusiva reservada al Jefe del Estado, la academia comenzó a promover la creación de un Tribunal Constitucional.

Así lo propusieron los profesores Jorge Guzmán Dinator y Alejandro Silva Bascuñán, en el conjunto de foros realizados en 1963 en la Biblioteca Nacional y recogidos en el texto "Vieja Sociedad, Nueva Constitución", y las conclusiones de las Terceras Jornadas Chilenas de Derecho Público, celebradas en la Universidad de Concepción en 1964, redactadas por el profesor Francisco Cumplido Cereceda, quien ya lo había planteado en su "Teoría de la Constitución", en 1958. También habían instado por su creación los profesores Carlos Andrade Geywitz, en "Elementos de Derecho Constitucional Chileno", en 1963, y Jorge Mario Quinzio, en su artículo "Poder Judicial. Supremacía de la Constitución, constitucionalidad de la ley", publicado en 1965.

Estas propuestas son finalmente recogidas en el proyecto de reforma constitucional que, hacia el final de su mandato, presenta al Congreso Nacional el Presidente don Eduardo Frei Montalva, el cual culmina en la Ley N° 17.284, de 23 de enero de 1970.

Ese primer Tribunal Constitucional comenzó a funcionar el 10 de septiembre de 1971, bajo la presidencia de don Enrique Silva Cimma. Se integraba por 5 miembros, tres abogados designados por el Presidente de la República con acuerdo del Senado (uno a lo menos que se desempeñara como profesor universitario con, a lo menos, diez años de cátedra en Derecho Constitucional o Administrativo) y dos abogados designados por la Corte Suprema de entre sus miembros. Alcanzó a dictar 17 sentencias, antes de ser suprimido mediante Decreto Ley N° 119, el 5 de noviembre de 1973.

Fue reinstaurado en la Constitución de 1980, integrado por 7 miembros: tres ministros de la Corte Suprema elegidos por esta, un abogado designado por el Presidente de la República, dos elegidos por el Consejo de Seguridad Nacional y uno por el Senado.

Finalmente, en 2005, fue modificado en su integración por la Ley N° 20.050.

Hoy el Tribunal Constitucional se compone de diez ministros: tres nombrados por el Presidente de la República; cuatro por el Senado, de los cuales dos son propuestos por la Cámara de Diputados; y tres por la Corte Suprema.

Deben ser abogados con, a lo menos, quince años de título profesional, haberse destacado en la actividad profesional, universitaria o pública y no pueden tener impedimento alguno que los inhabilite para desempeñar el cargo de juez. Duran nueve años en el cargo, están sometidos tanto a las inhabilidades propias de los jueces como a las que afectan a los parlamentarios y no pueden ejercer la profesión de abogado. Además, de acuerdo a la Ley Orgánica Constitucional del Tribunal Constitucional existen dos Suplentes de Ministro que son designados por el Presidente de la República con acuerdo del Senado por dos tercios de sus miembros en ejercicio.

TRIBUNAL CONSTITUCIONAL. ATRIBUCIONES

Eduardo Cordero Q.

El Tribunal Constitucional es el principal órgano que vela por la supremacía de la Constitución. Todas las normas que comprende nuestro ordenamiento deben dictarse conforme a la Carta Fundamental, tanto en lo que dice relación con el procedimiento que deben seguir para su aprobación como en su contenido. Así, no es posible que una norma legal o un reglamento pueda desconocer o vulnerar derechos fundamentales que han sido reconocidos por la Constitución. Por tal razón, es necesario que exista una institución llamada a cumplir esta función.

En todo caso, todos los órganos del Estado deben respetar la Constitución y las leyes, por lo que la supremacía constitucional también debe ser respetada por los órganos administrativos, como la Contraloría, o los tribunales, como la Corte Suprema, pero al Tribunal Constitucional se le entrega el conocimiento y resolución de la constitucionalidad de las normas de mayor jerarquía, como son las leyes. Además, se consideran otras competencias que son relevantes desde el punto de vista institucional. Así, podemos distinguir tres tipos de atribuciones:

a) El control de constitucionalidad de normas;
b) Resolución de contiendas de competencia;
c) Resolución de inhabilidades, renuncias, incompatibilidades y causales de cesación, y
d) Pronunciarse sobre determinados ilícitos constitucionales.

El control de constitucionalidad de normas

Junto a la Constitución, la principal norma de nuestro ordenamiento es la ley, la que es producto de un procedimiento en el cual interviene el Parlamento como representante de la comunidad. Durante la discusión de las leyes puede suceder que se apruebe algún texto que sea contrario a la Carta Fundamental. De esta forma, el Tribunal Constitucional debe velar por que los preceptos legales respeten lo dispuesto por la Constitución, que es el pacto político fundamental de la sociedad. También existen normas que son de grado inferior a la ley y que emanan del Gobierno, como los decretos supremos, resoluciones y reglamentos. Estas normas también pueden ser controladas en determinados casos por el Tribunal Constitucional, aunque lo más habitual es que también puedan ser revisadas por la Contraloría General de la República y los tribunales de justicia.

Debido a que existen diversos tipos de normas que no son leyes, el control de cada una de ellas varía en relación con la importancia y momento en que puede tener lugar. Así, en la actualidad podemos clasificar esta revisión como de *carácter preventivo* (antes de que entre vigencia la norma) o *represivo* (una vez que se ha publicado y está produciendo efectos). A su vez, en algunos casos el control debe ser *obligatorio* o puede ser *facultativo*, es decir, se exige del requerimiento previo de un órgano constitucional, como puede ser el Presidente de la República o el Congreso. Así, podemos hacer la siguiente distinción:

- *Control de constitucionalidad preventivo obligatorio*: Este control siempre debe tener lugar antes de que la norma entre en vigor, considerando la importancia que tiene la materia que regula. Así sucede en la actualidad con las leyes interpretativas de la Constitución, leyes orgánicas constitucionales y tratados internacionales que contengan normas propias de este último tipo de leyes.
- *Control de constitucionalidad preventivo facultativo*: tiene lugar durante la tramitación de un proyecto de ley y procede a requerimiento del Presidente de la República, de las Cámaras o de una parte de sus miembros en ejercicio. Así ocurre, por ejemplo, con los proyectos de reforma constitucional y los tratados internacionales sometidos a la aprobación del Congreso.
- *Control de constitucionalidad represivo o a posteriori*: En este caso tiene lugar una vez que la norma entra en vigencia. Así sucede con los decretos supremos y reglamentos del Presidente y los autos acordados emanados de los Tribunales Superiores de Justicia (Corte Suprema y Cortes de Apelaciones) y del Tribunal Calificador de Elecciones.

En el caso de la ley, el control más importante es el *recurso de inaplicabilidad*. También se trata de control que tiene lugar una vez que el precepto legal ya ha entrado en vigencia y, a diferencia de los casos anteriores, puede solicitarlo cualquier persona, siempre que exista una gestión judicial pendiente en donde la aplicación del precepto legal impugnado pueda resultar decisiva en la resolución de un asunto.

Resolución de contiendas de competencia

Entre las diversas instituciones y poderes del Estado se pueden plantear diferencias en relación con sus competencias. En algunos países se ha creado un Tribunal General de Conflictos que debe conocer estos asuntos, como en Francia, pero otros han optado por entregar estas materias al Tribunal Constitucional, como sucede en Alemania y España. En el caso de Chile, este Tribunal solo conoce y resuelve las contiendas suscitadas entre las autoridades políticas y administrativas y los tribunales inferiores, como pueden ser los jueces de primera instancia. Las contiendas entre estas autoridades y los tribunales superiores (Corte Suprema y Corte de Apelaciones) corresponden al Senado de la República, pero nada obsta a que en el futuro todos estos asuntos se radiquen en el Tribunal Constitucional.

Resolución de inhabilidades, renuncias, incompatibilidades y causales de cesación

Para el ejercicio de un cargo público, la Constitución o la ley pueden establecer determinados requisitos o condiciones que se deben cumplir, así como cargos que son incompatibles con la actividad pública o situaciones en que la autoridad debe cesar. Como se trata de un asunto complejo, por los efectos políticos que tiene, en algunos países se entregan estas materias a la resolución del Tribunal Constitucional. Así ha sucedido en Chile respecto de las más altas magistraturas, como el Presidente de la República, los ministros de Estado y los parlamentarios. Por lo tanto, si se llega a plantear alguna discusión en relación con las inhabilidades que le puedan afectar, los cargos o funciones incompatibles o el hecho de que incurran en una causal que los haga cesar en su cargo, esta materia debe ser conocida por el Tribunal Constitucional.

En el futuro, es posible revisar esta competencia, ya sea que se suprima, mantenga o se amplíe a otras autoridades, como sucede con los magistrados de los Tribunales Superiores de Justicia, el Contralor General de la República, el Fiscal Nacional del Ministerio Público o los consejeros del Banco Central, que tienen un sistema distinto para resolver estos asuntos.

Pronunciarse sobre determinados ilícitos constitucionales

Existen hechos de la mayor gravedad para el orden institucional que, dadas sus características, también son entregados al conocimiento de los tribunales constitucionales. Actualmente en Chile le corresponde a este Tribunal declarar la inconstitucionalidad de organizaciones, movimientos o partidos políticos, como del Presidente de la República en ejercicio o del electo, que hubiesen incurrido en los ilícitos constitucionales que prevé la Constitución, esto es, que tengan objetivos o hayan realizado actos o conductas que no respeten los principios básicos del régimen democrático y constitucional, procuren el establecimiento de un sistema totalitario, como asimismo aquellos que hagan uso de la violencia, la propugnen o inciten a ella como método de acción política (art. 19 N° 15, incisos sexto y siguientes).

“ Es de esperar que las
materias de seguridad
nacional y Fuerzas
Armadas sean examinadas
contribuyendo a restañar
las heridas del pasado
y superar las querellas
de antaño para pensar
solo en el beneficio de la
República y de su pueblo”.

JUSTICIA ELECTORAL Y SERVICIO ELECTORAL

Matías Sanhueza G.

La realización de votaciones y elecciones periódicas es uno de los actos más relevantes del sistema democrático. Para efectos de, por un lado, administrar y fiscalizar los procesos electorales y, por otro, resolver los conflictos que se susciten en dichos procesos, el ordenamiento jurídico chileno ha dispuesto la existencia de determinados organismos, actualmente el Servicio Electoral y los Tribunales Electorales.

Servicio Electoral

La existencia de una institución pública dedicada a la administración de los procesos electorales data del año 1925, cuando se crea el "Conservador del Registro Electoral", institución que en 1931 es reemplazada por la "Dirección del Registro Electoral". El Servicio Electoral de Chile existe con esta denominación desde el 1 de octubre de 1986, luego de que la Dirección del Registro Electoral estuviese suspendida desde el año 1973. A partir del año 2015 es un órgano independiente de la administración del Estado y entre sus principales funciones se cuentan:

1. La formación, mantención y actualización del Registro Electoral, y la determinación de los Padrones Electorales que se utilizan en cada elección.
2. Fiscalización del cumplimiento de normas sobre transparencia, campaña y gasto electoral.
3. Fiscalización del cumplimiento de las normas que regulan a los partidos políticos.
4. La supervigilancia y fiscalización de las Juntas Electorales.

El SERVEL está encabezado por un Consejo Directivo, compuesto por cinco consejeros (uno de ellos elegido presidente del Consejo), nombrados por el Presidente de la República, previo acuerdo del Senado, con un *quorum* de 2/3 de sus miembros en ejercicio.

Las Juntas Electorales son organismos existentes en cada provincia del país que colaboran con el SERVEL en la realización de las elecciones. Entre sus funciones se cuenta la designación de vocales de mesa y velar por el orden público en la elección, para lo cual cuentan con el apoyo directo de las Fuerzas Armadas.

Justicia electoral

La realización de elecciones no se encuentra exenta de eventuales contiendas; por eso, el ordenamiento jurídico ha dispuesto la existencia de tribunales electorales. El más importante es el Tribunal Calificador de Elecciones (TRICEL), organismo de rango constitucional desde el año 1925, que nació con el objeto de dar neutralidad a la calificación de las elecciones, teniendo en cuenta que en un inicio era el Congreso Nacional el encargado de dicha tarea, de acuerdo con lo que disponía la Constitución de 1833.

El actual TRICEL está compuesto de cinco miembros, nombrados todos ellos por la Corte Suprema. Cuatro miembros son ministros de la Corte Suprema elegidos por sorteo y el quinto miembro es un ciudadano que haya ejercido por más de un año como presidente o vicepresidente de alguna de las Cámaras del Congreso, elegido también por sorteo. Dentro de sus funciones se cuentan:

1. Conocer el escrutinio general de las elecciones de Presidente de la República y las elecciones parlamentarias y los plebiscitos.
2. Calificar los procesos electorales y plebiscitarios, nacionales o comunales, y proclamar a quienes resulten electos o el resultado del plebiscito.
3. Conocer las reclamaciones que se deduzcan ante él y que sean de su competencia.

A nivel regional, se encuentran los Tribunales Electorales Regionales, formados por un ministro de la Corte de Apelaciones respectiva y dos miembros designados por el TRICEL. Entre sus funciones más relevantes se encuentran la calificación de elecciones realizadas por gremios y otros cuerpos intermedios que la ley señala, además de conocer de las reclamaciones que se interpongan en el contexto de cualquier elección realizada por grupos intermedios.

CONTRALORÍA GENERAL DE LA REPÚBLICA

José Luis Lara A.

Nuestra Contraloría General de la República (en adelante CGR) es una entidad superior de control, cuya función primordial es velar por la legalidad/juridicidad de los actos de los órganos de la Administración del Estado. Ahora bien, dicha característica la diferencia respecto de otras entidades equivalentes en ordenamientos comparados, cuyo rol es principalmente efectuar un control de carácter financiero contable respecto de las cuentas públicas, función que también, como veremos, desarrolla CGR en Chile, pero no agotándose en ello.

Orgánicamente, CGR goza de autonomía constitucional, mas no orgánica, actuando bajo la persona jurídica del Fisco. Jerárquicamente está a cargo de un Contralor General de la República, nombrado por el Presidente de la República, previa ratificación del Senado. Dicho Contralor es el jefe de servicio y goza de libertad para reorganizar la institución y disponer de los cargos subordinados a él, con excepción del Subcontralor. Actualmente, la institución se organiza en divisiones y Contralorías Regionales (que actúan por delegación del Contralor y no por desconcentración legal). El Contralor dura en el desempeño de su cargo 8 años, no pudiendo ser nombrado para el período inmediatamente siguiente.

Nuestra Contraloría reconoce sus antecedentes en el régimen de Control de la Corona de Castilla en sus dominios en América, teniendo como antecedente principal las denominadas contadurías y tribunales mayores de cuenta. Sin embargo, el surgimiento de la Contraloría General en nuestro sistema reconoce como fuente inmediata una recomendación de la denominada Misión Kemmerer, promovida por el Gobierno norteamericano durante las primeras décadas del siglo XX y que, entre otras recomendaciones, sugirió al gobierno de la época la creación de una entidad de control que se denominó Contraloría General de la República.

La aludida CGR se crea en 1927, primero con un reconocimiento legal y luego constitucional. Lo interesante reside en que la aludida entidad de control no agota —como ya habíamos anunciado— su ámbito de acción en el llamado "control de cuentas", sino —y de ahí su relevancia en nuestro medio— en el control de la legalidad del actuar administrativo. Para ello, goza de una función jurídica, hermenéutica, fiscalizadora y, por cierto, jurisdiccional, sin perjuicio de otras atribuciones que le pueda conferir el legislador (ej., receptor de las declaraciones de intereses y patrimonio).

La función jurídica o de control de legalidad se constituye en su atribución primordial, al estar expresamente consagrada en la Constitución y, por cierto, en su Ley orgánica (Ley N° 10.336). La regla general hoy en Chile es la exención de la toma de razón, toda vez que el Contralor señala expresamente, por vía de resolución, qué actos están afectos a toma de razón, o bien cuando el legislador por acto particular lo hace también. Ahora bien, la potestad de control expuesta se manifiesta en velar por la conformidad a derecho de los actos de la administración, para lo cual contempla un trámite ineludible de todo acto de la Administración del Estado, denominado Toma de Razón, esto es, el examen de valoración (juicio) que efectúa el Contralor General (o a quién se le delegue por este) respecto de un proyecto de acto. Frente a ello, la autoridad puede emitir un juicio favorable o estimatorio, traducido en el atestado respectivo (timbre y firma), que equivale a tomar razón o bien a un reparo o juicio desestimatorio denominado representación, ya sea por la ilegalidad o inconstitucionalidad del proyecto de acto. Si la representación es porque el proyecto de acto contraviene la legalidad, el autor del acto podrá acatar la medida y el acto no ingresa al ordenamiento jurídico o, tratándose del Presidente de la República, podrá insistir en la legalidad de este, por la vía de un Decreto Supremo de insistencia presidencial, que debe ser firmado por todos los ministros haciendo a estos solidariamente responsables de los perjuicios que dicho acto pueda irrogar. En este último caso, el Contralor debe tomar razón del proyecto de acto, pero a su vez debe informar a la Cámara de Diputados respecto del ejercicio de la aludida potestad por el Presidente de la República. Por otra parte, la representación puede ser también por su inconstitucionalidad, en cuyo caso el Presidente de la República, en breve plazo, solo podría requerir el pronunciamiento del Tribunal Constitucional que, de acogerlo, obligará al Contralor a tomar razón, pero, de rechazarlo, impedirá que la decisión presidencial de insistir con el proyecto de acto prospere.

La función hermenéutica o dictaminante importa determinar el sentido y alcance, con eficacia obligacional de las normas que se pretende aplicar al interior de la Administración del Estado, ya sea a instancia de un servicio público o de un particular interesado. Lo interesante es que dicho pronunciamiento contralor produce un efecto vinculante para toda la administración en cuanto se circunscriba a los presupuestos fácticos y normativos del destinatario de dicho dictamen. La potestad dictaminante no tiene reconocimiento expreso en la Constitución, sino solo en su Ley Orgánica y origina la denominada jurisprudencia administrativa, de obligada lectura y observancia por parte de todos los funcionarios públicos y, en especial, de las direcciones jurídicas de los servicios. Lo importante es que la Contraloría debe "interpretar" y no llenar vacíos en el ordenamiento (integrar), toda vez que ello es resorte del legislador. Asimismo, el legislador en el artículo 6 inciso tercero de la Ley Orgánica Constitucional de la CGR le impone como causal impeditiva para ejercer su potestad dictaminante abstenerse de pronunciarse respecto de materias litigiosas, materias de conocimiento de los Tribunales de Justicia o de competencia del Consejo de Defensa del Estado, dada su naturaleza litigiosa.

En tercer lugar, encontramos la función fiscalizadora o de auditoría, cuyo producto final es el Informe de auditoría, esto es, un pronunciamiento respecto de si el sujeto administrativo objeto de la fiscalización ha actuado conforme a derecho o no. En el ejercicio de dicha potestad, la Contraloría General de la República debe velar por el respeto a la probidad administrativa (desempeño honesto y leal de la función pública con preeminencia del interés general por sobre el individual), el estatuto administrativo y el cumplimiento de la normativa. Esta prerrogativa de la Contraloría General constituye una de sus atribuciones más relevantes, dado que entra derechamente a vigilar la actuación de los órganos administrativos, sin perjuicio de lo cual el legislador le impuso como límite no entrometerse en razones de mérito, conveniencia u oportunidad en la adopción de la decisión, pues ello podría importar sustituir la actuación de la administración activa.

Por otra parte, la función jurisdicción o control financiero-contable (juicio de cuenta) constituye tradicionalmente, como habíamos adelantado, la prerrogativa más consubstancial a las contralorías a nivel comparado, importando velar por el adecuado uso de los recursos públicos. Así, se traduce en una revisión de las cuentas presentadas por parte de un receptor de fondos públicos que, en caso de resultar disconforme, da origen a un reparo y consecuencialmente a un juicio de cuenta que pretende hacer efectiva la responsabilidad civil de ese receptor de fondos públicos (cuentadante).

Como podemos observar, Contraloría General de la República asume un rol primordial en el resguardo de la probidad administrativa y el estricto apego a la legalidad/juridicidad del actuar de los órganos de la Administración del Estado. Por ello, las modificaciones que se podrían instar, en el actual momento constitucional, deberían tender a robustecer la institución como eje central del resguardo al Estado de Derecho. En tal sentido, es posible que se planteen modificaciones en relación con: i) mecanismo de nombramiento y composición colegiada del órgano directivo de la CGR; ii) normas sobre la confianza exclusiva de los funcionarios de Contraloría; iii) someter los actos del alcalde al trámite control de toma de razón; iv) agilizar el mecanismo de toma de razón; v) elevar a rango constitucional la potestad dictaminante, y vi) separar la función jurisdiccional de Contraloría dándole autonomía a la primera.

CONSTITUCIÓN Y FUERZAS ARMADAS

Felipe Sánchez B.

El concepto "monopolio de la fuerza" se sustenta bajo importantes nociones sobre el rol de la Constitución y sus actores por excelencia: las Fuerzas Armadas y de Orden y Seguridad Pública.

Habitualmente, se señala que el Estado posee el monopolio de la fuerza y lo ejerce a través de las Fuerzas Armadas y las de Orden y Seguridad Pública: Carabineros de Chile y la Policía de Investigaciones (PDI).

Sin embargo, el hecho de que estas instituciones estén bajo el mando del Poder Ejecutivo —Ministerio de Defensa y Presidente de la República— no explica por sí solo por qué el Estado puede ejercer legítimamente la fuerza, ya que esto se debe a razones político-constitucionales mucho más profundas.

La mayoría de los Estados modernos tienen como fin último el bien común de todos y cada una de las personas que lo componen. Una de las formas a través de las cuales cumple este rol es resguardando la seguridad nacional, dando protección a la población y a las familias.

El resguardo de esa seguridad nacional es una función esencial para el buen devenir de una sociedad y es, además, de aquellas que le competen únicamente al Estado, es decir, que, por su naturaleza, jamás podrían ser asumidas por los particulares. Así nacieron los Estados modernos, para después avanzar a la provisión de bienestar o persecución de un bien común.

¿Qué significa esto en la práctica? Significa que los Estados poseen el monopolio de la fuerza para garantizar que las personas y sociedades puedan desarrollarse libremente. Esto lo hacen procurando evitar todos aquellos entorpecimientos que podrían afectar injustamente a las personas: situaciones de guerra externa y su eventual defensa, evitar hechos graves de conmoción interna, insurrección, violencia y alteración del orden público. El Estado resguarda, entonces, la seguridad nacional.

Dicho de otro modo, es deber del Estado asegurar el adecuado ejercicio de los derechos de todo individuo, proveyendo las indispensables condiciones de paz y seguridad que requiere el desarrollo pleno de toda persona en una sociedad políticamente organizada.

Ahora bien, es completamente necesario que facultades como el monopolio de la fuerza estén insertas en un Estado de Derecho, es decir, que estén sometidas a la ley, al igual que toda función, poder y órgano del Estado. De ahí que sea del todo prudente su regulación básica en un texto constitucional, de forma tal de someter esta importante pero a veces peligrosa facultad, y así controlar su ejercicio y consecuencias.

Evolución histórica

Históricamente se asocia como punto de origen de este monopolio de la fuerza a aquel momento en que los individuos de una sociedad le otorgan al Estado las facultades para que resguarde sus derechos ante agresiones injustas de otros individuos u otros Estados. Dicho de otra forma, su origen estaría en la decisión de los individuos de renunciar a la defensa propia, muchas veces insuficiente, para que sea el Estado quien la lleve a cabo de mejor manera.

Así, originalmente, el Estado tuvo en manos de un monarca la concentración del poder militar. Así es como los monarcas se esforzaron en la creación de un ejército permanente que los obedece a ellos independizándose de esta forma de la atadura y fidelidad incierta de los señores feudales de la época. Es a partir de la Revolución Francesa que la función militar se hace ciudadana y nacional: surgen los ejércitos nacionales y el servicio militar obligatorio comienza a ser adoptado por varios Estados.

De ahí que desde fines del siglo XVIII no se encuentre un Estado que no tenga el monopolio de la fuerza. Así, a partir del siglo XIX, todo Estado cuenta con un grupo armado cuya función es velar por la paz y defensa externa. Con el desarrollo del constitucionalismo se les asignó a las Fuerzas Armadas una función auxiliar de los gobernantes, siempre subordinándolas jerárquicamente al poder civil.

En el caso chileno, este uso legítimo de la fuerza se materializa en las actuaciones de las Fuerzas Armadas para casos, por ejemplo, de defensa militar ante agresiones externas, por una parte, y, por otra, a Carabineros y PDI el resguardo del orden público y cumplimiento forzado —cuando es necesario— de la ley.

Algunos temas para tener en consideración ante eventuales reformas

Si bien históricamente el monopolio de la fuerza se ha radicado en el Estado, y en particular en las Fuerzas Armadas y de Orden o Seguridad Pública (según el caso chileno), no es menor apuntar ciertos principios básicos en su regulación. De lo contrario podrían derivarse terribles consecuencias para toda democracia y sociedad libre:

1. Deben tener un carácter independiente del poder político.
2. Deben someterse siempre al Estado de Derecho.
3. Deben caracterizarse por ser esencialmente profesionales, jerarquizadas, obedientes y no deliberantes.

"Hay dudas en cuanto
a que la pretendida
descentralización se vea
atenuada por la existencia
de un gobierno regional
cuyas competencias
no se encuentran
claramente definidas".

CAROLINA HELFMANN M. (P. 327)

FUERZAS ARMADAS Y SEGURIDAD NACIONAL

JORGE PRECHT P.

La Constitución chilena vigente contiene la expresión "seguridad nacional" en varios de sus preceptos, así como "seguridad de la Nación" y "seguridad del Estado". A efectos de esta exposición se considerarán estos términos como sinónimos.

Es evidente que toda sociedad requiere para su desarrollo gozar de un marco de seguridad exterior e interior. Pero la expresión "seguridad nacional" es un concepto jurídico indeterminado. Ahora bien, los conceptos jurídicos indeterminados son aceptados por el derecho en la medida que sean sometidos al control de los tribunales y de otros órganos. Estos órganos serán los encargados de circunscribir lo que se entenderá por seguridad nacional. Sin embargo, en la Comisión Ortúzar queda constancia de que la seguridad nacional no debe definirse porque si se definiera: "se le da al concepto un carácter de jurídico, revisable por los Tribunales, lo que no debe ocurrir, pues es eminentemente político y debe mantenerse en ese carácter" (sesión N°349, p. 2.147). De esta manera, sin control jurídico el término que comento se tornó ideológico y por lo tanto fue entregado *"au bon plaisir du Prince"*. Así sucedió con la disposición transitoria 24 del texto primitivo de la Constitución de 1980.

A décadas del régimen militar, ya desde las reformas de 1989 hasta el presente, el constitucionalismo chileno ha buscado armonizar ese concepto esquivo con una democracia representativa y con el Estado de Derecho. El problema es capital, pues la seguridad nacional, entre otras materias, figura en las bases de la institucionalidad, es esencial para determinar la función de las Fuerzas Armadas y está relacionada con las facultades del Presidente de la República. Como si esto fuera poco, la seguridad nacional figura como limitación de varios derechos fundamentales y estuvo unida al "orden institucional de la República", por lo menos hasta el 2005.

El artículo 24 inciso segundo sigue la antigua terminología distinguiendo entre "orden público en el interior" y "seguridad externa de la República". Pero esta distinción no se condice con la idea de seguridad nacional.

La categoría "seguridad nacional" encierra, sin duda alguna, un aspecto *ad extra*: el mantenimiento de la soberanía chilena, la defensa de su territorio y de su población, el control de sus fronteras, el conservar expeditas las vías de comercio internacional, e incluye las misiones para el logro de la paz y la democracia a nivel global y regional. Comprende también las contribuciones chilenas en el combate contra los flujos migratorios ilegales, el tráfico de drogas, el tráfico de personas, el terrorismo, la lucha contra el hambre, etc. Todo ello está comprendido en las tareas de las Fuerzas Armadas que, al decir de nuestra Constitución, son esenciales para "defensa de la patria y la seguridad nacional", expresión tautológica, como si el concepto de seguridad nacional no implicara la defensa de la patria. Por otra parte, hay labores que se cumplen al interior y al exterior del país, como son las tareas de inteligencia.

En contraste con la idea tradicional, la propia Constitución involucra a las Fuerzas Armadas en los estados de excepción constitucional, estados que son variados y que admiten diversas combinaciones entre ellos. La misma Constitución entrega también a las Fuerzas Armadas el resguardo del orden público durante los actos electorales y plebiscitarios. Pero además sucede que, a veces, sucesos tales como incendios forestales y su extinción, rescate de personas en tierra y mar, protección de áreas críticas, sequías, inundaciones y terremotos exigen la intervención de las mencionadas Fuerzas, por razones de urgencia, sin que aún se hayan dictado los decretos de excepción. Añádase a todo ello que la guerra contrarrevolucionaria, la guerra revolucionaria, la guerra interna y las guerrillas hacen imprescindible la participación al interior del país.

En síntesis, queda probado que la "seguridad nacional" tiene las dos caras de Jano: una *ad intra* y otra *ad extra*.

Para mayor confusión, la Constitución va a distinguir "seguridad nacional" de "seguridad pública interior", pero es evidente que el mantenimiento del orden público forma parte de la seguridad nacional. Agréguese que aquí de nuevo nos encontramos con otro concepto jurídico indeterminado, como es el de "orden público". No cabe hacer con estos dos conceptos jurídicos indeterminados interpretaciones extensivas que puedan poner en peligro los principios constitucionales y las libertades fundamentales. Muy a menudo la experiencia mundial demuestra que mediante la mera invocación de estos conceptos se han cometido grandes vulneraciones a los derechos fundamentales.

Por lo demás, no veo de qué manera, según lo dispone el artículo 22, los chilenos puedan contribuir a preservar la seguridad nacional, cuando ello es deber del Estado a través de órganos públicos precisos.

Se ha eliminado en la reforma del 2005, al reformular el primitivo artículo 90, el que las Fuerzas Armadas "garantizan el orden institucional de la República". A la vez, se ha colocado en el artículo 6° inciso primero que "los órganos del Estado deben… garantizar el orden institucional de la República". La inmensa mayoría de los órganos del Estado en esta materia no pueden garantizar nada. Las Fuerzas Armadas están obligadas a efectuarlo. Es por eso que una expresión similar existe en la Constitución Política Española de 1978, en el artículo 8.1, en que se dice que las Fuerzas Armadas tienen como misión garantizar "la soberanía e independencia de la Nación, defender su integridad territorial y el ordenamiento constitucional". Si la intención de la llamada Constitución de Lagos, expresión de los creativos de Palacio, fue dejar de lado a las antedichas Fuerzas, no pudo hacerlo del todo, puesto que ellas son también "órganos del Estado".

Mi opinión es que las Fuerzas Armadas garantizan siempre el orden institucional de la República, pues están sujetas siempre al Primer Mandatario, quien puede, en tanto Jefe de Estado, asumir el mando de dichas Fuerzas y no solo en caso de guerra externa. Recuérdese, a este propósito, que el rey de España, como Jefe de Estado, ordenó al general Milán del Bosch regresar a Valencia, con su división motorizada, cuando marchaba hacia Madrid para apoyar la rebelión de Tejero, jefe de la Guardia Civil. La Corona, en esa ocasión, salvó la República.

Concluyendo, hay mucho paño que cortar en el tema que he abordado. Es una tarea ingente la que espera a los cultores del derecho público. Es de esperar que las materias de seguridad nacional y Fuerzas Armadas sean examinadas *"sine ira et studio"* contribuyendo a restañar las heridas del pasado y superar las querellas de antaño para pensar solo en el beneficio de la República y de su pueblo.

EL BANCO CENTRAL

Alberto Vergara A.

En el derecho constitucional moderno, la clásica división de tres poderes, Legislativo, Ejecutivo y Judicial, ideada por el genial pensador francés barón de Montesquieu, ha dado lugar a lo que se conoce como separación de funciones, consagrándose actualmente la existencia de numerosos órganos titulares de funciones que anteriormente eran parte de los tres poderes clásicos o que han evolucionado a la par del desarrollo económico, político y social de los países. Entre esas funciones, que podríamos denominar nuevas o modernas, encontramos la denominada función monetaria, consistente en emitir, administrar y controlar la masa monetaria, es decir, la cantidad de dinero de curso legal que circula en la economía.

De alguna manera, en los comienzos del Estado-Nación, parte de la función monetaria la cumplían las casas de moneda, que dependían, en la terminología de Montesquieu, del Poder Ejecutivo. Sin embargo, el gran desarrollo político, económico y social que se ha dado en el mundo como consecuencia de la Ilustración, la Revolución Industrial y del retroceso del colonialismo, junto con la globalización, han hecho cada vez más compleja y relevante la función monetaria, obligando a crear órganos hiperespecializados, denominados bancos centrales. Adicionalmente, el mal uso que muchos países han hecho o siguen haciendo de dicha función monetaria no solo ha vuelto necesaria la creación de bancos centrales como organismos técnicos, sino también aconsejable, y en algunos casos indispensable, dotarlos de autonomía de rango constitucional.

En el caso de Chile, el Banco Central nace en 1925, como parte de las reformas institucionales aconsejadas por la denominada "Misión Kemmerer", un grupo de expertos que hicieron numerosas propuestas institucionales a diversos países latinoamericanos, incluido Chile, entre 1917 y 1931. Como fruto de las recomendaciones de dicha misión, nacieron en nuestro país, además del Banco Central, otros organismos muy relevantes como la Contraloría General de la República y la Superintendencia de Bancos e Instituciones Financieras.

En sus orígenes, nuestro Banco Central no tuvo rango constitucional, pero sí autonomía tanto respecto del gobierno de turno como de los demás poderes del Estado, aunque dicha autonomía, al no ser de rango constitucional, no daba al Banco Central la necesaria independencia, especialmente porque su ley orgánica le permitía financiar tanto al Fisco como al sector público, lo que en la práctica le restó eficacia a su lucha contra la inflación.

Recién con la actual Constitución, el Banco Central adquirió el rango de organismo técnico consagrado constitucionalmente, y además autónomo, aun cuando dicha autonomía de rango constitucional recién se hizo efectiva en 1989, cuando se publicó la Ley 18.840, Ley Orgánica Constitucional del Banco Central, y asumió su primer Consejo autónomo.

Las funciones específicas que nuestra actual Constitución le entrega al Banco Central las encontramos en el artículo tercero de su ley orgánica y consisten en velar por la estabilidad del Peso chileno, lo que implica mantener una inflación baja y estable en el tiempo, para no afectar el poder adquisitivo de los chilenos, así como promover la estabilidad y eficacia del sistema financiero de nuestro país, vigilando el normal funcionamiento de los pagos internos y externos.

Para asegurar la autonomía del Banco Central, así como su carácter técnico, la ley orgánica establece que la dirección y administración del mismo le corresponde a un Consejo integrado por cinco personas, y encabezado por su presidente. Los consejeros duran 10 años en sus cargos, se renuevan parcialmente y son designados por el Presidente de la República con acuerdo del Senado, por mayoría simple. Quien preside el Consejo del Banco Central es designado directamente por el Presidente de la República, pero siempre de entre los cinco integrantes del Consejo, durando 5 años en su cargo, o el tiempo que le reste como consejero, desde su designación.

La real autonomía constitucional y el carácter técnico del Banco Central están también asegurados por las diversas disposiciones de su ley orgánica, relativas a la administración de su patrimonio propio, a su estructura y al otorgamiento de una serie de herramientas para el ejercicio independiente de todas sus funciones.

Sin embargo, de poco servirían realmente las disposiciones ya comentadas, para asegurar la autonomía y el carácter técnico del Banco Central, si dicho organismo pudiera o tuviera que ayudar a financiar el gasto público. Es por ello que nuestra actual Constitución establece en el artículo 109 expresas y estrictas restricciones a fin de que el Banco Central, ni directa ni indirectamente, financie los gastos del gobierno central u otorgue garantías que permitan financiarlo, salvo situaciones excepcionales y transitorias en que la preservación del normal funcionamiento de la cadena de pagos internos o externos requiera la compra o venta de instrumentos de deuda fiscales en el mercado secundario abierto o en situaciones excepcionales y calificadas que sean aprobadas por el Consejo de Seguridad Nacional, en caso de guerra externa o peligro de ella.

Pero el citado artículo 109 no solo busca evitar el financiamiento directo o indirecto del gasto público, sino que también buscar evitar que, en el ejercicio de sus funciones, el Banco Central sea susceptible de presiones políticas de cualquier tipo. Es por ello que dicha institución solo puede tener como contraparte en sus operaciones a instituciones financieras, sean públicas o privadas, excluyendo así por ejemplo como contraparte a organismos públicos, organizaciones no gubernamentales, u otros gobiernos.

Por último, para asegurar que las operaciones del Banco Central obedezcan siempre a criterios técnicos ajenos a toda presión política, establece el inciso final del artículo 109 que dicho organismo no podrá adoptar ninguna decisión que implique, de manera directa o indirecta, establecer diferencias o discriminaciones en relación con las personas o instituciones con que opere.

Sin duda alguna, el espectacular crecimiento económico, la gran estabilidad macroeconómica, la baja inflación y la salud de las finanzas públicas que ha exhibido Chile en los últimos 35 años se deben en gran parte a la existencia de un Banco Central consagrado constitucionalmente como un organismo técnico y autónomo. Es necesario que así siga siendo, a fin de capear adecuadamente la tormenta perfecta que se ha generado con la pandemia del nuevo coronavirus, que da origen a la enfermedad del covid-19, y asegurar la prosperidad de las generaciones presentes y futuras de nuestro país.

ADMINISTRACIÓN REGIONAL

Carolina Helfmann M.

La Administración regional ha experimentado múltiples modificaciones constitucionales en las últimas décadas. Así, la primera modificación relevante tuvo lugar el año 1991 a través de la creación de los Gobiernos Regionales, entes con personalidad jurídica de derecho público y patrimonio propio. Posteriormente, el año 2009 se modifica la configuración del Consejo Regional, al consagrar la elección de sus miembros mediante sufragio universal. Finalmente, el año 2017 se reforma el texto sustituyendo la figura del Intendente, designado por el Presidente de la República, por la del "Gobernador Regional", elegido a través de sufragio universal. Además de crear una nueva figura denominada el "Delegado Presidencial" a cargo de la "Delegación Presidencial Regional".

De acuerdo con lo anterior, el régimen actualmente previsto de administración regional en nuestro ordenamiento supone la existencia de un gobierno regional compuesto por un gobernador y por un consejo regional, ambos de elección popular. Este régimen de administración regional aún no ha entrado en rigor. Ello acontecerá cuando tenga lugar la primera elección popular de los gobernadores regionales, así como la designación de los correspondientes delegados presidenciales.

Como fue señalado, el gobierno regional es un organismo que goza de personalidad jurídica de derecho público y patrimonio propio, cuyas finalidades son el desarrollo social, cultural y económico de la región. En cuanto a su composición, el gobierno regional estará constituido por el gobernador regional y el consejo regional. El primero actúa como órgano ejecutivo del gobierno regional, correspondiéndole presidir el consejo y ejercer las funciones y atribuciones que la ley orgánica constitucional determine, como, por ejemplo, formular políticas de desarrollo de la región, considerando las políticas y planes comunales respectivos. Asimismo, sostiene el texto constitucional, le corresponderá la coordinación, supervigilancia o fiscalización de los servicios públicos que dependan o se relacionen con el gobierno regional. El consejo regional, por su parte, será un órgano de carácter normativo, resolutivo y fiscalizador, dentro del ámbito propio de la competencia del gobierno regional, encargado de hacer efectiva la participación de la ciudadanía y ejercer las atribuciones que la ley orgánica constitucional respectiva le encomiende.

El consejo regional estará integrado por consejeros, cuyo número variará dependiendo de la cantidad de habitantes: catorce en las regiones de hasta cuatrocientos mil habitantes; dieciséis en las regiones de más de cuatrocientos mil habitantes; veinte en las regiones de más de ochocientos mil habitantes; veintiocho en las regiones de más de un millón quinientos mil habitantes; y treinta y cuatro en las regiones de más de cuatro millones de habitantes. El consejo regional podrá fiscalizar los actos del gobierno regional, según lo dispuesto por la Carta Fundamental y por la respectiva ley orgánica. Además de la labor fiscalizadora, el consejo es el encargado de aprobar el presupuesto para la región. Los senadores y diputados que representen a las circunscripciones y distritos de la región podrán, cuando lo estimen conveniente, asistir a las sesiones del consejo regional y tomar parte en sus debates, sin derecho a voto.

El artículo 114 de la norma constitucional prevé que la ley orgánica constitucional respectiva determinará la forma y el modo en que el Presidente de la República transferirá a uno o más gobiernos regionales, en carácter temporal o definitivo, una o más competencias de los ministerios y servicios públicos creados para el cumplimiento de la función administrativa, en materias de ordenamiento territorial, fomento de las actividades productivas y desarrollo social y cultural. Así, la transferencia debe ser realizada por el Presidente de la República en materias de ordenamiento territorial, fomento de las actividades productivas y desarrollo social y cultural, y además implicará ordenar las adecuaciones necesarias en los órganos cuyas competencias se transfieran. Este mecanismo de transferencia de competencias es uno de los puntos que posiblemente sean discutidos a futuro, ya que se puede criticar su verdadero efecto descentralizador, unido a la complejidad de su procedimiento de otorgamiento.

Además de lo anterior, uno de los aspectos más cuestionados de la normativa actual es la figura del delegado presidencial. De acuerdo con el texto constitucional, en cada región existirá una delegación presidencial regional, a cargo de un delegado presidencial regional, el que ejercerá las funciones y atribuciones del Presidente de la República en la región. Se trata de un cargo de exclusiva confianza del Presidente de la República y, por ende, nombrado y removido de manera libre. Actúa de acuerdo a las órdenes e instrucciones del Presidente de la República y es él quien debe coordinar, supervigilar y fiscalizar los servicios públicos creados por ley para el cumplimiento de las funciones administrativas que operen en la región que dependan o se relacionen con el Presidente de la República a través de un Ministerio. Así, es una especie de intendente, pero con una denominación y potestades diversas.

Ciertamente, no existe claridad en cuanto al sistema de administración regional que nos regirá en los próximos años. Hay dudas en cuanto a que la pretendida descentralización se vea atenuada por la existencia de un gobierno regional cuyas competencias no se encuentran claramente definidas: un gobernador sin todas las facultades que se habría pretendido y la existencia de la figura del delegado presidencial que en la práctica implica continuar con la presencia del poder central en el marco regional, entre otras. En suma, se trata de una materia que presenta múltiples dudas y desafíos para los años venideros.

66 Todos los demás países de
América Latina –excepto
Uruguay y Surinam–
reconocen de algún modo
a los pueblos indígenas en
sus cartas fundamentales".

ADMINISTRACIÓN COMUNAL

Carolina Helfmann M.

De acuerdo con lo previsto en la Carta Fundamental, la administración comunal se encuentra a cargo de municipalidades, las que son corporaciones autónomas de derecho público que gozan de personalidad jurídica y patrimonio propio. En términos generales, su finalidad es satisfacer necesidades de la comunidad local y asegurar la participación de la misma en el progreso económico, social y cultural de la comuna. Las disposiciones constitucionales son complementadas por lo previsto en la ley orgánica constitucional de la materia, en tanto especifica las funciones que corresponden a los entes comunales y a sus respectivos órganos, además de otras normas especiales.

En cuanto a las funciones de las municipalidades, estas pueden ser privativas o bien ejercidas en conjunto con otros organismos públicos. En cuanto a las funciones privativas, se encuentran encargadas de la confección del plan regulador comunal; promoción del desarrollo comunitario; recolección, transporte y/o disposición final de los residuos domiciliarios, entre otras. En cuanto a las funciones que son ejercidas con otros entes de la Administración del Estado, se encuentran la cultura; la salud pública; la protección del medio ambiente; la urbanización y la vialidad, entre otras. Para cumplir con estas funciones, las municipalidades cuentan con atribuciones catalogadas como esenciales, como, por ejemplo, administrar los bienes municipales y nacionales de uso público, incluido su subsuelo; dictar normas generales y obligatorias denominadas ordenanzas; establecer derechos por los servicios que presten y por los permisos y concesiones que otorguen, entre otras.

Así, los bienes municipales o nacionales de uso público pueden ser objeto de concesiones y permisos. Los permisos son entregados por períodos breves de tiempo y pueden ser dejados sin efecto por las municipalidades cuando lo estimen pertinente. Por su parte, las concesiones gozan de mayor estabilidad por cuanto su término anticipado lleva asociada una indemnización. Cabe señalar que los usos de estos espacios dan lugar al pago de derechos municipales. Las ordenanzas, por su parte, son normas generales y obligatorias aplicables a la comunidad. En ellas se pueden establecer multas para quienes no acaten lo establecido, cuyo monto no podrá exceder cinco unidades tributarias mensuales. Estas infracciones son conocidas por los juzgados de policía local correspondientes a cada comuna. Finalmente, las municipalidades pueden establecer derechos por los servicios que presten y por los permisos y concesiones que otorguen. Estos derechos se establecen a través de ordenanzas municipales, las que deben ser objeto de publicidad y cuyos valores pueden ser actualizados una vez al año.

En cuanto a sus autoridades municipales, tanto el alcalde como los miembros del concejo son elegidos por sufragio popular y duran cuatro años en sus cargos, gozando cada uno de ellos de competencias determinadas por la norma orgánica constitucional. El número de miembros del concejo —que puede variar entre 6, 8 o 10— dependerá del número de electores de cada comuna. Además, la organización interna de cada municipalidad cuenta con una Secretaría Municipal; una Secretaría Comunal de Planificación, y otras unidades encargadas del cumplimiento de funciones de prestación de servicios y de administración interna, relacionadas con el desarrollo comunitario, obras municipales, aseo y ornato, tránsito y transporte públicos, administración y finanzas, asesoría jurídica y control. Cabe señalar que el personal municipal tiene su propio estatuto laboral, el que regula la carrera funcionaria y establece disposiciones vinculadas al ingreso, deberes y derechos, responsabilidad y cesación de las funciones.

El alcalde, en tanto máxima autoridad municipal, se encuentra a cargo de la dirección, administración superior y supervigilancia de la comuna, gozando, entre otras, de las siguientes atribuciones: representar judicial y extrajudicialmente a la municipalidad; proponer al concejo la organización interna de la municipalidad; velar por la observancia del principio de la probidad administrativa dentro del municipio y aplicar medidas disciplinarias al personal de su dependencia. En cuanto a las materias que requieren aprobación del concejo, es posible encontrar, por ejemplo, la aprobación del plan regulador comunal. Las resoluciones u omisiones del alcalde o las de sus funcionarios que se estimen ilegales, cuando estas afecten el interés general de la comuna o generen agravio a un particular, son susceptibles de ser reclamadas dentro del plazo de 30 días. Este reclamo de ilegalidad tiene dos etapas. La primera, de carácter administrativo, frente al mismo alcalde, mientras que la segunda se ejerce una vez agotada la primera y es ante la Corte de Apelaciones. Sin perjuicio de ser este el principal medio de impugnación de los actos municipales, existen otros medios según las reglas generales de nuestro ordenamiento jurídico.

Por su parte, el concejo es el órgano encargado de hacer efectiva la participación de la comunidad local, además de ejercer funciones normativas, resolutivas y fiscalizadoras y otras atribuciones que se le encomienden por la ley orgánica constitucional. Así, deben pronunciarse sobre ciertas atribuciones del alcalde que requieren su aprobación y fiscalizar el cumplimiento de los planes y programas de inversión municipales y la ejecución del presupuesto municipal. Por lo mismo, son una especie de órgano fiscalizador de la labor del alcalde.

Desde el punto de vista histórico, las municipalidades tienen larga data en nuestro país. Sin embargo, la norma constitucional que antecede a la Carta Fundamental vigente daba un tratamiento muy disímil al actual. Así, la elección no era popular y la remoción se encontraba sujeta a la voluntad presidencial. A nivel legal también han existido múltiples modificaciones normativas, hasta dar lugar a la norma actual, vigente desde el año 2006, la que también ha experimentado múltiples modificaciones.

En este sentido, es posible esperar que en los siguientes años acontezcan nuevas modificaciones a su normativa, tendientes a perfeccionar su funcionamiento en diversas materias, como, por ejemplo, participación ciudadana y plebiscitos comunales; prevención de la corrupción por parte de los alcaldes y concejales; normativa aplicable a las corporaciones y fundaciones de participación comunal; fortalecimiento de las facultades de fiscalización del concejo; mayores estándares de control por parte de la Contraloría General de la República, entre otras. Adicional a lo anterior, hay quienes sostienen que se debe pasar de un sistema de administración a uno de gobierno comunal, lo que implica dotar de mayor autonomía y competencia a los entes municipales. Ello eventualmente podría ser parte de la futura discusión constitucional en el marco de medidas tendientes a lograr mayor descentralización, lo que en todo caso requiere un análisis conjunto con otras materias, como por ejemplo el régimen de gobierno regional.

TEMAS Y REFLEXIONES PARA UNA NUEVA CONSTITUCIÓN

TENDENCIAS

CONSTITUCIÓN Y PUEBLOS INDÍGENAS

Sebastián Donoso R.

De acuerdo con el último censo (2017), un 12,8% de la población de Chile (2.185.792 personas) se considera perteneciente a un pueblo indígena u originario. La legislación vigente reconoce la existencia de diez pueblos indígenas, los que habitan todos los rincones del territorio de Chile, desde el extremo norte del país hasta el extremo austral y desde la cordillera de los Andes hasta el océano Pacífico, incluyendo al pueblo Rapa Nui en Oceanía.

La única referencia a pueblos indígenas en toda nuestra historia constitucional la encontramos en la Constitución de 1822, cuyo artículo 47 se limitaba a ordenar, muy en el espíritu de la época: "*Corresponde al Congreso, cuidar de la civilización de los indios del territorio*". Todas las constituciones posteriores, incluyendo la actual, nada dicen sobre la materia.

El debate sobre la inclusión de una mención expresa a los pueblos indígenas en la Constitución se remonta a principios de la década de 1990, y desde entonces se le ha llamado 'reconocimiento constitucional'. A lo largo de tres décadas, diversas iniciativas de reforma constitucional orientadas a dicho reconocimiento han sido discutidas en el Congreso Nacional, sin que hayan prosperado. Mientras tanto, todos los demás países de América Latina —excepto Uruguay y Surinam— reconocen de algún modo a los pueblos indígenas en sus cartas fundamentales.

Desde un punto de vista normativo, este debate tiene un marco de leyes nacionales —las más importantes, Ley 19.253 o 'Ley Indígena' de 1993 y Ley 20.249 o 'Ley Lafquenche' de 2008— y de instrumentos internacionales, entre los que destacan el Convenio N°169 de la OIT sobre pueblos indígenas y tribales (vigente en Chile desde 2009) y la

Declaración de las Naciones Unidas sobre los derechos de los pueblos indígenas, aprobada en el año 2007 con el voto de Chile.

Para un proceso de cambio constitucional la pregunta central, entonces, es ¿de qué estamos hablando cuando nos referimos al reconocimiento constitucional de los pueblos indígenas?

La respuesta a esta pregunta se puede aproximar desde tres ángulos. Primero, se puede visualizar la inclusión de los pueblos indígenas en el texto constitucional como una exigencia del reconocimiento, es decir, como el necesario y justo sinceramiento de lo que somos como sociedad. Una segunda aproximación es desde la óptica del reconocimiento de derechos, en la que el foco debe ser la identificación de los pueblos indígenas como sujetos de derechos. Una tercera y última mirada al reconocimiento tiene que ver con la 'fórmula de convivencia' entre indígenas y no indígenas que se quiera plasmar en la Carta Fundamental.

En el año 2003 el informe final de la Comisión de Verdad Histórica y Nuevo Trato recomendó perfeccionar la Constitución introduciendo el reconocimiento de los pueblos indígenas. El informe explicaba que este reconocimiento permitiría corregir la invisibilidad y negación de que han sido objeto los pueblos indígenas, así como la discriminación y menoscabo que han padecido sus integrantes, permitiendo enmendar los efectos de aquellas políticas que han tenido por finalidad explícita el asimilar a estos pueblos o que, sin tenerla, han tenido iguales consecuencias. Agregaba que este reconocimiento poseería además el valor de una directriz para las políticas estatales y un valor interpretativo para el conjunto de las reglas.

Vistos estos antecedentes, podría decirse que el reconocimiento de los pueblos indígenas en la Constitución tiene tres contenidos fundamentales:

a) El reconocimiento y valoración de la existencia de los pueblos indígenas, de sus particularidades propias y de la diversidad cultural que representan.

b) El reconocimiento de derechos específicos de los pueblos indígenas. Se puede anticipar que será parte del debate el reconocimiento de los siguientes derechos:

   – Derecho a la libre determinación y, como parte de él, a ciertas formas de autonomía.

   – Derecho a sus propias instituciones políticas, culturales, económicas y sociales.

- Derecho a la participación.
- Derecho consuetudinario indígena y sus implicancias respecto al pluralismo jurídico.
- Derecho a las tierras, territorios y recursos naturales.

c) El 'principio activo' del reconocimiento, es decir, el anclaje teórico en torno al cual se articula dicho reconocimiento, que no es otra cosa que la identificación del valor o valores que sustentarán la 'fórmula de convivencia' que consagraremos en la Constitución.

A este respecto, el punto de partida es uno donde no puede sino existir consenso: es un hecho que en la sociedad chilena existe una multiplicidad o diversidad de culturas, entre las cuales están las de los pueblos indígenas. Cuestión distinta es la respuesta política y normativa a esa realidad. El 'multiculturalismo', por ejemplo, busca proteger la variedad cultural, pero en lo esencial afirma la coexistencia y tolerancia como valores fundantes de la convivencia social, lo que algunos han descrito como 'tolerancia pasiva'. Frente al multiculturalismo se ha planteado como alternativa la idea de la 'interculturalidad' o 'interculturalismo', entendidos estos como la interacción entre dos o más culturas de modo horizontal y sinérgico y por tanto como una condición que favorece la convivencia armónica de todos los individuos. Así, la interculturalidad se puede caracterizar como una intención directa de promover el diálogo y el acercamiento entre culturas. Vista así, la interculturalidad es el 'principio activo' que tiene mayor potencialidad para generar un esfuerzo genuino de encuentro cultural que supere la lógica de tolerancia pasiva que caracteriza al multiculturalismo. Si bien una opción por la interculturalidad no debiera necesariamente ser expresa en el texto del reconocimiento constitucional, abordar la cuestión como parte del debate podría tener un valor orientador para las políticas públicas que se desarrollen en el futuro.

Otros temas que se deben tener en cuenta en este debate:

- Considerar la distinción entre derechos individuales y colectivos. Se argumenta que en el caso de los pueblos indígenas el ejercicio de muchos de los derechos individuales de sus integrantes solo es posible en la medida en que sus derechos como pueblos estén garantizados. En el Convenio 169 se reconocen derechos individuales y colectivos, con preeminencia para estos últimos. En la Declaración de Naciones Unidas, por su parte, cada derecho es reconocido a personas indígenas, pueblos indígenas o a ambos.

— El reconocimiento de formas de autonomía territorial o no territorial. Desde ya está el caso del territorio especial de Isla de Pascua reconocido en el artículo 126 bis de la actual Constitución, cuyo estatuto especial aún está en discusión. Pero el debate se podría abrir a otros pueblos indígenas y territorios (ej., el pueblo mapuche).

— Cuidar de no centrar excesivamente el debate en las temáticas propias del pueblo mapuche, en un país en que conviven otros nueve pueblos indígenas con múltiples y diversas realidades y enfoques.

— Considerar el proceso constituyente indígena desarrollado en 2017 y sus resultados, particularmente en relación con los puntos en los que existió acuerdo.

❝ Si bien no existe en nuestra Constitución Política una cláusula de Estado social de Derecho, sí consagra derechos y principios que tienden hacia el mismo objetivo".

CATALINA SALEM G. (P. 342)

ESTADO SOCIAL DE DERECHO

Catalina Salem G.

El Estado social de Derecho es un nombre que se le ha dado al fuerte rol que debiese cumplir el Estado, con el propósito de intervenir un desarrollo económico y social que no considere a todas las personas. Bajo esta idea, el Estado fuerte pasa a ser un regulador activo y decisivo del sistema social a través de medidas directas e indirectas, generales y permanentes en el tiempo. También, el Estado social tiene el deber de procurarle a la persona el acceso a los bienes y servicios que necesita para su existencia —como la luz, el agua potable, las telecomunicaciones— y sobre los que no tiene un poder de ordenación y disposición directa.

Hacia fines del siglo XIX el Estado social de Derecho surge como una nueva fórmula estatal en respuesta a una sociedad que había venido progresivamente cambiando, pasando desde una sociedad tradicional a una sociedad industrializada y posindustrializada. En ellas, las capas inferiores de la sociedad tradicional comienzan a experimentar los "efectos disfuncionales" del sistema económico liberal sustentado en el marco de un Estado liberal de Derecho: la pobreza, la falta de leyes laborales, el nulo acceso a la salud. De esta manera, las primeras Constituciones de las posguerras mundiales, especialmente la Constitución Alemana, fueron poco a poco desarrollando un marco jurídico que les permitiera la instauración de una nueva forma de Estado que va a tender hacia una igualdad material de todos los ciudadanos. De esta manera, mientras bajo el Estado liberal se consideraba que todos eran iguales para ejercer el derecho a sufragio, el derecho de propiedad, etc., bajo el Estado social de Derecho comienza a existir una preocupación por asegurar que esa igualdad abstracta se convirtiera en una realidad concreta. Así, por ejemplo, no ejerce el derecho a sufragio con la misma información una persona analfabeta respecto de otra que no lo es; una persona no es realmente libre si no tiene para procurarse alimentos o vivienda. Esta es la característica más importante del Estado social de Derecho, intervenir con el objeto de corregir todos aquellos efectos no queridos del sistema.

Desde el punto de vista del derecho comparado, el Estado social de Derecho se recoge en las constituciones políticas de distintas formas. Una de ellas es mediante la consagración de los derechos económicos y sociales, que se conciben como instrumentos que sirven para garantizar las condiciones reales que hagan posible un efectivo ejercicio de la libertad, asegurando para ello una vida digna a cada persona. Así, los derechos socioeconómicos poseen un innegable contenido positivo que reclama la acción y no la inhibición del Estado.

Una segunda forma de consagración constitucional del Estado social de Derecho es mediante una cláusula que define al Estado como un Estado social. Así lo recoge la Constitución Española de 1978 que en su artículo primero número uno dispone: *"España se constituye en un Estado social y democrático de Derecho…"*.

Algunos autores han negado el valor constitucional de la consagración de este tipo de cláusulas argumentando que se trata de cláusulas retóricas y carentes de contenido jurídico, por cuanto el Estado Social viene tan solo a garantizar una línea de acción política cuya realización más bien corresponde al derecho administrativo, económico y laboral. De esta manera, los derechos sociales no pasarían de ser proposiciones programáticas que pueden vincular a los órganos del Estado, pero de las que no se desprende una aplicación inmediata para las personas, puesto que, más allá de declaraciones en textos jurídicos, la materialización de los derechos e igualdades depende de los recursos económicos y de acciones judiciales.

En cambio, otros han sostenido que la cláusula de Estado Social sí tiene valor y alcance jurídico, ya que constituye un principio jurídico de carácter constitucional que es un elemento inexcusable de interpretación del ordenamiento jurídico.

Nuestra Constitución Política no contempla una cláusula que consagre un Estado social de Derecho, lo que no ha impedido que el Estado realice trascendentales tareas, reconocidas en los derechos de los que son destinatarios la sociedad toda, como el derecho a la educación, a la protección de la salud, a la seguridad social, entre otros. Si bien la prestación de estos derechos no es de responsabilidad exclusiva del Estado, sino que corresponde también a los privados, el Estado no pierde su rol de garante de los derechos básicos con el modelo de la subsidiariedad, el cual no se opone al Estado social de Derecho.

El principio de subsidiariedad contempla dos fases: una activa y una pasiva. En su faz activa, este principio exige de la intervención del Estado para asegurar que aquellas personas, grupos o sociedades que no pueden alcanzar por sí mismos sus propios fines específicos, reciban la ayuda estatal necesaria para lograrlo. Ejemplos en nuestra sociedad tenemos varios, como la educación y la salud pública, el acceso a la vivienda, entre otros.

Finalmente, frente al desafío de escribir una nueva Constitución, bien vale la pena destacar que la actual consagra una definición de bien común y el principio de servicialidad del Estado: "*El Estado está al servicio de la persona humana y su finalidad es promover el bien común, para lo cual debe contribuir a crear las condiciones sociales que permitan a todos y a cada uno de los integrantes de la comunidad nacional su mayor realización espiritual y material posible, con pleno respeto a los derechos y garantías que esta Constitución establece*", lo que sin duda denota un mandato al Estado de Chile a asumir un rol activo en la consecución de esa finalidad. Así las cosas, si bien no existe en nuestra Constitución Política una cláusula de Estado social de Derecho, sí consagra derechos y principios que tienden hacia el mismo objetivo, y que, por lo tanto, sirven de fundamento legitimador de la acción del Estado cuando se hace indispensable su intervención en el orden social y económico.

MUJER Y CONSTITUCIÓN

Alejandra Ovalle V.

La dignidad humana es un atributo inherente a toda persona, cualquiera sea su condición, y es la fuente de sus derechos esenciales. Pese a lo inequívoco que resulta este principio fundamental, en las sociedades de todos los tiempos han existido grupos de personas que han sufrido un trato degradante y el desconocimiento de muchos de sus derechos, lo que ha impedido su plena integración y participación en la respectiva comunidad. Uno de los grupos más amplios que ha sido históricamente afectado es el constituido por las mujeres.

La discriminación hacia la mujer adopta diversas formas y obedece a múltiples factores que sin duda exceden lo estrictamente jurídico. Sin embargo, la realidad y evolución social no son fenómenos ajenos a una Constitución; estos inciden en los contenidos y cambios constitucionales, así como en la interpretación de sus disposiciones.

En nuestro país, la creciente preocupación por la situación de las mujeres quedó reflejada en una reforma aprobada en el año 1999 que estableció explícitamente en la Constitución vigente que hombres y mujeres son iguales ante la ley. La reforma además recogió los compromisos asumidos por Chile al ratificar la Convención sobre la eliminación de todas las formas de discriminación contra la mujer (CEDAW). Este tratado internacional dispone que los Estados parte se obligan a consagrar en sus constituciones nacionales el principio de la igualdad del hombre y de la mujer, así como a adoptar la legislación y medidas necesarias para garantizar la realización práctica de este principio.

Si bien la Constitución contiene una serie de otras normas que son plenamente aplicables a hipótesis de discriminación en contra de la mujer, es posible constatar que la consagración expresa de la igualdad entre hombres y mujeres ha tenido importantes efectos jurídicos a nivel jurisprudencial.

En primer término, ha servido para sostener que si una norma establece una diferencia sustentada en el sexo, la fundamentación de la razonabilidad de tal distinción debe ser especialmente rigurosa. En otras palabras, se eleva el estándar de la justificación en orden a proteger a un grupo particularmente susceptible de ser discriminado. El Tribunal Constitucional ha señalado que "desde el punto de vista constitucional, cuando el criterio para establecer la diferencia de trato sea el sexo, la razonabilidad de la justificación debe ser especialmente fuerte. En efecto, el artículo 19 N° 2 de la Constitución no sólo establece la regla general que dispone que ni la ley ni autoridad alguna podrán establecer diferencias arbitrarias, sino que se declara expresamente que hombres y mujeres son iguales ante la ley" (Rol N° 2320).

Adicionalmente, esta norma ha sido invocada para validar la constitucionalidad de acciones afirmativas consagradas en la legislación en favor de la mujer, como, por ejemplo, sistemas de cuotas aplicables a la presentación de candidaturas parlamentarias y a la integración de los órganos colegiados de los partidos políticos. El Tribunal Constitucional ha señalado que "estas medidas buscan que las personas tengan las mismas oportunidades en el punto de partida (artículo 1°, inciso final, de la Constitución). De una u otra manera, ellas promueven sistemas de inclusión social, que el Estado debe contribuir a crear (artículo 1°, inciso cuarto, constitucional). En este caso particular, dichas cuotas se fundan también en el postulado del artículo 19, N° 2, de la Carta Fundamental, que establece que hombres y mujeres son iguales ante la ley" (Rol N° 2777).

Temas para considerar en un contexto de cambio constitucional

En cumplimiento con nuestros compromisos internacionales, el texto constitucional debe consagrar expresamente el principio de igualdad entre hombres y mujeres. Adicionalmente, la Convención está obligada a respetar los tratados internacionales ratificados por Chile y que se encuentren vigentes, entre los que se cuenta la Convención sobre la eliminación de todas las formas de discriminación contra la mujer.

La discusión posiblemente se centrará en nuevas fórmulas constitucionales que permitan profundizar la protección de la mujer. Si bien la disposición vigente refuerza el derecho de las mujeres a no ser discriminadas arbitrariamente, el solo asegurar la igualdad formal no es suficiente para romper patrones culturales de desigualdad tan fuertemente arraigados. Pese a que en el último tiempo han existido importantes avances en este ámbito, aún queda un largo camino por recorrer para lograr que la participación de las mujeres en la vida política y social del país se desarrolle en condiciones de equidad.

Cabe advertir que sería un error concluir que la solución está en incorporar en la Constitución un sinfín de reglas específicas orientadas a asegurar la igualdad de las mujeres en los más diversos ámbitos. Las medidas de acción afirmativas se aplican en distintos contextos, presentan variadas formas y en ocasiones pueden afectar otros derechos y principios constitucionales. Por estas razones, considero que las definiciones concretas debieran quedar entregadas al debate democrático en sede legislativa.

Lo señalado no supone desconocer la importancia de avanzar en la consagración constitucional de un mandato al Estado de priorizar, de entre los numerosos objetivos de bien común, la erradicación de toda forma de discriminación hacia las mujeres, adoptando al efecto medidas de naturaleza legislativa y administrativa. Por otra parte, aunque el Tribunal Constitucional ha validado los sistemas de cuotas a los que se ha hecho referencia más arriba, la ausencia de una habilitación constitucional explícita entraña el riesgo de un cambio de criterio ante otras iniciativas susceptibles de ser catalogadas como acciones afirmativas. En consecuencia, me parece conveniente que la Constitución reconozca expresamente que la ley podrá introducir acciones afirmativas que contribuyan a acelerar la plena integración de las mujeres en la comunidad.

LAS IGLESIAS Y EL ESTADO

JORGE PRECHT P.

El tema de las relaciones Estado-Iglesias está vinculado a los derechos y obligaciones que corresponden a las entidades religiosas, en tanto colectividades. Muy a menudo las Constituciones liberales se centran en los individuos como sujetos jurídicos y dejan al lado el hecho de que esos sujetos como seres en relación se agrupan en el ejercicio de su libertad precisamente para lograr una libertad más amplia. En el ejercicio de su libertad religiosa es muy corriente que las personas creen comunidades. Algunas de estas comunidades son estables, profesan un credo o confesión de fe, establecen órganos de gobierno y jerarquías, crean estructuras institucionales y se establecen nacional o multinacionalmente, con estatutos jurídicos internos a veces tanto o más complejos que los mismos ordenamientos territorialmente estatales. Estas son las Iglesias, cualesquiera sean sus denominaciones.

Existen diferentes modos de relacionar al Estado con las Iglesias. Uno de estos sistemas son los llamados de coordinación. Estos sistemas son de separación en el sentido de que ninguna religión ostenta el carácter de oficial, pero el Estado trata a las entidades religiosas como interlocutores calificados, incluso llegando a contar algunas con personalidad de derecho público y con la posibilidad de celebrar acuerdos con el Estado.

Chile adoptó un régimen de separación en 1925, pero si se examina atentamente, es en los hechos un sistema de separación-coordinación. La Iglesia Católica conservó siempre su personalidad jurídica de derecho público. Las diócesis de San Carlos de Ancud, la de La Serena y el Arzobispado de Santiago tienen no solo elección canónica, sino que cuentan cada una de ellas con leyes especiales civiles que las crean. En 1972 la Iglesia Ortodoxa del Patriarcado de Antioquía fue reconocida mediante una ley específica que hace referencia a sus cánones propios. Por otra parte, Chile ha cumplido celosamente el acuerdo internacional con la Santa Sede que estableció en 1910-1911 el Vicariato Castrense. Finalmente, en 1999 la Ley 19.638 otorgó personalidad jurídica especial de derecho público a las entidades religiosas que se inscriben conforme con esa ley y sin que ello necesitara de una reforma constitucional.

Chile no es ni ha sido un Estado laico, ni la palabra "laico" como tampoco el término "separación" Iglesia-Estado figuran en el texto constitucional.

La inclusión de las expresiones "Estado laico" o "laicidad del Estado" en nuestra Constitución debe ser cuidadosamente estudiada, debiéndose evitar un laicismo intransigente que insistiera en sacar del espacio público la vivencia religiosa. No es correcto seguir sosteniendo que la vivencia religiosa es solo un fenómeno individual, íntimo, cuando la experiencia histórica y la situación actual muestran que ella es comunitaria y muchas veces institucionalizada. Las entidades religiosas que actúen dentro de los límites de la libertad religiosa tienen derechos colectivos que deben ser respetados. El principal de ellos es la autonomía y autogobierno, lo que implica que el ordenamiento interno o el régimen jurídico privativo, en su caso, deben ser valorados para crear una atmósfera colaborativa entre el Estado y las Iglesias en tareas del bien público. Ello no debe excluir la concertación de acuerdos, como tampoco la legislación pacticia o participativa.

El Chile republicano ha gozado de libertad religiosa, cuyo espíritu le ha permitido ampliar el espectro de su ejercicio, así como la creación de un sistema propio de separación-coordinación que ha evitado las luchas religiosas que tan gravemente han afectado a muchos países.

Esta herencia histórica no debe ser dilapidada al abordar una futura Constitución.

“ De entre todas las
variables del siglo XXI
que presentan desafíos
significativos para los
valores consagrados
constitucionalmente, la
innovación científico-
tecnológica es una de las
más relevantes”.

ECONOMÍA Y CONSTITUCIÓN

MARCO ANTONIO GONZÁLEZ I.

La economía es la forma como se organizan las personas y la sociedad para la utilización de sus recursos disponibles, de manera de asignarlos en forma eficiente, esto es, maximizando su rendimiento, para satisfacer la mayor cantidad de necesidades, según una determinada prioridad.

Ya desde este primer concepto general podemos advertir que la economía tiene una dimensión "micro" o relativa al comportamiento de los agentes económicos, consumidores y empresas, en forma individual; y también una dimensión "macro", relativa al comportamiento de ellos en su conjunto. La Constitución contiene normas que inciden profundamente tanto en el aspecto micro como macro de la economía, de manera que para su buen funcionamiento se requiere que sus normas cumplan una serie de objetivos cuya obtención está íntimamente asociada a la finalidad de lograr el bien común, esto es, las condiciones que permitan el mayor desarrollo material y espiritual de los ciudadanos en un momento determinado.

Entre esos objetivos cabe destacar: el establecimiento de principios fundamentales para la actividad económica y la organización del Estado en esta área.

Los principios fundamentales para la economía en el texto constitucional

El buen funcionamiento de la economía requiere que ciertos principios fundamentales se encuentren reconocidos y protegidos por la Constitución. Por una parte, esta protección significa la posibilidad de reclamar la protección de la justicia cuando se vean amenazados, y por otra significa contar con la garantía de estabilidad que implica que decisiones administrativas o leyes los puedan afectar.

Entre estas garantías están la libertad de las personas (artículo 1°), el principio de subsidiariedad (artículo 1°), el respeto a los derechos esenciales de la persona (artículo 5°), el derecho a la libre iniciativa (artículo 19 N° 21), el derecho de propiedad (artículo 19 N° 24), derecho a la propiedad (artículo 19 N° 23), derecho a la no discriminación arbitraria (artículo 19 N° 23), la libertad de trabajo (artículo 19 N° 16) y el derecho de asociación (artículo 19 N° 15), por mencionar algunos de los más importantes.

En este punto, la Constitución vigente ha recogido la experiencia de los graves retrocesos que ha significado para el desarrollo económico la falta de vigencia de esos principios básicos. Por eso, su texto ha ido incorporando cada vez más aspectos sensibles en esta área, constituyendo lo que se ha denominado el orden público económico.

Para que la economía funcione se requiere que las personas puedan ser dueñas de los bienes y de su trabajo, asociarse para desarrollar sus proyectos, competir en forma justa con los demás, importar y exportar libremente, y contar con una garantía de que las autoridades los van a tratar en forma justa y transparente.

La organización del Estado en materia económica

Un segundo objetivo que cumple la Constitución en esta área es organizar la forma como se organizan y actúan los órganos del Estado que deben cumplir funciones en materia económica. En conjunto desarrollan la política económica, esto es, el conjunto de decisiones que toma el Estado en materia económica, para la obtención de ciertos fines como la satisfacción de necesidades generales (seguridad, justicia), la provisión de bienes públicos (salud, educación), la superación de la pobreza o la conducción de la actividad económica para promover el crecimiento.

En el caso chileno, por ejemplo, la definición institucional básica confía al Presidente de la República "el gobierno y la administración del Estado", lo que tiene un trascendental correlato en materia económica. La literatura económica chilena identifica como una de las causas del subdesarrollo del país la escasa eficacia del accionar del Estado durante el siglo XX, interviniendo de mala forma en la economía y con un permanente conflicto Ejecutivo-Congreso en la materia.

Esa experiencia fue asumida en la Constitución actual, otorgándole al Presidente un conjunto de facultades que le permiten llevar adelante la política económica. Ejemplo de esas facultades es la iniciativa exclusiva para las leyes relevantes en materia económica y para el gasto público, su preponderancia respecto de la Ley de Presupuesto y la posibilidad de proponer autoridades como los consejeros del Banco Central.

Sin embargo, como esas facultades son amplias, la Constitución se encargó también de establecer límites y contrapesos que eviten que su ejercicio desborde los cauces de un régimen democrático o amenace los derechos esenciales de la persona. Entre los ejemplos más paradigmáticos de estos límites está la creación de un Banco Central autónomo, para que la emisión monetaria no se transforme en una herramienta a disposición del Gobierno; la necesidad de que las materias económicas deban ser reguladas por ley, y luego cuenten con el control del Congreso; y el establecimiento de un recurso de protección para velar por que las garantías de las personas sean respetadas.

El marco general de la Constitución y los sistemas económicos

Una de las confusiones que suelen apreciarse en el debate público es que la Constitución chilena, o de otro país, consagraría un sistema económico determinado, o incluso una política económica determinada, lo que es un error fácilmente desmentible a la luz de la lectura de sus disposiciones.

La Constitución chilena, y así debe ocurrir con los textos constitucionales en una democracia representativa, establece los pilares fundamentales que hemos reseñado, pero debe permitir que los ciudadanos puedan determinar, a través de las elecciones, cuál es el sistema económico que los va a regir y el tipo de políticas económicas a aplicar. En ese sentido, la Constitución vigente permite que existan Gobiernos que promuevan una fuerte participación del Estado y también aquellos que reduzcan esa participación a un rol mucho más limitado. Ciertamente la Constitución no permite establecer un sistema económico que anule la propiedad privada y otorgue al Estado el control total de la actividad económica de las personas, como tampoco permite un sistema que elimine al Estado y todas las funciones que debe cumplir en la sociedad.

Un buen ejemplo de esta amplitud de la Constitución chilena está dado por el hecho de que en materia previsional el texto se limita a señalar que "la acción del Estado estará dirigida a garantizar el acceso de todos los habitantes al goce de prestaciones básicas uniformes, sea que se otorguen a través de instituciones públicas o privadas", y que "la ley podrá establecer cotizaciones obligatorias". Como se verá, esto permite que pueda concebirse una muy variada gama de sistemas previsionales, bajo la sola condición que se respeten los derechos que las personas han adquirido anteriormente en ellos.

Para concluir, debemos tomar conciencia de que no es casualidad que el período más próspero de la economía chilena en su historia, y en el que ha tenido mejores resultados en materia de crecimiento, ingreso per cápita y disminución de la pobreza sea aquel en que la actividad económica se ha desarrollado bajo la vigencia de un texto que, como se ha señalado, recoge la experiencia anterior. Diversos estudios han destacado la importancia que tienen para el desarrollo económico la existencia de una arquitectura constitucional estable y que enmarque adecuadamente la acción del Estado en la materia.

CONSTITUCIÓN Y CAMBIO TECNOLÓGICO

Raúl Madrid R.

No hay duda de que vivimos en un mundo en crisis, si se entiende por tal una situación en la que se pone en duda o peligro el desarrollo de determinados procesos de una civilización. Se advierte en la actualidad, en todos los ámbitos, un replanteamiento de los bienes y las metas que han sido, durante muchos años, criterios indiscutidos de la elaboración cultural, social, política y jurídica. La globalización traslada las inquietudes y formas de vida de los países líderes hacia los otros, a la vez que desafía a través del multiculturalismo lo que Aristóteles llamaba la "concordia política". La corrección política, por su parte, otro producto globalizado, homogeneiza criterios —usando los medios de comunicación— sobre lo decente y lo indecente, algunos de ellos muy alejados de la tradición grecolatina o cristiana, y se apropia del discurso público, atentando muchas veces contra la libertad de expresión.

En este universo de variables críticas, hay una de ellas que tiene un carácter primordial por representar el espíritu mismo de nuestro tiempo: la ciencia y la tecnología como factor de cambio, es decir, como instrumentos capaces de hacer variar los supuestos sobre los cuales se asienta nuestra civilización, y por supuesto el Derecho. De entre todas las variables del siglo XXI que presentan desafíos significativos para los valores consagrados constitucionalmente; por lo tanto, la innovación científico-tecnológica es una de las más relevantes. Tal presupuesto se evidencia con facilidad a la luz de una simple enumeración ejemplar de los cambios que puede implicar.

Revisemos algunos de ellos:
a) La producción de economías y sociedades del conocimiento, en las que la información es el bien más preciado. Estos datos han

variado de un soporte tradicional a otro digital, con todo lo que eso significa en términos de trazabilidad fáctica y jurídica, de libertad de expresión y de confiabilidad. Surgen por ejemplo tecnologías como *blockchain*, que prometen prescindir de todo control estatal en los procesos privados y públicos.

b) La relativización de la propiedad privada, al no coincidir los cánones tradicionales sobre el tema (relativos a cosas corpóreas o incorporales) con la naturaleza y transmisión de los datos digitales (que no son ni una cosa corpórea ni una cosa incorporal). Esta circunstancia hará necesario probablemente reelaborar los presupuestos del derecho de propiedad, para cubrir de modo satisfactorio el problema de la relación de dominio de los ciudadanos con sus respectivos datos digitales, así como con su identidad digital (todo lo que lo identifica *online*).

c) La reconfiguración de la *"privacy"* (el derecho a que nadie intervenga en el desarrollo vital de otro), a través de medios de supervigilancia externos (drones, etc.), o de control biotecnológico, como los que parecen estar asociados a la investigación neuronal. El problema de la relación mente-cuerpo no parece ser a estas alturas un mero ejercicio retórico, pues a la luz del actual desarrollo de neurotecnologías y la masificación de artefactos digitales en las rutinas diarias, no es descabellado pensar que nos estamos acercando a escenarios donde el control mental podría ser real.

d) El replanteamiento de la identidad personal, tanto en el ámbito de los neuroderechos —antes mencionados—, como en la discusión de las llamadas "personas no humanas". Dentro de este último concepto podrían caber, según algunos, los animales superiores, y también las llamadas personas poshumanas. El poshumano viene a ser un sujeto que, en virtud de intervenciones biotecnológicas a las que se somete, alcanza un conjunto de posibilidades operativas superiores a las de cualquiera de su especie. Surge aquí un problema muy importante: la cuestión del rango moral de este nuevo tipo de "personas" no humanas, así como la pregunta sobre la necesidad y la urgencia de "mejorar" moralmente a todos los ciudadanos, con objeto de poder enfrentar los desafíos como las armas de destrucción masiva, el daño al medio ambiente, etc.

e) El replanteamiento de la responsabilidad moral y penal, por cuanto la evidencia neurojurídica transformará de manera progresiva el sistema jurídico, poniendo en discusión las ideas tradicionales sobre este tema. A medida que los escáneres cerebrales se hacen cada vez más precisos, por ejemplo, por vía de diversos elementos tecnológicos se intentará demostrar que los imputados eran incapaces de controlar sus impulsos violentos, o que existen personas genéticamente inclinadas a la violencia.

El punto es si las constituciones actuales se encuentran o no en condiciones de dar respuesta a todos estos desafíos, y a otros del mismo tipo que de seguro se presentarán en el futuro. En otros términos: es necesario preguntarse si los desarrollos tecnológicos plantean también una crisis constitucional, o solo legislativa, y por lo tanto hace falta ir corrigiendo las constituciones para incorporarlos. Esta idea de actualizar las Cartas Fundamentales en materia tecnológica no es nueva: ya la formuló en su momento el juez Brandais (Estados Unidos) en el siglo XIX, preocupado por la *privacy* y las tecnologías destinadas a vigilar a los ciudadanos. Desde entonces, hay una cierta tradición en este sentido.

¿Hay pues que modificar la Constitución para incluir estas cuestiones o algunas de ellas? No necesariamente. Las garantías fundamentales consagradas por las constituciones no son meros preceptos o reglas: son verdaderos principios jurídicos, focos u horizontes de significado, que contienen un conjunto de normas no explicitadas, las cuales remiten a una determinada concepción del ser humano. Hoy existe cierto consenso en que los derechos fundamentales consagrados en las constituciones tienen carácter normativo, lo que afecta a todo su contenido esencial, incluso lo que se encuentra implícito, porque tienen un efecto real en el sistema jurídico. Así, los derechos a la privacidad, la libertad de expresión, la identidad personal, etc., y todos los mencionados en los ejemplos anteriores, suelen estar cubiertos por las garantías fundamentales, incluso en las determinaciones implícitas que pueden resultar de la aplicación de los adelantos científicos y tecnológicos, sin necesidad de modificar las constituciones. Tanto el modelo antropológico que sustenta la Constitución de que se trate como el núcleo esencial de las garantías fundamentales operan como criterios hermenéuticos para solucionar la diversidad de casos concretos que eventualmente se presenten. De este modo, su inclusión en la Constitución no es técnicamente necesaria, aunque podría ser políticamente aconsejable incluirlas, si la prudencia del constituyente así lo estimara, para mejor salvaguardar estos aspectos de dichas garantías.

De lo que no hay duda, sin embargo, es de la necesidad de modular los avances tecnológicos de acuerdo con los principios constitucionales. La ductilidad de la Constitución como un principio hermenéutico del sentido y significado de las garantías fundamentales, en base al modelo antropológico que ella contiene, será el principal medio para configurar acertadamente los lineamientos del desarrollo científico y tecnológico.

CONSTITUCIÓN Y DERECHO INTERNACIONAL

Sebastián López E.

En el derecho comparado, las relaciones entre el derecho internacional y el derecho interno comprenden dos problemas estrechamente vinculados entre sí: la incorporación del derecho internacional en el derecho nacional, por un lado, y la jerarquía del derecho internacional en el derecho interno, por otro. A pesar de que las soluciones que se ofrecen a este respecto son variadas, no siempre las constituciones se refieren al derecho internacional. Unas pocas mencionan a la costumbre internacional, menos son las que la declaran directamente aplicable en el ámbito interno, y un número más bien reducido de constituciones hace referencia a instrumentos jurídicos específicos, como la Declaración Universal de los Derechos Humanos de 1948, la Carta de la ONU de 1945, la Convención Europea de Derechos Humanos de 1950, los Pactos de Derechos Humanos de la ONU de 1966, o la Convención Americana sobre Derechos Humanos de 1969. No son muchas tampoco las constituciones que incorporan instrumentos jurídicos específicos en el derecho interno respectivo, o que les reconocen a los tratados un rango supralegal en la jerarquía normativa nacional correspondiente. Desde este punto de vista, la situación del derecho internacional en Chile no es tan anómala. Tal como las que la antecedieron, nuestra actual Constitución Política de la República no cuenta con una regulación orgánica de la relaciones entre el derecho internacional y el derecho interno, sino que con un conjunto de disposiciones dispersas que se refieren a diversos aspectos del derecho internacional de manera más bien accesoria, a propósito del ejercicio de la soberanía (art. 5 inc. 2), de las atribuciones especiales del Presidente de la República (art. 32 N° 15), de las atribuciones exclusivas del Congreso Nacional (art. 54 N° 1), y de las atribuciones que son propias del Tribunal Constitucional (art. 93 N°s

1, 3 y 6). A falta de una regulación orgánica, han sido la jurisprudencia y la doctrina nacionales las que se han encargado de precisar y sistematizar las soluciones a este problema.

En relación con la costumbre internacional, hay una larga tradición en Chile de reconocerla como parte integral del sistema jurídico doméstico. La Corte Suprema, por ejemplo, se ha inclinado con cierta constancia por la aplicación inmediata de la costumbre internacional en Chile, esto es, sin necesidad de acto interno de incorporación alguno. Si bien parte de la jurisprudencia y la doctrina nacionales considera que la costumbre internacional se incorpora en forma automática al ámbito interno, lo cierto es que por lo general se requiere de un acto declarativo doméstico de carácter judicial o administrativo, como una resolución de un tribunal de justicia, que haga a la correspondiente norma internacional consuetudinaria aplicable en el derecho chileno. Así, esta es adoptada por el derecho interno, y la norma consuetudinaria respectiva no pierde su carácter de internacional. Por esta razón, al aplicar la costumbre internacional en el derecho interno se debe tener en cuenta su contenido a la fecha en que es invocada, lo que incluye desarrollos recientes que hayan tenido lugar con posterioridad al acto judicial o administrativo que la adoptó en el ámbito interno. En caso de conflicto entre la costumbre internacional y el derecho chileno, no hay una jurisprudencia clara: algunas decisiones judiciales han dicho que prima el derecho chileno, y otras han señalado que prima la costumbre internacional.

Dado que los tratados son expresiones de la voluntad política de los Estados, su celebración queda en manos del más dinámico de sus poderes: el Ejecutivo, que es el que lleva a cabo las negociaciones correspondientes y manifiesta el consentimiento estatal en obligarse internacionalmente. En Chile, conducir las relaciones exteriores es una atribución exclusiva del Presidente de la República. A fin de conferirle mayor legitimidad a los compromisos así asumidos, las constituciones políticas de numerosos Estados otorgan a sus poderes legislativos la oportunidad de pronunciarse a este respecto. Esto es justamente lo que ocurre en Chile, ya que de acuerdo con la CPR, la regla general es que los tratados requieren de aprobación parlamentaria, previamente a su ratificación. De modo excepcional, los acuerdos de ejecución y los acuerdos en forma simplificada no precisan ser aprobados por el Congreso Nacional. Los tratados se incorporan al derecho interno chileno de la misma manera en que entran en vigencia las leyes nacionales; vale decir, una vez promulgados y publicados en el Diario Oficial. Sin perjuicio de esto, el Tribunal Constitucional ha reconocido que los tratados y las leyes tienen en Chile una naturaleza jurídica distinta, lo cual es relevante para determinar la fecha de entrada en vigencia del tratado, las normas de interpretación que le son aplicables, y su jerarquía en el ámbito interno, entre otros asuntos. Respecto de esto último, se debe distinguir entre tratado y ley, de un lado, y tratado y Constitución, de otro. La postura mayoritaria es que en virtud del art. 54 N° 1 inc. 5 de la Constitución los tratados prevalecen sobre las leyes, tanto sobre las dictadas con anterioridad a su promulgación y publicación, como sobre las dictadas con posterioridad. Por el contrario, conforme a su art. 93 N° 1, la Constitución prima sobre los tratados, los cuales por cierto están sometidos a un control de constitucionalidad tanto preventivo como represivo, a través de la acción de inaplicabilidad, al menos según parte de la doctrina. Para el Tribunal Constitucional, la jerarquía de los tratados de derechos humanos no sería distinta: supralegales, pero infraconstitucionales. Esta postura no ha sido apoyada por parte de la jurisprudencia de los tribunales ordinarios y de la doctrina, que se ha inclinado por reconocerles a estos tratados un rango jerárquico equivalente a la CPR.

La regulación del derecho internacional en la actual Constitución es insuficiente para los desafíos que ofrece el mundo globalizado de hoy. Chile está obligado internacionalmente por un sinnúmero de normas consuetudinarias y convencionales, y su incumplimiento no puede justificarse en el derecho interno. Esto exige que el Estado actúe siempre como un todo, sin hacer distinciones artificiales entre lo internacional y lo nacional. Es el momento, por tanto, de incluir y, en la medida de lo posible, sistematizar el desarrollo jurisprudencial y doctrinal relativo a la incorporación y jerarquía, tanto de la costumbre internacional como de los tratados. Dado que el problema se presenta principalmente en la relación entre estos y el derecho chileno, sería conveniente mantener el rango supralegal e infraconstitucional de los tratados, de manera que se apliquen los principios de *lex posterior* y de *lex specialis* en caso de conflicto normativo, así como el de *lex superior* cuando este se relacione con la Constitución. Distinta debiera ser la situación de los tratados de derechos humanos, y de los tratados que le otorgan jurisdicción a un tribunal internacional, aunque no sean de derechos humanos. En ambos casos, el derecho chileno debiera reconocerles un rango equivalente al de la Constitución, de manera que se apliquen los principios de *lex posterior* y de *lex specialis*, pero no el de *lex superior*. En este esquema, el control de constitucionalidad preventivo seguiría jugando un papel central, pues le permitiría al Estado chileno cumplir con el deber de adecuación del derecho interno con sus obligaciones internacionales, antes de que el tratado respectivo entre en vigencia. Desde esta perspectiva, pareciera razonable extender el carácter obligatorio del control preventivo a todo tratado que celebre Chile, cualquiera sea la materia sobre la que verse este. El control represivo, en cambio, es claramente inconveniente para los intereses nacionales, por cuanto la declaración de inaplicabilidad de un tratado podría eventualmente constituir un incumplimiento del derecho internacional, que expone al Estado a un reclamo de responsabilidad internacional.

Finalmente, en lo que dice relación con la integración de nuestro sistema jurídico nacional con el sistema interamericano de derechos humanos, sería oportuno incluir una cláusula de interpretación conforme, como la que contemplan las constituciones de otros países. En su esencia, esta dispone que las normas constitucionales deben ser interpretadas de manera armónica con los tratados de derechos humanos de que es parte el Estado en cuestión. Con una cláusula de interpretación conforme no se haría otra cosa que reafirmar la jerarquía constitucional de los tratados de derechos humanos en Chile.

"Son las políticas públicas las que permiten cambios reales en la satisfacción de las demandas vinculadas a la educación y la salud".

CONSTANZA HUBE P. (P. 372)

LA CONSTITUCIONALIZACIÓN DEL DERECHO

CATALINA SALEM G.

La constitucionalización del Derecho es un fenómeno jurídico que comenzó a desarrollarse a fines de la segunda mitad del siglo XX. Consiste en un proceso en que los valores y principios contenidos en las constituciones políticas son irradiados —como el sol irradia su luz— al resto de las normas jurídicas que componen un sistema jurídico. Así, la legislación civil, laboral, de familia, penal, administrativa, económica, etc., queda "impregnada" de esos valores y principios, es decir, los incorpora a su texto, su interpretación y/o aplicación.

El inicio de este proceso supuso un cambio de paradigma en el concepto mismo de Constitución. En el pasado, las constituciones eran concebidas como un mero proyecto político o una "carta de navegación" para la acción del Estado. Hoy, en cambio, las constituciones son concebidas como la norma jurídica suprema que contiene un "orden fundamental de valores" al cual deben ajustarse las demás normas jurídicas, como las leyes o los decretos. Estos valores son los que se desprenden de la dignidad humana y de los derechos que derivan directamente de ella. A modo ejemplar, podemos mencionar la libertad, la igualdad, el bien común o la justicia.

Los elementos que hacen posible el proceso de constitucionalización del Derecho son, principalmente, los siguientes:

i) La existencia de una Constitución que es considerada como normativa, es decir, como una regla de Derecho y no como una mera declaración política. Esto significa que lo que las Constituciones consagran es directamente aplicable —en cuanto norma jurídica— por los jueces, la autoridad administrativa, e incluso por los particulares; y

ii) La existencia de una justicia constitucional —como la que ejerce el Tribunal Constitucional en Chile— que, al controlar la constitucionalidad de las leyes —es decir, verificar si estas se ajustan o no a la Constitución Política—, va vinculando el contenido de esas leyes con los contenidos que están en la Constitución, logrando así la propagación de estos últimos en todo el Derecho. Por ello, el proceso de constitucionalización del Derecho se ha visto exacerbado en todos aquellos países donde existe una justicia constitucional, como el nuestro.

Uno de los principales efectos directos del proceso de constitucionalización del Derecho es que los derechos y libertades fundamentales que la Constitución reconoce, y los valores y principios que de ellos derivan, han impregnado y transformado las distintas ramas del Derecho, provocando un cambio en su contenido. A modo ejemplar, en materia de Isapres, los contratos de salud están configurados como contratos de seguro. Es decir, ellos incorporan el riesgo de salud que una determinada persona tiene para determinar el precio y la cobertura del plan. De esta forma, a mayor riesgo, mayor será el precio del plan de salud. Pues bien, el año 2010 nuestro Tribunal Constitucional declaró inconstitucional la tabla de factores contenida en la Ley de Isapres, que les permitía a esas instituciones aumentar el precio base de los planes de salud debido a la edad y el sexo, siendo los más perjudicados las personas de mayor edad y las mujeres. Una de las razones esgrimidas por el Tribunal Constitucional para declarar la inconstitucionalidad fue que se vulneraba el derecho a la seguridad social, que asegura a toda persona el acceso al goce de prestaciones básicas uniformes, sea que se otorguen a través de instituciones públicas o privadas. Pues bien, la sentencia estimó que la referida tabla producía una situación contraria a los principios de solidaridad y de equidad que se desprenden del conjunto de derechos sociales que nuestra Constitución reconoce, como lo es el derecho a la seguridad social. También sostuvo que el aumento de precios al amparo de la normativa cuestionada producía en la realidad de muchas personas una completa imposibilidad de costearlos, ocasionando una situación de indignidad en sus vidas.

Como se puede apreciar, interpretando nuestra Constitución Política, el Tribunal Constitucional desechó la posibilidad de que la legislación de Isapres pudiera operar bajo una lógica meramente contractual —regida por el derecho civil y mercantil—, enfatizando la necesidad de que, dada la naturaleza del contrato —que incide en el derecho a la protección de la salud y la seguridad social— debe incorporar los principios y valores constitucionales, como el de la dignidad humana, y los principios de solidaridad y equidad mencionados.

Por último, la constitucionalización del Derecho llama a reflexionar sobre dos puntos ante una eventual revisión de nuestra actual Constitución. El primero es la importancia de los valores y principios que la Constitución consagra, por cuanto ellos incidirán o impactarán en el contenido del resto de nuestro derecho nacional. Y, en segundo lugar, la importancia de que para que ese objetivo se logre, la Constitución no pierda su naturaleza normativa. Para ello resulta esencial que las materias que ella regula sean reconocidas y vividas por la sociedad, para lograr de esa manera su plena observancia entre gobernantes y gobernados; en caso contrario, la Constitución pasará a ser una mera hoja de papel, sin valor jurídico alguno.

TEMAS Y REFLEXIONES PARA UNA NUEVA CONSTITUCIÓN

CONSTITUCIÓN Y TEMAS DEL DERECHO PÚBLICO

DERECHO HUMANO AL AGUA

Daniela Rivera B.

Particularmente en los últimos 20 años, numerosos análisis se han realizado en torno al denominado "derecho humano al agua". No obstante ello, ha costado tener claridad sobre su concepto y contenido. Para ayudar a la precisión de algunos aspectos clave de esta temática, se aborda a continuación un grupo de preguntas esenciales para su comprensión.

¿Qué es el derecho humano al agua y dónde se consagra?

Hay una serie de instrumentos internacionales que, sin ser tratados o convenciones jurídicamente vinculantes, han propiciado el reconocimiento de dicho derecho. Entre ellos, hay dos fuentes centrales:

1. La Observación General N° 15, de 2002, del Comité de Derechos Económicos, Sociales y Culturales del Consejo Económico y Social de Naciones Unidas, sobre los artículos 11 y 12 del Pacto Internacional de Derechos Económicos, Sociales y Culturales. Allí se precisa que el derecho humano al agua es *"el derecho de todos a disponer de agua suficiente, saludable, aceptable, accesible y asequible para el uso personal y doméstico"*.

2. La Resolución 64/292, de 28 de julio de 2010, de la Asamblea General de Naciones Unidas, señala que *"el derecho al agua potable y el saneamiento es un derecho humano esencial para el pleno disfrute de la vida y de todos los derechos humanos"*. Esta Resolución contó con el voto favorable de Chile.

Como puede percibirse, el referido derecho se focaliza en un fin específico: agua para uso personal y doméstico. Siguiendo la terminología legal y reglamentaria chilena, esto se asimila a la definición de agua para "bebida y uso doméstico", que alude a la satisfacción de necesidades de bebida, aseo personal y cultivo de productos hortofrutícolas para subsistencia, sin fines comerciales o económicos. Por lo tanto, se trata de un derecho con un contenido limitado; en ningún caso, bajo el alero del derecho humano al agua puede pretenderse obtener agua para fines distintos, como actividades productivas o recreativas. Asimismo, debe tenerse presente que dicho derecho se formula frente a los Estados, a los cuales les corresponden obligaciones de respeto, protección y cumplimiento en ese ámbito.

¿Qué condiciones deben cumplirse para entender satisfecho el derecho humano al agua?

Debe tratarse de agua suficiente, saludable, aceptable, físicamente accesible y asequible.

La "suficiencia" se refiere a la cantidad de agua a que debe tener acceso una persona para satisfacer usos personales y domésticos. A este respecto, la Organización Mundial de la Salud (OMS) señala que se necesitan entre 50 y 100 litros diarios de agua por persona para atender estos requerimientos básicos.

Además, el agua debe ser "saludable", esto es, estar libre de cualquier sustancia o elemento que pueda amenazar o afectar la salud del ser humano.

El agua tiene que ser también "aceptable", lo que implica que debe tener condiciones de color, olor y sabor adecuados para el uso personal y doméstico. A su vez, este estándar requiere que los servicios de agua y saneamiento deben ser apropiados al género, ciclo de vida y privacidad de las personas.

El agua para uso personal y doméstico debe ser "físicamente accesible", lo que significa que la fuente hídrica debe estar a menos de 1.000 metros del hogar de la persona, y el traslado para recogerla y traerla a su vivienda no debe superar los 30 minutos.

Por último, el agua debe ser "asequible", lo que se relaciona con el valor económico o precio del servicio de agua potable. A este respecto, el Programa de Naciones Unidas para el Desarrollo (PNUD) establece que, para considerarse "asequible", el costo del agua potable no debería superar el 3% de los ingresos del hogar.

Dado su carácter de derecho humano, ¿el acceso al agua para uso personal y doméstico debe ser gratuito y prestado solo por entes públicos o estatales?

La calidad de derecho humano no significa que el suministro del agua debe ser gratuito. Lo que sí es exigible es que los Estados cuenten con mecanismos de ayuda para quienes no pueden asumir el costo que ello implique.

Adicionalmente, es del todo admisible que la prestación del servicio de abastecimiento de agua potable sea ejecutada por empresas sanitarias privadas, que cumplan los requisitos establecidos legalmente para su operación. No es obligatorio, entonces, que sea el Estado el que actúe como proveedor directo de dicho servicio.

El derecho humano al agua, ¿está reconocido normativamente en Chile?

En el ordenamiento jurídico chileno no se ha consagrado explícita y directamente, hasta ahora, el derecho humano al agua. Sí existen proyectos de ley que van en esa línea, incluyendo este reconocimiento a nivel legal o constitucional. Sin perjuicio de ello, debe tenerse presente que:

1. Chile aprobó los instrumentos internacionales en que se reconoce que el acceso al agua potable para uso personal y doméstico constituye un derecho humano. Por lo tanto, ello forma parte de nuestro sistema normativo interno.
2. Hay varios casos o conflictos relativos al acceso a agua potable que han sido resueltos por nuestros Tribunales de Justicia aplicando expresamente las fuentes internacionales antes referidas. Del mismo modo, en otros supuestos los Tribunales se han basado en los derechos a la vida, a la integridad física y psíquica y a la salud, dada la evidente vinculación que existe entre ellos y el agua.

¿Qué elementos deben considerarse ante eventuales reformas legales o constitucionales en materia de derecho humano al agua?

El derecho humano al agua es una herramienta que permite garantizar condiciones mínimas para la vida. Su consagración explícita en los ordenamientos jurídicos internos es positiva, pues otorga certezas y permite cumplir de mejor modo los compromisos internacionales existentes al efecto. No obstante, debe advertirse que el hecho de contar con una disposición legal o constitucional que reconozca el derecho al agua no asegura su efectivo cumplimiento en la práctica. Su materialización no es solo una cuestión normativa, o de gestión de la disponibilidad de aguas, sino que depende, especialmente, de los esfuerzos políticos y económicos que deben hacer los países para avanzar en su implementación y terminar con las brechas de acceso que existen en este campo. A ello, además, nos hemos comprometido en el marco de la Agenda de Desarrollo Sostenible 2030, cuyo objetivo 6 es, precisamente, lograr agua limpia y saneamiento para todos al año 2030.

DERECHOS SOCIALES Y POLÍTICAS PÚBLICAS

Constanza Hube P.

Los derechos humanos de segunda generación (también conocidos como Derechos Económicos, Sociales y Culturales —DESC— o Igualdades) se consideran como un complemento indispensable a los derechos de primera generación (también conocidos como libertades clásicas), sin los cuales la persona no tiene una real protección de su dignidad. Estos derechos se plantean a partir de un interés por garantizar la participación de la persona en el medio social con una suerte de piso o base mínima, igual para todos.

La discusión original en torno a ellos tuvo que ver con su carácter específicamente jurídico, pues más que el reconocimiento de facultades de carácter jurídico, aparecen como objetivos políticos o aspiraciones sociales sin base de derecho. En la actualidad, la doctrina y la jurisprudencia constitucional tienden a entender superada esta crítica y enfatizan el carácter jurídico de los mismos, aunque sin demostrar cómo se resuelve el problema respecto a su naturaleza.

En la Constitución se incluyen en esta categoría: (i) el derecho a la protección de la salud (art. 19 N° 9); (ii) el derecho a la educación (art. 19 N° 10); (iii) el derecho a obtener una justa retribución (art. 19 N° 16); y (iv) el derecho a la seguridad social (art. 19 N° 18).

El punto central de discusión respecto de los derechos sociales tiene que ver con su justiciabilidad. En este contexto, cabe señalar que la Constitución no admite la interposición de la acción de protección (acción establecida para garantizar los derechos fundamentales en caso de privación, perturbación o amenaza de los mismos) respecto del derecho a la educación, el derecho a la seguridad social y el derecho a la protección de la salud, salvo en cuanto a la posibilidad de elegir el sistema al que la persona deba acogerse.

En este contexto, cabe señalar que en la Comisión de Estudios de la Nueva Constitución (también conocida como "Comisión Ortúzar) se sostuvo, por la mayoría de sus miembros, que los derechos sociales no eran tales, sino que aspiraciones, pretensiones o expectativas de llegar a gozar de determinadas prestaciones. Por lo anterior, se estimó que no era menester reconocer en su favor el ejercicio de una acción o recurso para lograr el efectivo cumplimiento de lo establecido en dichos derechos.

En este sentido, existe un problema que tiene que ver con la naturaleza cautelar de la acción de protección, cual es que dicho recurso tiende a una resolución inmediata de la perturbación, privación o amenaza a un derecho determinado, y pareciera que solo los derechos de primera generación o libertades individuales admitirían —por su naturaleza— una solución inmediata.

Por otra parte, los derechos sociales, tradicionalmente, han presentado severos inconvenientes para su exigibilidad, entre los que se encuentran la escasez de recursos presupuestarios y la potencial transgresión del principio de separación de poderes del Estado, al permitir que el Poder Judicial o la magistratura constitucional intervenga en asuntos de esta índole.

En términos simples, los tribunales de justicia, conociendo de recursos de protección, terminan decidiendo asuntos que son propios de las políticas públicas, lo cual es más bien competencia del Poder Ejecutivo (Gobierno) y del Poder Legislativo (Congreso). Son las políticas públicas las que permiten cambios reales en la satisfacción de las demandas vinculadas a la educación y la salud.

La Constitución establece principios y resguarda ciertos aspectos mínimos, por lo que las leyes deben enmarcarse en esas reglas básicas. Por ejemplo, el marco constitucional vigente en materia de seguridad social ha permitido al legislador transitar desde un sistema sustentado únicamente en la capitalización individual a otro que considera un pilar solidario. Estos cambios al sistema de pensiones, así como otros que podrían introducirse, no dependen de la Constitución. Sin embargo, algunas modificaciones que se han planteado, como traspasar el ahorro individual a un sistema de reparto, no serían admisibles bajo la Constitución vigente, ya que los afiliados son dueños de sus fondos previsionales.

De esta manera, prestaciones como educación, salud, vivienda, seguridad social, existencia de adecuadas condiciones de trabajo y otros, se han venido otorgando en niveles mínimos y progresivamente en función de posibilidades reales de una responsable respuesta estatal que se ha visto incrementada por sucesivas reformas tributarias, por lo que su reconocimiento como derechos en el texto constitucional no garantiza por sí misma una mayor cobertura.

Sin duda, un aspecto que será objeto de la discusión constitucional tiene que ver con la posibilidad de ampliar el catálogo de derechos sociales que están en la Constitución, incluyendo otros, como el derecho a la vivienda. Junto con esto, un tema que acompañará este debate tendrá que ver con la posibilidad de incorporar un recurso o acción judicial que busque garantizar de manera efectiva dichos derechos. Desde otra vereda, posiblemente se planteará una redefinición de dichos derechos, en cuanto a que la incorporación de dichos derechos de manera explícita en la Constitución no permite garantizar su adecuado cumplimiento.

" Para ser conciliable con la democracia, el principio de responsabilidad fiscal debe ser estructurado de modo tal que no prejuzgue ni determine el tipo de política fiscal o tributaria que quieran impulsar quienes han ganado las elecciones".

PATRICIO ZAPATA L. (P. 377)

CONSTITUCIÓN Y RESPONSABILIDAD FISCAL

Patricio Zapata L.

La responsabilidad fiscal es un principio que postula que los Estados deben ajustarse a reglas y mecanismos que propendan establemente a una adecuada relación entre los niveles de gasto e inversión pública y las distintas fuentes de financiamiento (ingresos tributarios, endeudamiento, etc.).

Este principio de responsabilidad fiscal asume un cierto consenso macroeconómico en el sentido de que un déficit fiscal crónico, descontrolado, abultado y que no es parte de una deliberada política anticíclica puede a) generar presiones inflacionarias, b) reducir los márgenes de acción para las políticas monetarias, cambiaria y fiscal, y c) ser, eventualmente, un obstáculo para un crecimiento económico sostenible.

Son varias las Constituciones del mundo que han recogido este principio en su texto. Ahora bien, lo típico es que las Cartas Fundamentales, más que referirse al principio por su nombre, lo que hacen es fijar ciertas reglas e instituciones funcionales al objetivo de la adecuada relación entre gastos e ingresos.

Uno de los casos de implementación más detallada de este principio está contenido en la Ley Fundamental de la República Federal Alemana. Esta regulación, conocida como *Schuldenbemse* ("freno a la deuda"), se incorporó a dicha Constitución en 2009, y establece lo siguiente:

*Artículo 109 [Gestión presupuestaria de la Federación y de los Länder]
...(3) Los presupuestos de la Federación y de los Länder deben ser equilibrados, en principio, sin ingresos provenientes de créditos. La Federación y los Länder pueden prever regulaciones para la toma en consideración, de forma simétrica en expansión y recesión, de los efectos de un desarrollo conyuntural divergente de la situación normal,*

así como una regulación de excepción para casos de catástrofes naturales o de situaciones extraordinarias de emergencia, que se sustraen al control del Estado y que graven considerablemente la situación financiera estatal. Para la regulación de excepción debe preverse una regulación correspondiente de amortización. El desarrollo se regula para el presupuesto de la federación en el artículo 115 con la reserva que la frase 1 solo se cumple si los ingresos provenientes de créditos no superan 0,35 por ciento en proporción al producto interior bruto nominal. El desarrollo para los presupuestos de los Länder regulará estos en el marco de sus competencias jurídico-constitucionales con la reserva que la frase 1 solo se cumple si no se admiten ingresos provenientes de créditos.

Cabe anotar que la misma Ley Fundamental alemana consagra una prerrogativa especial del gobierno para vetar los proyectos que suponen aumento de gasto y, además, contempla una regla que fija límites a la capacidad del gobierno a endeudarse (arts. 113 y 115).

En el caso de los Estados Unidos de América, país acostumbrado a presupuestos muy deficitarios y que ha acumulado una enorme deuda pública, ha habido varios intentos, infructuosos hasta ahora, por agregar a la Constitución de 1787 una enmienda sobre responsabilidad fiscal (*"Balanced Budget Amendment"*).

En el caso de Chile, la Constitución vigente no recoge expresamente este principio, pero contempla un conjunto de reglas que lo aplican. Y es así cómo, a propósito de la discusión del Presupuesto anual, la Carta Fundamental establece:

"Artículo 67.- El proyecto de Ley de Presupuestos deberá ser presentado por el Presidente de la República al Congreso Nacional, a lo menos con tres meses de anterioridad a la fecha en que debe empezar a regir; y si el Congreso no lo despachare dentro de los sesenta días contados desde su presentación, regirá el proyecto presentado por el Presidente de la República.

El Congreso Nacional no podrá aumentar ni disminuir la estimación de los ingresos; sólo podrá reducir los gastos contenidos en el proyecto de Ley de Presupuestos, salvo los que estén establecidos por ley permanente.

La estimación del rendimiento de los recursos que consulta la Ley de Presupuestos y de los nuevos que establezca cualquiera otra iniciativa de ley, corresponderá exclusivamente al Presidente, previo informe de los organismos técnicos respectivos.

No podrá el Congreso aprobar ningún nuevo gasto con cargo a los fondos de la Nación sin que se indiquen, al mismo tiempo, las fuentes de recursos necesarios para atender dicho gasto.

Si la fuente de recursos otorgada por el Congreso fuere insuficiente para financiar cualquier nuevo gasto que se apruebe, el Presidente de la República, al promulgar la ley, previo informe favorable del servicio o institución a través del cual se recaude el nuevo ingreso, refrendado por la Contraloría General de la República, deberá reducir proporcionalmente todos los gastos, cualquiera que sea su naturaleza".

Complementando la regla anterior, el artículo 65 de la Carta Fundamental establece una especial, y privilegiada, posición del Presidente de la República en materia fiscal o presupuestaria por medio de la iniciativa exclusiva en una serie de proyectos de ley, tales como los que tengan relación con la administración financiera o presupuestaria del Estado; las modificaciones a la Ley de Presupuestos; los que impongan, supriman, reduzcan o condonen tributos, establezcan exenciones o modifiquen las existentes y determinen la forma, proporcionalidad o progresión; los que creen nuevos servicios públicos o empleos rentados y determinen sus funciones o atribuciones; los que contraten empréstitos o celebren cualquier otra clase de operaciones que puedan comprometer el crédito o la responsabilidad financiera del Estado; los que fijen, modifiquen, concedan o aumenten remuneraciones, jubilaciones, pensiones del personal de la Administración Pública; los que fijen las remuneraciones mínimas de los trabajadores del sector privado, aumentar obligatoriamente sus remuneraciones y demás beneficios económicos o alterar las bases que sirvan para determinarlos, entre otros.

Para ser conciliable con la democracia, este principio de responsabilidad fiscal debe ser estructurado de modo tal que no prejuzgue ni determine el tipo de política fiscal o tributaria que quieran impulsar quienes han ganado las elecciones. Una adecuada relación entre ingresos y gastos no consiste, necesariamente, en que todos los presupuestos de un país cumplan siempre con una igualdad matemática entre los ingresos y los gastos públicos (cero déficit). Este principio tiene que ser lo suficientemente flexible y dinámico como para ajustarse a los ciclos económicos y a las situaciones de emergencia.

EXPROPIACIÓN REGULATORIA

Arturo Fermandois V.

La expropiación regulatoria es un efecto causado por leyes o actos administrativos que, bajo el pretexto de regular o limitar el derecho de propiedad, aumentan excesivamente la magnitud de la reducción de sus facultades o atributos esenciales y por esa vía afectan la esencia del derecho constitucionalmente garantizado.

Se trata de la privación de la esencia de los atributos esenciales del derecho de propiedad por vía de una regulación legal o administrativa. Todo ello, sea haciéndolo irreconocible como derecho de dominio, privando de los usos económicamente útiles del bien, castigando las expectativas del retorno de la inversión, produciendo efectos retroactivos gravosos o quebrantando la igual repartición pública de las cargas que recibe el dominio.

La Teoría de la Expropiación Regulatoria entiende que una regulación o limitación al derecho de propiedad puede transformarse ante la Constitución en una verdadera expropiación cuando esta se hace especialmente intensa, caso en el cual da lugar a deberes de indemnización en favor del o de los afectados. Así como fueron necesarios muchos años para que la jurisprudencia aceptara una frontera entre la tradicionalmente permisiva y difusa limitación de la propiedad sin indemnización y su privación, hay autores que estiman a su vez laxa la privación en la expropiación regulatoria misma.

Volviendo a la noción central, este concepto apunta al fenómeno que tiene lugar cuando una regulación, limitación o restricción a la propiedad, adquiere tal intensidad que produce los mismos efectos que la privación misma del derecho. El objetivo de la teoría es proponer parámetros en un asunto de difícil apreciación, ya que de alguna forma iluminan el complejo balance entre regulación y expropiación.

¿Qué explica la expropiación regulatoria?

El fenómeno de la expropiación regulatoria viene a responder una pregunta central del derecho constitucional en torno al dominio. Esta surge si se considera:

i) Que la Constitución asegura el derecho de propiedad, el bien sobre el que recae y sus atributos y facultades esenciales, prohibiendo la expropiación sin una debida indemnización (incisos 1° y 3° del N° 24 del artículo 19);

ii) Pero simultáneamente autoriza a la ley para imponer limitaciones y obligaciones a este derecho por causa de su función social, sin asociarlas explícitamente a una indemnización (inciso 2°). Entonces, ¿cuál es la frontera entre limitación no indemnizable y expropiación indemnizable del derecho? ¿Existe una línea divisoria posible de trazar entre ambas instituciones del derecho constitucional? ¿O son fenómenos del todo inconexos que coexisten en armonía?

Para dar adecuada respuesta a estas interrogantes, las Magistraturas han desarrollado una serie de elementos prácticos, que deben ser interpretados y ponderados de forma flexible en cada caso. A modo ilustrativo, el impacto de la regulación en el reclamante, la extensión en que la regulación ha interferido con expectativas específicas respaldadas por inversiones y el carácter de la acción gubernamental, fueron considerados por la Corte Suprema Norteamericana para resolver en el fallo Murr v. Wisconsin (2017).

Resulta interesante advertir que estos factores guardan perfecta armonía con las propuestas de la doctrina constitucional chilena, que siendo anteriores al pronunciamiento de esta sentencia, son ratificadas una vez más en su vigencia a través del pronunciamiento del máximo tribunal norteamericano. Concretamente, invitan a evaluar las regulaciones estatales prestando atención a elementos como la teoría del valor económico perdido, de la privación de todos los usos económicos, de las expectativas de retorno de la inversión, de la igualdad ante la carga regulatoria, de la propiedad inmune ante las regulaciones posteriores subyacentes, entre otros.

El reconocimiento de la Regulación Expropiatoria en la jurisprudencia del Tribunal Constitucional de Chile

Si bien puede decirse que desde el caso "Comunidad Galletué con Fisco" (Rol 16.734/1984) el fenómeno venía admitiéndose judicialmente bajo otras denominaciones, es el Tribunal Constitucional chileno en 2007 quien recoge literalmente la doctrina norteamericana sobre expropiaciones regulatorias, surgida ya en 1922 en Estados Unidos en la sentencia *Penn Coal v. Mahoon*. En el caso denominado "Panguipulli con Transelec" (roles N° 505 y 506), y pese a rechazar el requerimiento de inaplicabilidad respectivo, el Tribunal chileno admitió que una magnitud especialmente intensa de ciertas limitaciones a la propiedad podría efectivamente transformar a estas en una expropiación.

Para efectos de identificar las regulaciones de magnitud excesiva que darían lugar a indemnización, el Tribunal Constitucional propuso un análisis que debe atender:

i) A los atributos o facultades esenciales de la propiedad: "el carácter esencial de lo privado en virtud de la regulación es un parámetro siempre útil para hacer la distinción y debe utilizarse, aunque se determine que, *prima facie*, se trata de una regulación" (c. 23).

ii) A la afectación de la utilidad económica de la propiedad regulada: "(…) si la magnitud de la alteración fuere de tal naturaleza que impidiera la razón de ser del contrato, entonces la titular podría efectivamente sostener que se le ha privado de propiedad. Desde un punto de vista objetivo, la razón de ser de un contrato es su utilidad económica" (c. 26).

En 2015, en el fallo Curtidos Bas S.A. (Rol 2684), el Tribunal Constitucional enfatizó en los requisitos que deben cumplir las limitaciones a los derechos constitucionales, y en particular, al derecho de dominio para que estas sean consideradas conforme a la Carta: "deben poseer determinación y especificidad; no pueden afectar la esencia del derecho asegurado y, además, han de respetar el principio de igualdad, especialmente en cuanto deben estar establecidas con parámetros incuestionables. Esto es, que deben ser razonables y justificadas, de donde se sigue que han de ser mesuradas, necesarias y proporcionadas" (c. 27).

Más recientemente, en el fallo Inmobiliaria Océano S.A. (Rol 3100), el Tribunal Constitucional invocó nuevamente la doctrina de expropiaciones regulatorias, distinguiéndola de una expropiación física porque "dejan al dueño en posesión del bien, pero sujeto a restricciones en la facultad de uso, desarrollo o disposición del mismo" (c. 24).

SANCIONES ADMINISTRATIVAS EN LA NUEVA CONSTITUCIÓN

Nicolás Enteiche R.

La nueva Constitución permite repensar la existencia de las sanciones administrativas, o los castigos aplicados por la Administración del Estado a las personas cuando cometen una infracción. La más representativa de estas sanciones es la de multa.

Debido a la separación de poderes del Estado, es necesario definir la actuación que distingue a una rama de la otra. Al Poder Judicial le corresponde el juzgamiento de los casos que llegan a su conocimiento. Al Poder Legislativo le toca dictar normas de carácter o aplicación general, denominadas leyes. Por último, a la Administración del Estado le es propio administrar, o satisfacer las necesidades que no consistan en legislar ni juzgar. La labor de la Administración del Estado se lleva a cabo por los organismos administrativos.

Ahora bien, la división de poderes del Estado se ve trastocada por múltiples competencias que el Legislador le viene otorgando a los organismos administrativos, muchas de las cuales se asimilan a las funciones de legislar o juzgar. Tal es así que existen organismos administrativos a los cuales se les ha dado una especie de función legislativa (la de emitir normas de aplicación general sobre las personas), y una judicial (la de sancionar las infracciones cometidas por las personas).

Esta reunión de poderes en los organismos administrativos es cada vez más común. Desde los inicios de la República hasta hoy, distintas leyes han conferido a la Administración del Estado crecientes poderes de castigo, como los que tienen las superintendencias.

Súmase a lo anterior que muchas de las leyes que entregan estas potestades de sanción no presentan las garantías que, de acuerdo con las Constituciones chilenas (1925 y 1980), les corresponden a los sancionados. Por ejemplo, la Ley de Pesca permite aplicar a los pescadores sanciones por el doble del valor de lo capturado en exceso (sin parámetros de graduación); y el Código Sanitario determina que se puede dar por establecida cualquier infracción, con el solo mérito del acta del funcionario de la Administración que la constata (sin más prueba que la versión del propio fiscalizador), entre otras peculiaridades.

Grandes poderes, sin un completo contrapeso judicial, pues a la hora de regularse el control judicial de las sanciones también se establecen anomalías. Así, la Ley de Casinos de Juego obliga a reclamar de la sanción ante la propia autoridad sancionadora, y solo luego de aquel forzado trámite, se permite llevar esa misma pretensión frente a un tribunal civil, no siendo susceptible esta decisión judicial de ulterior recurso (impidiéndose elegir la vía judicial y, una vez empleada esta, coartándose la posibilidad de recurrir completamente de la decisión judicial).

De allí que sea esencial adoptar alguna determinación constitucional respecto a este tema, en vista de que las sanciones pueden ser emitidas fuera del marco legal y lesionar algún derecho fundamental. Más aún, las sanciones podrían ser legales, pero es posible que hayan sido aplicadas en base a una norma legal que desconsidere alguna garantía de las personas.

Entonces, ¿qué hacer en la nueva Constitución con las sanciones administrativas? Una alternativa es prohibirlas, expresando que toda sanción debe ser aplicada (únicamente) por los tribunales de justicia. Otra implica reconocer el poder sancionador de la Administración, limitándolo con determinados principios, y reenviar su desenvolvimiento a la ley. La última es continuar con la actual configuración institucional.

La primera opción es en extremo desafiante. Ir hacia un sistema de persecución judicial implicaría desmontar una asentada institucionalidad legislativa y administrativa construida al efecto. Adoptar esta solución implicaría, más allá del establecimiento de la prohibición, dotar a los tribunales con los recursos necesarios para asumir esta tarea.

La segunda alternativa es un avance. Dejar en manos del Legislador el desarrollo de los principios constitucionalmente determinados podría terminar con la incertidumbre acerca de la configuración de las sanciones administrativas. Sin perjuicio de ello, el Legislador pudo haber emitido esta ley aun sin mandato constitucional expreso, cuestión que jamás ocurrió. Este destino podría repetirse bajo el amparo de la nueva Constitución, en caso de que no se establezca alguna consecuencia ante la inacción legislativa.

Por último, podríamos continuar con el escenario actual. Esto es, que no exista algún reconocimiento expreso de las sanciones administrativas, de suerte tal que ellas deban ser creadas y aplicadas con las limitaciones provenientes de distintos principios derivados del orden penal.

Si se opta por alguno de los últimos dos (y más probables) escenarios, se ha de tener presente que son los tribunales los que han sometido a derecho a las competencias sancionadoras administrativas. Históricamente, en razón del contenido de los artículos 11 y 12 de la Constitución de 1925, y 19 N° 3 de la Constitución de 1980, los tribunales han declarado inaplicables leyes o bien han dejado sin efecto actos que no satisfacen el estándar constitucional de protección de los derechos de las personas. A partir de la cláusula del debido proceso y de los principios penales, se ha progresado en la protección de las garantías constitucionales.

Por ello, más que adoptar alguno de los tres caminos mencionados, se debería seguir confiando en el rol de los tribunales, cuestión que puede demostrarse al repotenciar y ampliar el catálogo de principios constitucionales que les permiten realizar un mejor control en esta materia. Lo mínimo sería mantener el debido proceso como imperativo para todos los órganos del Estado, además de que se recojan los principios sustantivos aplicables al ramo sancionador (entre ellos el de tipicidad e irretroactividad). Un avance sería sumar al catálogo de principios constitucionales, por ejemplo, la aplicación expresa del principio de proporcionalidad y la prohibición de aplicar (a la vez) castigos penales y administrativos.

Todo ello en aras de reforzar constitucionalmente el rol de los tribunales, los que debiesen tener la última palabra en esta clase de conflictos. De esta forma se podría lograr otra consecuencia deseable: elevar el estándar con el cual se crean las leyes sancionadoras y mejorar la calidad del actuar sancionador de la Administración del Estado.

"Los recursos naturales
no corresponden ni
pertenecen al Estado, ni
a alguno de sus órganos
ni a un particular, aun
cuando estos últimos
pueden aprovecharlos
limitadamente; pues
son públicos".

ALEJANDRO VERGARA B. (P. 387)

CONSTITUCIÓN Y RECURSOS NATURALES

Alejandro Vergara B.

Los recursos naturales constituyen parte esencial en el desenvolvimiento de nuestras vidas y en el desarrollo del país. Evidentemente, el crecimiento que ha experimentado Chile a lo largo de su historia ha sido propiciado, de manera esencial, por la explotación y exportación de estos recursos.

Desde una perspectiva jurídica, toda reseña acerca de los recursos naturales debe necesariamente principiar por aludir a la *summa divisio* de los bienes contemplada en el artículo 19 N° 23 de la Constitución, según el cual, dejando de lado los bienes comunes a todos los hombres, las cosas sitas en el territorio nacional son o públicas o privadas. Son bienes públicos los que la legislación denomina "bienes nacionales de uso público" o "que deban pertenecer a la nación toda", y es en este grupo que debemos ubicar a los recursos naturales, como las aguas, las minas o los peces. Esta es la *publicatio*; lo contrario a *apropriatio* (apropiación privada). Consecuencia de lo anterior es que los recursos naturales no corresponden ni pertenecen al Estado, ni a alguno de sus órganos ni a un particular, aun cuando estos últimos pueden aprovecharlos limitadamente; pues son públicos. Son una especie de patrimonio nacional; de todos: ni del Estado ni de los particulares, como propiedad. Pero los recursos naturales (aguas, minas, peces) pueden y deben ser aprovechados por la sociedad para su desarrollo.

Técnicas que permiten el aprovechamiento de los recursos naturales

La legislación chilena, mediante la publificación o *publicatio*, ha impedido que los particulares se apropien directa y espontáneamente de los bienes públicos, colocándolos en una posición distinta a los bienes regulados por los códigos civiles, de tal manera que estos bienes pueden estar a disposición de los particulares, sea que la legislación los haya declarado "públicos", "del Estado", "de la nación", "del dominio público", o haya utilizado cualquier otra fórmula. A partir de ello, existen ciertas técnicas jurídicas administrativas puestas al servicio de los particulares con el fin de aprovechar tanto los bienes públicos como los recursos naturales, dentro de las cuales encontramos dos que son esenciales: la concesión y la autorización.

La técnica jurídica más utilizada sigue siendo la concesional, que logra compatibilizar los intereses del Estado/Administración con los de los particulares. Esta técnica requiere la concurrencia de tres elementos, a saber: i) existencia de una *publicatio* previa; ii) creación de un derecho real de aprovechamiento a favor de los particulares, derecho *ex novo* que emana de la concesión; y iii) mantención de potestades estatales en el sector, con el objeto de tutelar y velar por el cumplimiento de los fines. En el mismo sentido, y en virtud de la primacía del principio de subsidiariedad a partir de la Constitución de 1980, sabemos que se ha pasado de un Estado interventor a un Estado regulador. Por eso, se dice que hoy la *publicatio* no opera como una reserva estatal de los servicios públicos, sino que opera como una "prohibición general con reserva de autorización", donde la Administración, a través de la concesión, reconoce un derecho cuya creación y ejercicio ya vienen garantizados por el sistema jurídico, que establece las condiciones para obtenerla.

Las aguas como recursos naturales aprovechables

Al estar envueltos en un proceso constituyente, uno de los aspectos que suscitan mayor conflictividad es la naturaleza jurídica de las aguas. En nuestro país, a partir del siglo XIX, el agua es concebida como pública, a través de un eufemístico concepto: "bien nacional de uso público". Se ha establecido que sea la Administración, específicamente la Dirección General de Aguas, la encargada de otorgar y constituir los derechos de aprovechamiento de aguas a favor de los particulares, siempre que se cumplan los requisitos establecidos en el Código de Aguas. Estos derechos están protegidos por la garantía constitucional de la propiedad.

Sin perjuicio de lo anterior, y más allá de que teóricamente no debiesen existir más usos que los que se hayan otorgado por la vía concesional, un gran porcentaje de los usos de agua legítimos, constitutivos de derechos y reconocidos como tales, se han originado, desde el siglo XIX, en prácticas consuetudinarias. Estos usos consuetudinarios, junto con otros usos especiales y los derechos constituidos por el Estado, gozan de las mismas garantías constitucionales de la propiedad, conforme al artículo 19 N° 24 inciso final. Así, ambos tipos de derechos pueden ser libremente transferidos, a través de negociaciones típicas de mercado.

Además, cabe mencionar ciertas características de los derechos de aguas, como son la libre transferibilidad, libertad para el ejercicio de los mismos y el acceso libre y gratuito a las titularidades de aguas. Eso asegura la inversión que realizan los particulares en las más diversas actividades económicas: industriales, como minería e hidroelectricidad; fruticultura, viti y vinicultura, agricultura en general.

Las minas como recurso natural

La regulación del sector minero ha quedado marcada definitivamente con indudables sesgos *ius* publicistas, como consecuencia de la importancia que ha tenido desde siempre la minería y de las subsiguientes potestades regulatorias y de intervención administrativa.

La posición jurídica de las minas ha quedado expresamente establecida en la Constitución, particularmente en su artículo 19 N° 24, el cual en su inciso sexto reza que "*El Estado tiene el dominio absoluto, exclusivo, inalienable e imprescriptible de todas las minas*". Así, se excluye a las minas de toda apropiación privada por los particulares, pues se encuentran publificadas.

A partir de la *publicatio* minera surge toda la especial regulación que sobre la actividad minera realiza la Administración y no de una irreal "propiedad" estatal de las minas, que de propiedad no tiene nada, como nos pretende engañar la *lex* constitucional vigente. Se tratan las minas de unos bienes públicos por anticipación (para evitar su apropiación directa por los particulares y así obligarlos a utilizar el mecanismo concesional).

En nuestro país, la evolución de la explotación minera ha seguido el siguiente camino: principió un sistema de regalía, en que el Estado se considera "dueño" de las minas (artículo 591 del Código Civil de 1855); en seguida, fruto de una dilatada disputa doctrinaria, pareciera otorgarse "propiedad minera" al particular; hasta hoy, en que formalmente, como cáscara literal, pareciera que rige el sistema de regalía, pero que en realidad implica solo la existencia de una prohibición general previa a explotar.

Recursos naturales, desarrollo económico y medio ambiente

Pareciera que los recursos naturales (aguas, minas y peces) son relevantes en la economía de un país, y su estímulo para un aprovechamiento armónico con la protección del medio ambiente debiese mantenerse; de ahí que pareciera que debe ser materia de definiciones constitucionales, como hasta ahora.

La regulación constitucional de bienes públicos y recursos naturales, especialmente las aguas y minas, que trajo consigo la Constitución vigente (en el caso de los peces, la regulación solo es legal), permitió el emprendimiento particular en los sectores económicos conexos de la minería, servicios eléctricos y sanitarios, agricultura y otros muy relevantes en la actividad económica del país. Por ejemplo, en el caso del sistema eléctrico, el agua es fundamental, dada una matriz energética en que predomina la hidroelectricidad por la seguridad y continuidad del sistema; por lo que un derecho real y seguro sobre el agua ha propiciado un desarrollo eléctrico en constante ampliación. Ello sin perjuicio de que en el sector eléctrico, poco a poco, se han ido incorporando las energías renovables, que afectan en menor medida al medio ambiente.

Su explotación o aprovechamiento debe ser cuidadoso con el medio ambiente, que es otro imperativo constitucional conexo. Pero un país no puede dejar de incentivar un aprovechamiento racional de ellos, sin arriesgar su desarrollo económico. Este equilibrio debe cuidarse en las definiciones constitucionales.

AUTORIDADES ADMINISTRATIVAS INDEPENDIENTES Y CONSTITUCIÓN

Alejandro Vergara B.

Las autoridades administrativas independientes (en adelante, AAI), siguiendo una célebre definición (de Eduardo García de Enterría y Tomás Ramón Fernández), son organismos con sus propias facultades y responsabilidades regidas por el derecho público, organizacionalmente separados de los ministerios y cuyas autoridades no son directamente electas, ni nombradas o dependientes de personeros electos democráticamente. En doctrina y en derecho comparado se les suele llamar agencias o autoridades administrativas independientes, acepción esta última que aquí adoptamos. La Constitución vigente crea y regula algunos órganos de esa naturaleza, dotándolos de la cualidad de "autónomos", como es el caso de la Contraloría General de la República o del Banco Central, buscando que sus decisiones sean autónomas del gobierno central.

Este fenómeno de las AAI dice relación con la necesidad de contar con órganos administrativos autónomos o independientes, en sectores clave de la organización o institucionalidad administrativa económica, cuya característica esencial sea, por una parte, la especialización y racionalidad técnica de sus decisiones y, por otra, su autonomía respecto de los gobiernos de turno. En las democracias modernas, y como un modo de reforzar la legitimidad democrática de ejercicio se han creado las AAI. Ese modelo no se implantó en Chile, ni con la amplitud ni con la generalidad que se observa en el derecho comparado.

Verdaderas y falsas AAI en nuestro país

Las razones por las cuales se crean las AAI son esencialmente las siguientes:

- i) para el desempeño de servicios de interés general o de funciones públicas relevantes, cuya realización se arregla a criterios de neutralidad y de profesionalidad, sin sesgos político-partidistas;
- ii) para la ordenación y disciplina de sectores económicos capitales, cuyo difícil equilibrio y su fuerte incidencia en la vida económica general requieren una gestión neutral y profesional. Así puede ocurrir en el sector financiero, de valores, energético, comunicaciones, de aguas, y otros.

Existen en la actualidad diversos organismos administrativos que tienen como misión la ordenación de aspectos relevantes de la vida social; pero no todos reúnen las características propias de una AAI. Por ejemplo, son verdaderas AAI, pues cumplen con los requisitos que revisamos: la Contraloría General de la República; el Banco Central; el Ministerio Público; el Consejo para la Transparencia y el Servicio Electoral. Pareciera que ningún otro reúne las cualidades. Pero hay otros que se asemejan, y que falsamente podrían calificarse de agencias independientes o AAI, como es el caso de las Superintendencias, o de los recientes Comisión para el Mercado Financiero o el Coordinador Eléctrico Nacional, por su falta de autonomía respecto del poder central.

Elementos básicos de una AAI

Dos son los elementos básicos de una AAI: i) autonomía y ii) racionalidad técnica.

- i) Autonomía. Se crean AAI buscando que sean autónomas en cuanto a su origen y decisión; tecnificadas y especializadas; usualmente dotadas de una dirección colegiada; aunque siempre sujetas a un control jurisdiccional, también especializado. A mayor "neutralidad" y distancia de los debates político-partidistas, pareciera que es posible lograr una mayor eficacia y aplicación de la racionalidad técnica.
- ii) Racionalidad técnica. El objetivo principal de estas autoridades independientes es determinar algunos estándares técnicos y dirigir

procedimientos en su materia; o sea, tareas eminentemente técnicas, no políticas. Sin embargo, al depender de los ministerios respectivos, y de ahí del Presidente de la República, estos órganos siempre se encontrarán subordinados a los criterios políticos imperantes del gobierno de turno, ajenos a veces a toda consideración técnica de eficacia, eficiencia u otros estándares, al momento de ejercer sus atribuciones, lo cual no es conveniente en un órgano llamado a ejercer potestades tan sensibles en la sociedad y en el crecimiento económico. De tal modo, la racionalidad técnica (para ello, alta especialización) y autonomía resultan ser pilares fundamentales en la configuración normativa y funcional de las agencias independientes.

Necesaria autonomía de las autoridades administrativas independientes

Las herramientas jurídicas a través de las cuales se pretende lograr esta autonomía o independencia son diferentes y de niveles de importancia también diversos.

i) Nombramiento y cese en el cargo. La técnica primordial para el aseguramiento de la autonomía de decisión de estas entidades radica en el establecimiento, por ley, de limitaciones formales para la designación y cese de los titulares de estos órganos. La principal y más eficaz de estas limitaciones consiste en el nombramiento de estos titulares por un plazo fijo (generalmente realizado por una autoridad administrativa, previo acuerdo de otro Poder del Estado), durante el cual son inamovibles, salvo por causas preestablecidas de comportamiento irregular, que deben declararse formalmente.

ii) Ejercicio de potestades de ordenación. Nota fundamental de las administraciones independientes es la atribución a las mismas de potestades sustantivas para la ordenación del sector económico, servicio o función pública que tienen encomendado. Frecuentemente, se trata de potestades de ordenación (en que actúan como "agencias reguladoras" de sectores económicos y ordenan con la imprecisa denominación de "circulares") y, en todo caso, de potestades de autorización, inspección y sanción (así como en algún caso, funciones jurisdiccionales, de carácter arbitral, en los conflictos entre agentes privados del sector respectivo). También encontramos las técnicas de autonomía medial, que persiguen garantizar un funcionamiento independiente, eliminando los poderes de intervención de la Administración en aspectos instrumentales de la gestión interna de estas entidades: i) la atribución de un cierto poder de autoorganización; ii) de gestión de personal a su servicio; y iii) de autodisposición sobre sus medios patrimoniales. Esto, evidentemente, permite reducir las posibilidades de que el gobierno o la Administración condicionen de manera indirecta (pero eficaz) la actividad de estas organizaciones.

iii) Importancia y consecuencias de la autonomía. Aquí, a diferencia de los servicios de la Administración Central, las AAI son órganos dotados de personalidad jurídica y patrimonio propio y, por sobre todo, dotados de una mayor autonomía e independencia de gestión. Más allá de la personalidad jurídica, aspecto fundamental en estas organizaciones, también es relevante el sometimiento de su actividad externa a regulaciones especiales, incluidas reglas y principios del derecho privado. A pesar de que la personificación y el sometimiento al derecho privado proporcionan un ámbito de actuación más desenvuelto y ágil, no necesariamente son la única forma de independencia real, ni garantía de eficiencia, ya que también hay mayor posibilidad de abuso. La idea es que esta independencia o autonomía sea respecto "del" órgano central, pero no "para" la autoridad administrativa independiente.

Consagración de las AAI en el texto constitucional

La actual Constitución no regula genéricamente las AAI, por lo que sería conveniente, en un eventual nuevo texto, incorporar ciertas normas que establecieran ciertos parámetros bajo los cuales estas entidades deben crearse y regirse, como, por ejemplo, asegurar su independencia mediante personalidad jurídica y patrimonios propios y sistemas de nombramiento y cesación en el cargo que sean independientes a los gobiernos de turno.

CONTENCIOSO ADMINISTRATIVO Y CONSTITUCIÓN

Alejandro Vergara B.

El ejercicio de las actividades de la Administración del Estado puede llevar a situaciones en que actos arbitrarios o ilegales lleguen a vulnerar derechos subjetivos de los administrados. ¿Cómo se puede dar protección a las personas frente a la actividad ilegal de algún órgano de la Administración del Estado? Una primera posibilidad es recurrir ante los propios órganos que hayan emitido esa decisión, o sus superiores jerárquicos; sin embargo, es crucial en toda democracia que los ciudadanos puedan someter las decisiones que lesionen sus derechos, y que provengan de órganos de la Administración, al control judicial, esto es, una vía que garantice la tutela judicial efectiva y el derecho al debido proceso por un órgano o poder independiente.

Cuando tal control es radicado en un tribunal especial, se logra una mejor aplicación de la tutela judicial, pues así se garantiza un conocimiento y fallo de la causa coherente con el sistema de Derecho Administrativo.

Lo anterior ha sido conceptualizado como "contencioso administrativo", el cual puede ser definido como el conjunto de acciones o recursos abiertos a los administrados para someter ante un juez los litigios que los oponen con órganos de la Administración del Estado. Se manifiesta en una contienda con la Administración del Estado, donde la ley *decisoria litis* se trata de una norma de derecho administrativo. Es decir, contiendas relativas a la organización y funcionamiento de los servicios públicos, donde la Administración ejerza una potestad pública.

Modelo chileno de contencioso administrativo: Evolución histórica y actual configuración

Para desarrollar la evolución histórica del contencioso administrativo en Chile debemos distinguir cuatro períodos:

i) Primer período (siglos XIX y XX, hasta 1980)

En la Constitución de 1833, en un principio, se reconoció competencia en esta materia al Consejo de Estado siguiendo la doctrina francesa, a decir, encargar el conocimiento de contiendas de naturaleza administrativa a una jurisdicción especial. La Constitución de 1925 excluye la revisión del Poder Judicial sobre los actos de la administración y entregando tal competencia a los "Tribunales Administrativos" consagrados en el art. 87 de la Carta Fundamental, el que señala además que "su organización y atribuciones son materia de ley", normativa que nunca se dictó.

ii) Segundo período (1980-1990).

La Constitución de 1980 en su art. 38 inc. 2°, reiteró la necesidad de creación de los "tribunales contencioso administrativos que determine la ley"; y, en seguida, en el art. 79, restringe la potestad del Poder Judicial solo a los "negocios de su competencia", fórmula que excluía, entonces, a la materia contenciosa administrativa. Pero esta iniciativa de tribunales administrativos, nuevamente, no vuelve a materializarse. Cabe señalar que el recurso de protección era utilizado como una acción contenciosa administrativa, pero aquello está del todo alejado de la realidad, puesto que corresponde a una acción constitucional, pero que, ante la ausencia de regulación especializada, ha devenido en un sustituto práctico del orden jurisdiccional administrativo.

iii) Tercer período (1990-2000)

Con la reforma de 1989 se suprimió la frase "contencioso administrativo" del art. 38 inc. 2°, y se eliminó del art. 79 la referencia explícita a los tribunales contencioso administrativos. Debido a estas modificaciones es que la justicia general administrativa ha de ser conocida por los tribunales ordinarios civiles, los cuales usan criterios y principios distintos a los requeridos en el derecho administrativo. No obstante ello, el legislador creó decenas de acciones administrativas especiales de reclamación e ilegalidad con diferentes denominaciones y procedimientos que, en su mayoría, son conocidos por Cortes de Apelaciones.

iv) Cuarto período (desde el 2000 hasta ahora)

Este período se ha caracterizado por la creación de tribunales hiperespecializados, consagrando el modelo mixto de justicia administrativa con tendencia a la especialización. Así, el contencioso administrativo se integra actualmente por:

1° los tribunales de la justicia ordinaria que, junto con conocer los demás casos civiles, conocen los casos del contencioso indemnizatorio (o de responsabilidad del Estado Administrador) y una parte del contencioso anulatorio (por múltiples recursos); y

2° los tribunales o instancias hiperespecializadas, los que no siempre forman parte de la justicia ordinaria.

Actuales tribunales administrativos especiales

Esta justicia hiperespecializada y fraccionada se puede observar actualmente en la existencia de los siguientes tribunales:

i) Tribunal de Contratación Pública, el cual cuenta con competencia para conocer de la acción de impugnación contra actos u omisiones, ilegales o arbitrarios, ocurridos en los procedimientos administrativos de contratación pública.

ii) Panel de expertos del sector eléctrico, órgano que ejerce jurisdicción en materia eléctrica al resolver controversias que se suscitan entre las empresas eléctricas y entre estas con la administración.

iii) Consejo para la Transparencia, el cual no solamente es un órgano encargado de velar por la observancia del principio de publicidad consagrado en el art. 8° de la Constitución y de garantizar el derecho de acceso a la información pública recogido en la Ley N° 20.285 de 2008. Este Consejo es, entonces, a la vez, una Autoridad o Agencia administrativa independiente y un Tribunal del contencioso administrativo.

iv) Tribunales Tributarios y Aduaneros, los cuales tienen a su cargo tanto el procedimiento general de reclamaciones tributarias como numerosos procedimientos de reclamaciones especiales, cuyas resoluciones son recurribles ante la Corte de Apelaciones respectiva.

v) Tribunales Ambientales, como órganos jurisdiccionales especializados, sujetos a la superintendencia directiva, correccional y económica de la Corte Suprema, cuya función es resolver las controversias medioambientales en los casos indicados en la Ley N° 20.600 de 2012.

Constitucionalización del contencioso administrativo

Actualmente en nuestro país resulta muy difícil identificar al juez habilitado en el caso de la jurisdicción administrativa, puesto que esta no existe orgánicamente, y cabe recabarla en todos los órdenes de jurisdicción existentes.

Ni la Constitución ni las leyes consagran actualmente los Tribunales especiales administrativos, lo cual ciertamente es un disvalor democrático en cuanto a la correcta observancia y revisión jurisdiccional de los actos de los órganos de la Administración junto con el efectivo resguardo de los derechos de los administrados.

La Constitución actual contiene la relevante disposición del art. 38 inc. 2°, que asegura el control jurisdiccional de toda acción relativa a lesiones que sufran los administrados, pero cabe diseñar un cuadro más completo del contencioso administrativo. La mención especial de esta jurisdicción en la Constitución dice relación con el poder que adquiere en nuestras democracias el Poder Ejecutivo, y los órganos administrativos que lo integran. En doscientos años de república, aquellos poderosos que eventualmente serán controlados de un modo más eficaz por los tribunales del contencioso administrativo, notoriamente, han esquivado su creación.

" La gran mayoría de las democracias actuales son del tipo democracia representativa. Sin embargo, en mayor o menor grado, los mecanismos de democracia directa se han incorporado en los textos fundamentales".

Cecilia Rosales R. (p. 400)

MECANISMOS DE DEMOCRACIA DIRECTA

Cecilia Rosales R.

Los mecanismos de democracia directa son formas de participación ciudadana. Concretamente, refieren a instituciones que permiten a los ciudadanos emitir su opinión y/o decidir sobre distintas cuestiones que dicen relación con el gobierno o la conducción de la sociedad, mediante el ejercicio del derecho a sufragio. Debidamente establecidos, los ciudadanos podrán ser convocados a una votación popular, distinta a una elección de autoridades. Suelen comprenderse entre estos, las consultas, referéndums, o plebiscitos. Otorgan un derecho al electorado a intervenir en materias de índole política, constitucional, legislativa o administrativa; tienen el carácter de vinculantes o no vinculantes, dependiendo si obligan o no a la autoridad a decidir en el sentido expresado por el electorado; según su finalidad pueden ser de arbitraje (para resolver conflictos entre órganos), de opinión o simple consulta, y de aprobación o ratificación de decisiones tomadas por órganos del Estado.

Su origen se remonta a la Grecia del siglo V, a. C., primera experiencia de democracia directa, en que los ciudadanos toman las decisiones políticas en una Asamblea, sin intervención de representantes (autoridades electas), bajo un modelo de autogobierno. Esta fórmula pura es imposible de aplicar en las sociedades actuales, pero algunos países, entre los primeros Suiza, han incorporado mecanismos de democracia directa.

Su fundamento se encuentra en los procesos de profundización de la democracia para dar solución a la crisis de representación, por cuanto las autoridades electas adecúan sus decisiones a las decisiones del pueblo soberano.

La gran mayoría de las democracias actuales son del tipo democracia representativa. Sin embargo, en mayor o menor grado, estos mecanismos se han incorporado en los textos fundamentales. La Constitución chilena, por ejemplo, contempla plebiscitos para resolver diferencias derivadas de la discusión de una reforma constitucional, e incluso para decidir un cambio de Constitución. Diversos países (Uruguay, Colombia, Perú, entre otros) han avanzado hacia fórmulas como referéndums legislativos, para someter al electorado la aprobación de un proyecto de ley, o bien dejar sin efecto leyes vigentes, y referéndums revocatorios (o Recall), mediante los cuales se vota o decide poner término anticipado al mandato de una autoridad en ejercicio.

Debemos considerar, por último, que, no obstante se presentan como una oportunidad para mejorar la democracia y aumentar la legitimidad de las autoridades elegidas, se discute acerca de su practicidad y eficiencia. Decidir temas de interés público mediante referéndum, en contextos de sociedades de masa, puede ser lento y costoso.

ÍNDICE TEMÁTICO